edition suhrkamp

Redaktion: Günther Busch

Horst Kern ist Professor für Soziologie an der Universität Göttingen; 1977 erschien in der *edition suhrkamp* sein gemeinsam mit Michael Schumann verfaßtes Buch *Industriearbeit und Arbeiterbewußtsein (es 907).*

»Technischer Wandel ist nicht lediglich ein ›technisch-sachlicher‹ Vorgang mit gleichsam zwangsläufigen sozialen Folgen. Er selbst und seine sozialen Konsequenzen sind formbar, und sie erhalten tatsächlich eine spezifische Form durch vorherrschende gesellschaftliche Interessen- und Machtkonstellationen.« Dieser Satz umreißt die Denk- und Argumentationsfigur und die Gegenstände der in diesem Band vereinigten Studien des Göttinger Sozialwissenschaftlers: Ursachen und Wirkungen des technischen Wandels, soziale Bedingtheit der technologischen Neuerungen, Industrie und Arbeitsorganisation. Wie dicht die wissenschaftliche Erforschung der Technik an der Wirklichkeit operiert, ist uns allen in den letzten Jahren klargeworden: die Auseinandersetzungen über Umweltschutz, Rationalisierung in den Betrieben, relativ hohe Arbeitslosenziffern, der Streik der IG Druck und Papier 1978 (Einführung neuer Technologien im Druckgewerbe), das Programm der Gewerkschaften zur »Humanisierung der Arbeit« und vieles andere mehr haben die sozialen Konsequenzen der Technik- und Technologieentwicklung jedermann vor Augen geführt. Horst Kern versucht, diese Zusammenhänge in drei Bereichen zu klären und zu erklären: 1. am Begriff des technischen Fortschritts und an seinen Verknüpfungen mit der Organisation der Arbeit; 2. am Problem der Arbeitsteilung, der Arbeitsbedingungen und der darauf gerichteten politischen Handlungsstrategien der Gewerkschaften; 3. an den Aufgaben einer kritischen Industriesoziologie.

Horst Kern
Kampf um Arbeitsbedingungen

Materialien zur ›Humanisierung der Arbeit‹

Suhrkamp Verlag

edition suhrkamp 966
Erste Auflage 1979

Satz, in Linotype Garamond, Druck und Bindung bei Georg Wagner, Nördlingen.
Gesamtausstattung Willy Fleckhaus.

Inhalt

Vorwort

Der vorliegende Band enthält Aufsätze und Vorträge aus den Jahren 1970 bis 1978, die sich um drei miteinander verknüpfte Probleme gruppieren lassen: In welche Richtung entwickeln sich die Arbeitsbedingungen in der Industrie (Abschnitt I)? Wie verändern sich Einstellung und Verhalten der Arbeiter gegenüber industrieller Arbeit (II)? Wo liegen Ansatzpunkte und Perspektiven einer aktiven Rationalisierungspolitik der Gewerkschaften (III)?

Daß die in den sechziger Jahren verbreitete Hoffnung, der »technische Fortschritt« führe in der Industrie gleichsam von selbst zu geringeren Arbeitsbelastungen und zu mehr individuellen Entfaltungschancen, insgesamt also zu besseren Arbeitsbedingungen, eine Illusion war, braucht man heute wohl nicht mehr ausführlich zu begründen. Die Textauswahl streift diesen Gesichtspunkt daher nur noch, der ein Hauptthema der von Michael Schumann und mir gemeinsam verfaßten Studie *Industriearbeit und Arbeiterbewußtsein* bildete. Das Interesse verschiebt sich auf die Frage, wie eine Politik der Verbesserung der Arbeitsbedingungen angelegt sein könnte, welche politisch definierte und durchgesetzte Normen anstrebt, die die Erweiterung privatwirtschaftlicher Arbeitsplanung um soziale, bedürfnisorientierte Momente erzwingen.

Dieses Problem wird in verschiedenen Beiträgen zunächst auf dem Umweg einer Auseinandersetzung mit neueren Vorstellungen und Konzeptionen aufgenommen, wie sie in den Erörterungen um die »Humanisierung des Arbeitslebens« Verbreitung gefunden haben. Überwiegend argumentiere ich dabei empirisch: durch Verweis auf betriebliche Projekte neuer Arbeitsgestaltung im In- und Ausland, die sich mehr oder weniger ausdrücklich als Versuche der praktischen Anwendung solcher »Humanisierungsideen« verstehen. Die Bilanz dieser Erfahrungen ist negativ. Soweit die Projekte so ansetzen, daß dem Management letztlich die Initiativ- und Gestaltungsfunktion verbleibt, kommt es allenfalls in begrenzten Sektoren zur Verbesserung einzelner Elemente der Arbeitsbedingungen (z. B. Abbau besonders auffälliger Arbeitsbelastungen in ausgewählten Arbeitsgruppen), und oft wird selbst dieser primäre Effekt durch Sekundärmaßnahmen wieder zurückgenommen, die auf die veränderte Arbeitsgestaltung antworten (z. B. Lohngruppenminderungen bei Belastungsreduktion, Leistungsverdichtung und Freisetzung bei Produktivkrafterhöhung). Eine »Humanisierung der Arbeit« dieser Art läuft Gefahr, nicht mehr zu sein als eine Propagierung (und, soweit entsprechende Regierungsprogramme bestehen, staatliche Subventionierung) neuer Formen einzelwirtschaftlicher Rationalisierung.

Auf dem Hintergrund solcher Erfahrungen ist eine Entwicklung, die tatsächlich als Verbesserung der Arbeitsbedingungen zu bezeichnen wäre, einzig als Ergebnis einer aktiven und eigenständigen Arbeitsgestaltungs-Politik der Beschäftigten und ihrer Organisationen vorstellbar. Ein Teil der Beiträge thematisiert die wichtige Frage der subjektiven Voraussetzungen einer solchen Politik. Das Problem wird dabei nicht in der Form von »Bewußtseins«-Studien erörtert, die nur in Einstellungen faßbare Verhaltensdispositionen treffen, sondern durch Beobachtung und Interpretation von Beispielen realen Verhaltens der Arbeiter gegenüber industrieller Arbeit. Ich greife hier vor allem auf Streiks in den Jahren 1969, 1973, 1978 zurück, die, alles in allem, eine Erweiterung der Formen und Inhalte kollektiver Interessenwahrnehmung zeigen. Leichter als in den sechziger Jahren führte das Interesse der Beschäftigten an Kontrolle und Verbesserung der Arbeitsbedingungen zu relativ stabilen politischen Motivationen, die auch Streiks für die Gestaltung industrieller Arbeit tragen konnten. Man darf sich dies allerdings nicht als geradlinigen Vorgang vorstellen; dahinter stecken Widerspruchserfahrungen, die im Lebensbereich der Arbeiter ohnehin angelegt sind und die sich unter den Bedingungen der aktuellen Wirtschaftskrise verschärfen (etwa in der Weise, daß die Rationalisierung von mehr Arbeitern als Bedrohung der eigenen Lebensinteressen wahrgenommen wird, ohne daß Ansatzpunkte für eine kollektive Gefahrenabwehr auf der Hand liegen). Diese Widerspruchsmomente drängen nach Auflösung in der einen oder anderen Richtung, wobei eine Politisierung dieser Erfahrungskonstellation um so wahrscheinlicher ist, je deutlicher die Politik der Gewerkschaften die zugrunde liegenden Konflikte aufgreift und die kritischen Elemente in den Orientierungen der Beschäftigten durch die Einordnung in einen gesellschaftlichen Interpretationsrahmen stabilisiert und aktiviert.

Damit ist das Problem der Arbeitsgestaltungs- oder, allgemeiner, der Rationalisierungspolitik der Gewerkschaften im Spiel, das in mehreren Beiträgen erörtert wird. Die Überlegungen, die hierzu vorgetragen werden, sind Schlußfolgerungen aus der Beobachtung gewerkschaftspolitischer Entwicklungen in der Bundesrepublik, aber auch in benachbarten Ländern (Skandinavien, Italien). Zugespitzt formuliert plädiere ich hier für eine gewerkschaftliche Politik, welche die betriebliche Arbeit nicht als minderwertigen Teil der Lebenspraxis, sozusagen nur als notwendiges Übel und materielle Basis für das außerbetriebliche Leben ansieht, sondern sie als zentralen Bereich menschlicher Bedürfnisbefriedigung versteht, an dessen Entwicklungsstand sich der soziale und kulturelle Fortschritt zu erweisen hat. Eine solche Maxime wäre – unter Beachtung gesellschaftlicher, nicht einzelwirtschaftlicher Produktivitätsvorstellungen – in tarifliche Schutz- und Mindestnormen umzusetzen, die den einzelbetrieblichen Prozeß der Rationalisierung kanalisieren und umlenken und die dem Gesichtspunkt humaner Arbeitsgestaltung Rechnung tragen. Soweit es mir möglich war, habe ich versucht, diese konzeptionellen Überlegungen auf die Ebene konkreter Tarifpolitik herunterzuziehen und beispielhaft zu verdeutlichen.

Die meisten der hier abgedruckten Texte sind aus der aktuellen Diskussion heraus geschrieben worden. Es versteht sich, daß ich heute manches anders sehe als zum Zeitpunkt der Niederschrift; man ist schließlich meistens klüger, wenn man vom Rathaus kommt. Ich hoffe im übrigen, daß einige Entwicklungen, die ich als persönlichen Lernprozeß begreife, in den Texten selbst sichtbar werden: so ein Verständnis kapitalistischer Rationalisierung, das der allgemeinen Logik und den konkreten Formen der Mehrwertproduktion Rechnung trägt und nicht mehr die Verkürzungen eines ziemlich unhistorischen und mechanischen Modells des »technischen Wandels« aufweist; so ein Verständnis industriesoziologischer Situations- und Verhaltensanalyse, die nicht mehr auf den engen Bereich aktueller betrieblicher Variablen beschränkt ist, sondern sich nach »draußen« (Berücksichtigung der außerbetrieblichen Erfahrungswelt) und nach »rückwärts« (Berücksichtigung der historischen Erfahrungen) öffnet; so ein Verständnis von gewerkschaftlicher Organisation, das auf die Schematismen abstrakter Organisationsmodelle verzichtet und die konkreten Handlungsbedingungen gewerkschaftlicher Praxis in den Mittelpunkt stellt. Der unter IV plazierte Text stellt einen Versuch dar, einige inhaltliche und methodische Konsequenzen genauer darzustellen, die m. E. aus der Forschungsarbeit zu ziehen wären, an der ich beteiligt gewesen bin.

Wenn in diesem Band auch einige Texte aufgenommen worden sind, hinter denen ich inzwischen nicht mehr voll stehe, so nicht nur deshalb, weil sie mir trotz mancher Mängel immer noch bedeutsame Gesichtspunkte zu enthalten scheinen. Auch war nicht so sehr entscheidend, zum Teil weit verstreute und schwer greifbare Beiträge zu einem leicht zugänglichen Konvolut zusammenzufügen; als wichtig habe ich vor allem angesehen, daß man als Soziologe seine eigenen Arbeiten auch als Dokumentationen verstehen muß, die Ausdruck der jeweiligen zeitgeschichtlichen Verhältnisse und ihrer Veränderung und die eben darin interessant sein könnten – und zwar nicht nur in dem, was sie an Richtigem sagen, sondern auch dort, wo sie etwas verbiegen oder vernachlässigen.

In diesem Sinn verstehe ich die Texte auch als Material, das aus der Sicht eines Intellektuellen eine wichtige Phase der politischen – insbesondere gewerkschaftlichen – Entwicklung in Westdeutschland belegt, an der sich der Verfasser ohne Aufgabe seiner professionellen Identität praktisch beteiligen wollte. Ich bin überzeugt davon, daß linke Intelektuelle ihren Beitrag zur gesellschaftlichen Emanzipation heute durch ihren Beruf leisten sollten. Der verschiedentlich verfolgte Gedanke, den ganzen Forschungsbetrieb an den Nagel zu hängen, die Institutionalisierung wissenschaftlicher Arbeit aufzusprengen und die Forschung – wie es dann heißt – in den Lebensprozeß der Menschen zu integrieren, verkennt, daß unter den Bedingungen einer hochentwickelten arbeitsteiligen Gesellschaft ohne besonders institutionalisierte Erfahrungswissenschaften als realitätserschließendem Hilfsmittel nicht mehr auszukommen ist. Wer hier aussteigt, überläßt eine Position kampflos der falschen Seite.

Die Texte, die im vorliegenden Band enthalten sind, verarbeiten häufig Erfahrungen aus kooperativen Zusammenhängen. Besonders dankbar bin ich Bärbel Kern, Michael Schumann und Helmut Schauer, die mit der Aufnahme von Texten einverstanden waren, an deren Entstehen sie großen Anteil hatten.

Schließlich noch ein technischer Hinweis: Ich habe die Aufsätze durchweg in der Form belassen, in der sie entstanden sind. Gelegentlich waren allerdings Kürzungen notwendig, um weitgehende Überschneidungen zu vermeiden. Auch wurden an einigen Stellen empirische Nachweise und Literaturangaben aktualisiert – dies allerdings nur sparsam und unter Kennzeichnung durch eine entsprechende Zeitangabe (1978).

Göttingen, Anfang 1979 H. K.

I. Rationalisierung und Industriearbeit

Technischer Wandel als sozialer Prozeß*

I

Technischer Wandel ist nicht einfach ein »technisch-sachlicher« Vorgang mit gewissen, gleichsam zwangsläufigen sozialen Folgen. Der Prozeß selbst und seine sozialen Konsequenzen sind formbar, und sie erhalten tatsächlich auch eine Formierung durch die vorherrschende gesellschaftliche Interessen- und Machtkonstellation. Dies zu betonen und zu erläutern mag dem Soziologen zunächst trivial erscheinen: er ist gewohnt, Institutionelles als Folge und Ursache sozialen Verhaltens zu sehen, und wird deshalb auch die Veränderung der Institution Technik als gesellschaftlich endogene Entwicklung begreifen.

Mit dieser allgemeinen Einsicht kontrastiert freilich schon das Verfahren vieler empirischer Untersuchungen zum Problem fortschreitender Technisierung. Sowohl die Fragestellung als auch der Begriffsapparat, das methodische Vorgehen und die Schlußfolgerungen vieler Autoren machen deutlich, daß die Technik stillschweigend und unreflektiert als unabhängige außergesellschaftliche Kraft verstanden wird. Vor allem dort, wo nach einem der üblichen Vergleichsverfahren einzig die sozialen Strukturen an technisch differierenden Aggregaten erfaßt und zu einem Bild über die »sozialen Auswirkungen des technischen Fortschritts« kompiliert werden, ohne daß man zugleich den sozialen Determinanten des technischen und organisatorischen Wandels Aufmerksamkeit schenkt, ist dies offenbar: hier figuriert Technik faktisch als unabhängiger, nicht mehr sozial bestimmter Faktor.[1]

Schon allein diese empirische Praxis gibt Anlaß, die soziale Bedingtheit der technischen Entwicklung besonders hervorzuheben. Vor allem aber legt der Stand der theoretischen Diskussion eine weitere Klärung des Verhältnisses von Technik und Sozialverfassung nahe. In der sogenannten Technokratie-Debatte haben bekanntlich insbesondere Gehlen und Schelsky den Prozeß des technischen Wandels als einen Vorgang dargestellt, der sich der autonomen Steuerung durch handelnde Subjekte weitgehend ent-

* Vortrag im Juli 1970 in der Technischen Universität Hannover; zuerst in: *futurum*, 1970, S. 518 ff.

zogen hat. Nicht mehr Menschen bestimmen nach diesem Konzept den Fortgang der Technik, sondern die Technik selbst durch die ihr immanenten »Sachzwänge«. Schelsky bringt diesen Gedanken in eine griffige Form, indem er als das »allgemeine Gesetz der wissenschaftlichen Zivilisation« postuliert, »daß sozusagen die Mittel die Ziele bestimmen oder besser, daß die technischen Möglichkeiten ihre Anwendung erzwingen«.[2] Ähnlich unterschiebt Gehlen der technischen Gesamtentwicklung eine »hintergründige, bewußtlos, aber konsequent verfolgte Logik«[3]; das Phänomen des technischen Wandels wird gleichsam als Naturprozeß betrachtet, erscheint als »metahumaner«, quasi biologischer Vorgang, dessen Entwicklungs»gesetze« als Daten vorausgesetzt werden, die selbst nicht mehr beeinflußbar sind.[4]

Diese Konzeption ist in der theoretischen Auseinandersetzung gewiß schon überzeugend kritisiert worden, vor allem durch die Beiträge von Habermas.[5] Dennoch scheint es mir wegen der besonderen wissenschaftlichen und politischen Bedeutung der technokratischen Konzeption wichtig, den Faden aufzugreifen und das Problem für einen besonderen Bereich zu diskutieren, und zwar für *das* Segment der technischen Gesamtentwicklung, das in den Betrieben in Form von technischen Neuerungen greifbar ist.

II

Auf diese Ebene transferiert, besagt das technokratische Argument, daß es nur eine Frage der Zeit ist, bis alles, was heute theoretisch möglich wäre, von den Betrieben über technische Neuerungen im Produktionsprozeß tatsächlich verwertet wird. Dem widerspricht jedoch schon die Erfahrung, daß die Erweiterung und Differenzierung des theoretisch Möglichen – und das heißt: die Entwicklung der Wissenschaften – in starkem Maß an die Interessen der Unternehmen gebunden ist. Als Indiz nur eine Zahl: 60% des Gesamtbudgets für Foschung und Entwicklung werden heute direkt in der Industrie umgesetzt[6]; überdies hat die Industrie (vor allem über die Drittfinanzierung) unmittelbaren Einfluß auf die Arbeit der außerindustriellen Forschungseinrichtungen.[7] Durch diese Bindungen findet bereits auf der Ebene des Wissenschaftsprozesses eine Selektion durch externe, nicht wissenschaftsimmanente Faktoren statt: gefördert wird eher, was der Verwertung durch die Betriebe zugänglich erscheint. Allerdings eröffnet selbst diese bereits kanalisierte Entwicklung im Stadium der konkreten Umsetzung noch Handlungsmöglichkeiten: das Reservoir des technisch Möglichen ist trotz aller Einengung, die bereits im Wissenschaftsprozeß stattfindet, immer noch größer als die Streubreite des tatsächlich in technischen Neuerungen umgesetzten Wissens. Dazu zwei Beispiele:

1. Stoffumwandelnde Produktionsprozesse, wie sie etwa in der Chemischen Industrie auftreten, zeichnen sich oft durch gute Mechanisierungschancen aus: Die Produktionseinrichtungen dieses Sektors befinden sich deshalb im Übergang auf teilautomatisierte Großapparaturen. Doch werden durch diese Umschichtung oft nicht alle konventionellen Arbeitsfunktionen erfaßt. Es bleiben dann Restfunktionen erhalten, deren volle Integration in das technische Großsystem zwar keine Konstruktionsschwierigkeiten bereitet, wohl aber aus ökonomischen Erwägungen unterbleibt. Die Folge sind nicht technisch, sondern ökonomisch begründete Mechanisierungslücken im Produktionssystem – vor allem in den Bereichen des Materialtransports, der Produktabnahme und der Reinigung –, die meist durch unqualifizierte und belastende Arbeit überbrückt werden müssen.[8]

2. Montageprozesse gelten allgemein als Prozesse mit starken Mechanisierungssperren: der komplizierte Aufbau der Montageprodukte sowie die Vielfalt und die Variabilität der Montageteile behindern den Übergang auf höhere Mechanisierungsstufen. Technisch unüberwindbar sind diese Mechanisierungssperren häufig nicht. Längst stehen Techniken zur Verfügung, die die Mechanisierung montierender Prozesse wesentlich erleichtern, so etwa die Spritzgußtechnik, die Explosionsverformung oder die Ätztechnik, mit deren Hilfe sich größere Montageteile aus einem Stück fertigen lassen. Dennoch gelangen diese Techniken aus ökonomischen Erwägungen nicht oder nur zögernd zur Anwendung. Die Folge ist, daß die technische Entwicklung im Montagesektor trotz vorhandener technischer Alternativen weitgehend auf konventionelle Rationalisierungsmaßnahmen beschränkt bleibt, deren Durchführung die Restriktivität der Montagearbeiten im allgemeinen spürbar ansteigen läßt.[9]

Die beiden Beispiele mögen als Beleg für das Vorhandensein eines Gestaltungsspielraums bei der Einführung technischer

Neuerungen genügen. Sie führen zu der Frage, unter welchen Gesichtspunkten die Unternehmen die ihnen gegebenen Handlungsmöglichkeiten tatsächlich nutzen. Hier bestätigen nun Erhebungen, die sich speziell mit der Analyse von Entscheidungsprozessen bei der Durchführung von Innovationen beschäftigen, das Bild, das sich in den erwähnten Beispielen bereits abzeichnet: Technische Neuerungen dienen primär den Rentabilitätsinteressen des Unternehmens, das Umstellungen vornimmt. Seinen unmittelbaren Ausdruck findet das in dem Umstand, daß mit technischen Umstellungen primär das Ziel einer Verbesserung der Kostensituation der Fertigungen angestrebt wird. Die bisherige Kostenlage und die potentielle Kostenreduktion nach Einführung einer technischen Neuerung bilden offensichtlich die wichtigsten Orientierungsdaten bei der Entscheidung über die Innovation: technische Veränderungen, die sich unter Kostengesichtspunkten nicht rechtfertigen lassen, werden einfach nicht realisiert. Zu den kostenbezogenen Motiven treten zwar häufig weitere Motive, so vor allem kapazitätsbezogene Überlegungen in Wachstumsunternehmen und arbeitsmarktbezogene Gesichtspunkte in Unternehmen, die unter angespannten Arbeitsmarktverhältnissen stehen. Doch auch hierin drücken sich die wirtschaftlichen Zielsetzungen der Unternehmen aus. Bestätigt wird dieses Ergebnis durch die Tatsache, daß die Verbesserung der Arbeitssituation der Beschäftigten praktisch nie als selbständige Handlungsmaxime bei der Entscheidung über eine technische Neuerung eingeführt wird. Wenn überhaupt Überlegungen in dieser Richtung eine Rolle spielen, dann nur in instrumenteller Hinsicht: um Arbeitsbeschaffungsprobleme zu lösen, werden Arbeitsplätze attraktiver gemacht.[10]

Diese Daten weisen deutlich auf einen der Irrtümer der technokratischen Konzeption hin: nicht die immanenten »Sachzwänge« bestimmen Tempo und Entwicklungsrichtung des technischen Wandels, sondern die durch das Rentabilitätsprinzip definierten ökonomischen Interessen der Unternehmen. Der technische Wandel ist so primär ein Mittel zur Realisation kapitalistischer Verwertungsinteressen; in dieser Bindung an die in der Gesellschaft gegebene Interessen- und Machtstruktur zeigt sich deutlich sein sozialer Charakter. Insofern erscheint das, was im technokratischen Konzept anthropologisch als Ohnmacht des Menschen gegenüber der Technik bezeichnet wird, weniger als menschliche Ohnmacht schlechthin, denn als Ohnmacht der Abhängigen gegenüber den Entscheidungen derjenigen, die den Produktionsprozeß organisieren.

III

Freilich wäre es ebenfalls problematisch, mit diesem Sachverhalt das soziale System einzig als die unabhängige Variable interpretieren zu wollen. Der technische Entwicklungsprozeß ist zwar »machbar«, die sozialen Folgen einer in Gang gesetzten technischen Entwicklung werden aber, wenigstens in ihren Umrissen, durch die einmal eingeleitete technische Veränderung vorgezeichnet. Dieser Zusammenhang geht in einer vor allem von Kluth und Knebel[11] formulierten These verloren, die den Einfluß der gegebenen Technik auf das soziale System leugnet. So schreibt z. B. Knebel: »Nachdem der technische Betrieb sein Handeln zur Durchsetzung seiner Statusinteressen nunmehr technisch funktional nicht mehr legitimieren kann, versucht er, seine Interessenlage mit technisch getarnten, im Grunde jedoch eher sozialen Argumenten statt mit technischen Sachnotwendigkeiten zu begründen, [. . .] Die Interessen des sozialen und des technischen Systems sind dann identisch, und der konstitutionelle Gegensatz zwischen beiden wird damit neutralisiert.«[12] Diese Meinung geht am entscheidenden Problem vorbei: sie verkennt, daß die Ansprüche des Managements nicht mit dem Hinweis auf ihre geringe technische Legitimation im Sinne geringer technischer Notwendigkeit zu problematisieren sind, sondern sich erst dann der Kritik und Abwehr wirklich öffnen, wenn das scheinbar oder tatsächlich technisch Gebotene als Ergebnis der Unterordnung der Technik und des technischen Wandels unter die Interessen des Kapitals erkannt wird. Dies ließe sich an verschiedenen Problemen entwickeln, etwa auch an den Problemen der Berufsausbildung oder Mitbestimmung. Ich will es am Beispiel der Arbeitsfolgen der technischen Entwicklung diskutieren. Dieses Beispiel erscheint mir deshalb besonders interessant, weil es zugleich die Möglichkeit gibt, jene gern vertretene Auffassung zu untersuchen[13], die aktuelle technische Entwicklung sei mit einem Prozeß der Requalifizierung industrieller Arbeit verbunden. Sie nehme der Industriearbeit ihre restriktiven, belastenden Züge und beseitige so selbsttätig die inhumanen Folgen der ersten Phase der Industrialisierung.

Jedes Produktionsmittel ist durch gewisse Eigenfähigkeiten charakterisiert, d. h. durch die Funktionen, die es im Rahmen des Produktionsprozesses selbständig, ohne menschliche Eingriffe erledigen kann. Mit diesen Eigenfähigkeiten der Apparatur sind zwangsläufig aber auch die Interventionen festgelegt, die vom Menschen durchgeführt werden müssen, damit die Apparatur ihren Zweck erfüllt; gleichsam als Korrelat zu den Funktionen, die sie ohne menschliches Zutun erledigen kann, bestimmt die technische Apparatur die Art und das Ausmaß der menschlichen Arbeitsleistungen. Über die konkrete Arbeitsverteilung ist damit sicher noch nichts gesagt; die Technik fixiert aber einen eindeutig begrenzten Rahmen; nur innerhalb dieses Rahmens kann sich die Arbeitsorganisation betätigen und die vom Arbeiter verlangten Funktionen auf einzelne Arbeitsplätze verteilen.

Diese Bindung der Arbeitsorganisation im Rahmen der einmal eingeführten Technik hat zur Konsequenz, daß die Arbeitsfolgen der technischen Entwicklung wesentlich von der Struktur dieses Entwicklungsprozesses beeinflußt werden. Präziser gesagt: Die Veränderungen der menschlichen Arbeit, die mit einer technischen Neuerung verbunden sind, hängen wesentlich vom Niveau der technischen Einrichtung vor und nach der Umstellung ab, d. h. von der Art und vom Umfang des Mechanisierungssprungs. Da sich nun aber die Entwicklung der Produktionstechnik aufgrund unterschiedlich günstiger Mechanisierungschancen in den verschiedenen Produktionsbereichen in unterschiedlichen Mechanisierungsbewegungen konkretisiert, weisen auch die Arbeitsfolgen der technischen Entwicklung auseinander: Je nach den vorherrschenden Mechanisierungssprüngen ergeben sich Arbeitsverbesserungen, Arbeitsverschlechterungen oder in sich widersprüchliche Arbeitsveränderungen.

Diese Entwicklung kann hier nicht im einzelnen dargestellt werden. Soviel sei aber, gleichsam als Versuch einer Gesamtbilanz, gesagt: Die Hoffnung, der technische Wandel führe tendenziell zur vollkommenen Auflösung inhumaner, unqualifizierter, belastender Arbeiten, ist in dieser Form empirisch nicht zu bestätigen. Humanisierung der Arbeit ist kein »automatisches« Beiprodukt der technischen Entwicklung (soweit wir sie bisher beobachten und prognostizieren können), sondern bestenfalls eine Folgeerscheinung spezifischer Mechanisierungssprünge, denen in anderen Bereichen technische Veränderungen mit dehumanisierender Wirkung entgegenstehen.[14]

So bleibt den Industriegesellschaften das Problem auferlegt, ob die restriktiven Arbeitselemente beseitigt und die industriellen Tätigkeiten humanisiert werden könnten. Hier bietet sich nun zunächst die Möglichkeit zur Erleichterung der Arbeit durch arbeitsorganisatorische Maßnahmen an, etwa durch multi-skilling, job-rotation, job-enlargement. Richtig angewendet, werden solche Maßnahmen von den Arbeitern tatsächlich als Verbesserung empfunden. Dennoch muß darauf hingewiesen werden, daß der Wirkungsgrad derartiger rein arbeitsorganisatorischer Maßnahmen begrenzt ist, und zwar durch die Bindung der Arbeitsorganisation an die einmal installierte Produktionstechnik. Eine wirkliche Lösung des Arbeitsproblems ist deshalb nur zu erreichen, wenn die objektiv gegebene Möglichkeit aufgegriffen wird, den technischen Wandel selbst unmittelbar in den Dienst der Humanisierung der Arbeit zu stellen, beispielsweise dadurch, daß technische Neuerungen eingeführt werden, die primär der Beseitigung inhumaner Arbeiten dienen; oder auch dadurch, daß auf technische Neuerungen dann verzichtet wird, wenn deren Effekt gerade in der Aufrechterhaltung oder Wiedereinführung inhumaner Arbeiten liegt. In kapitalistischen Gesellschaften müssen solche Maßnahmen allerdings die Ausnahme darstellen. Unter dem Gesichtspunkt der Profitabilität werden restriktive Arbeitssituationen in Kauf genommen, solange sich technische Neuerungen, die diese Arbeitsfolgen auslösen, durch das Prinzip der ökonomischen Rationalität legitimieren lassen. Maßnahmen zur Humanisierung der Arbeit sind umgekehrt nur insoweit zu erwarten, als sie dem Kapitalinteresse nicht abträglich erscheinen.

Für fortgeschrittene Industriegesellschaften wie die unsrige ist freilich diese starke Fixierung ans Rentabilitätsprinzip von der Entwicklung der Produktionskräfte her objektiv nicht mehr geboten. Gesellschaften dieses Typs verfügen über ein ausreichendes ökonomisches Fundament und über genügend wissenschaftliche Kapazität, um die Aufhebung oder doch wenigstens die Einschränkung belastender Arbeitssituationen zielstrebig in Angriff nehmen zu können. Wird aber der technische Wandel als quasi-natürlicher Vorgang verstanden und wird auf der anderen Seite die enge Verknüpfung von Technik und Arbeitsorganisation geleugnet, so wird gerade dieser Sachverhalt verdunkelt. Demgegenüber muß die Beseitigung restriktiver Arbeitssituationen als ein politisches Problem verstanden werden: ob nämlich die Gesellschaft strukturell in der Lage ist, die objektiv vorhandenen Möglichkeiten zur Relativierung des Rentabilitätsprinzips wahrzunehmen und Ziele wie die Humanisierung der Arbeit als selbständige Handlungsmaxime schon bei der Entscheidung über die technische Gestalt industrieller Produktionsprozesse einzuführen.[15]

Anmerkungen

1 Vgl. z. B. Ifo-Institut für Wirtschaftsforschung, *Soziale Auswirkungen des technischen Fortschritts*, Berlin/München 1962; F. C. Mann/R. L. Hoffmann, *Automation and the Worker*, New York 1960; R. Blauner, *Alienation and Freedom*, Chicago/London 1964.

2 H. Schelsky, *Der Mensch in der wissenschaftlichen Zivilisation*, in: *Auf der Suche nach Wirklichkeit*, Düsseldorf/Köln 1965, S. 456, auch S. 450.

3 A. Gehlen, *Die Seele im technischen Zeitalter*, Hamburg 1967, S. 19.

4 Vgl. auch A. Gehlen, *Anthropologische Ansicht der Technik*, in: H. Freyer u. a. (Hrsg.), *Technik im technischen Zeitalter*, Düsseldorf 1965, v.a. S. 107, 113.

5 Vor allem J. Habermas, *Praktische Folgen des wissenschaftlich-technischen Fortschritts*, in: *Gesellschaft, Recht und Politik. Festschrift für W. Abendroth*, Neuwied/Berlin 1968, S. 121 ff.

6 E. Freund, *Forschung, der dritte Faktor*, Mainz 1966, S. 28. – Dieser Anteilswert blieb über die Jahre hinweg ziemlich stabil; vgl. Der Bundesminister für Forschung und Technologie, *Faktenbericht 1977 zum Bundesbericht Forschung*, 1977, S. 216 f. (1978).

7 Zu den Finanzquellen der Forschungsinstitutionen vgl. Freund, a.a.O., S. 38 f. – Neuere Daten vgl. *Faktenbericht 1977* . . ., S. 216 f. (1978).

8 H. Kern/M. Schumann, *Industriearbeit und Arbeiterbewußtsein* (1970), Studienausgabe Frankfurt 1977, S. 156 ff. – Vgl. die sorgfältige Darstellung dieser Zusammenhänge in einer neueren Untersuchung: O. Mickler u. a., *Technik, Arbeitsorganisation und Arbeit. Eine empirische Untersuchung in der automatisierten Produktion*, Frankfurt 1976, S. 222 ff. (1978).

9 Kern/Schumann, a.a.O., S. 175 ff. – Seit einigen Jahren zeigen sich im Montagebereich neue Momente: Nicht nur sind durch produktbezogene Maßnahmen (vereinfachte Konstruktion, neue Materialien und Verfahren) die Ansatzpunkte zur Mechanisierung und Automatisierung verbessert worden; zugleich wurde die Fertigungstechnologie in Richtung elastisch einsetzbarer Maschinen weiter entwickelt. Vgl. z. B. H. Kern/U. Neumann, *Rationalisierung und Entwicklung der Arbeitsbedingungen in der Metallindustrie Baden-Württembergs*, in: *Vorstudien zum BMFT-Projekt »Tarifvertragliche Regelungen zur Verbesserung industrieller Arbeitsbedingungen«*, Soziologisches Forschungsinstitut Göttingen SOFI, 1977, S. 294 ff.; R.

Kasiske u. a., *Industrieroboter im Volkswagenwerk*, SOFI, 1978, S. 21 f. Das im Text genannte prinzipielle Problem einer äußerst selektiven Ausschöpfung der aktuell gebotenen technischen Möglichkeiten besteht jedoch nach wie vor. (1978)

10 Die Darstellung stützt sich v.a. auf H. Kern/M. Schumann, *Soziale Voraussetzungen und Folgen des technischen Wandels*, in RKW (Hrsg.), *Wirtschaftliche und soziale Aspekte des technischen Wandels in der BRD,* 1. Bd., Frankfurt 1970, S. 277 ff. – Die Kriterien, die von den Unternehmen bei der Gestaltung der Produktionstechnik Anwendung finden, sind in einer Reihe neuerer industriesoziologischer Studien genauer untersucht worden, so daß hier heute eigentlich eine differenziertere Darstellung geboten wäre. Vgl. Mickler u. a., a.a.O., S. 192 ff.; Kasiske u. a., a.a.O., S. 44 ff. In der Bilanz würde sich freilich nichts ändern. Mickler u. a. zusammenfassend: »[. . .] in keinem der untersuchten Fälle gingen die mit der konkreten Gestaltung der Anlage implizierten Arbeitsfolgen für die Belegschaft [. . .] in explizierter Weise in die technische Planung ein, sondern ergaben sich entweder quasi ›unabsichtlich‹ als Nebenergebnis scheinbar nur apparatbezogener Aufwand-Kosten-Verfügbarkeitsvergleiche oder wurden mehr indirekt über die spezifische Bewertung der Kriterien Personalkosten und Produktionssicherheit gesteuert.« (A.a.O., S. 238) (1978).

11 H. Kluth, *Technische und nicht-technische Determinanten der Arbeitsorganisation*, in: *Verhandlungen des 14. Deutschen Soziologentages*, Stuttgart 1959, S. 133 ff.; ders., *Automation als Form und Stufe der Rationalisierung*, in: H. W. Zimmermann (Hrsg.), *Aspekte der Automation*, Basel/Tübingen 1960, S. 258 ff.; H. J. Knebel, *Handlungsorientierung im Industriebereich*, Tübingen 1963.

12 Knebel, a.a.O., S. 11 ff.

13 R. Blauner, a.a.O., S. 182; vgl. z. B. auch A. Touraine, *L'évolution du travail ouvrier aux Usines Renault*, Paris 1955; J. Diebold, *Die automatische Fabrik*, Frankfurt 1956; P. F. Drucker, *Praxis des Managements*, Düsseldorf 1956.

14 Die Darstellung bezieht sich hier auf die Ergebnisse von Kern/Schumann, *Industriearbeit und Arbeiterbewußtsein*, S. 186 ff. Das Ergebnis dieser Studie, daß es keine Gleichläufigkeit zwischen dem Niveau der Produktionstechnik und der Qualität der Arbeitsbedingungen gibt, ist oft kritisiert worden. Vgl. u. a. H. Gottschalck/Ch. Ohm, *Kritische Bemerkungen zur Polarisierungsthese bei Kern und Schumann*, in: *Soziale Welt* 4/1977, S. 343 f.; W. Fricke, *Arbeitsorganisation und Qualifikation*, Bonn/Bad Godesberg 1975, S. 76 ff.; B. Krais, *Technischer Fortschritt und der Bedarf an qualifizierten Arbeitskräften*, Diss. Berlin 1977, S. 154 ff. Auch wenn die Argumentation der Studie *Industriearbeit und Arbeiterbewußtsein* in einigen Punkten immer noch zu grob ist und der empirische Geltungsbereich der Aussagen im wesentlichen auf den Bereich der unmittelbaren Produktion beschränkt ist, ist die Kritik des »Gleichläufigkeits«-Theorems nach wie vor richtig. Vgl. neuere empirische Studien wie Mickler u. a., a.a.O., S. 452; O. Mickler u. a., *Produktion und Qualifikation*, SOFI, 1977, S. 485 ff. Im übrigen darf die Tatsache, daß in den letzten Jahren die Verbesserung der Arbeitsqualität unter dem Stichwort der »Humanisierung des Arbeitslebens« explizit als politisches Programm formuliert werden mußte, als Bestätigung verstanden werden. (1978)

15 In der Debatte um die »Humanisierung des Arbeitslebens«, die bei uns nach 1970 in Gang kam, ist dieser Gesichtspunkt stärker beachtet worden. Zugleich zeigten die Erfahrungen beim Versuch der Einführung »neuer Formen der Arbeitsgestaltung«, wie eng die Grenzen sind, wenn eine Politik der Verbesserung der Arbeitsbedingung immer auch den Kapitalinteressen Rechnung tragen will. Vgl. in diesem Band S. 37 ff. (1978).

Krise des Taylorismus?

*Bemerkungen zur »Humanisierung der Arbeit«**

»Frederick Winslow Taylor, der Vater der Zeit- und Bewegungsstudien [. . .] propagierte ein Konzept der Effizienz, das bis vor kurzem bemerkenswert erfolgreich gewesen ist. [. . .] Inzwischen sind einige Ereignisse eingetreten, die den Taylorismus zum Anachronismus haben werden lassen.«[1] Diese Behauptung, in den letzten Jahren als Annahme mit diesem oder ähnlichem Inhalt in zahlreichen Diskussionsbeiträgen zur sogenannten Humanisierung der Arbeit enthalten[2], soll im folgenden geprüft werden. Wir versuchen dabei, die These von der Unzeitgemäßheit oder dem Außergebrauchkommen des Taylorismus empirisch zu diskutieren, indem wir uns auf praktische Versuche veränderter Arbeitsgestaltung beziehen, die nach 1969 mit dem Anspruch auf Abbau repetitiver Teilarbeit durchgeführt worden sind. Ließen sich am Beispiel dieses Arbeitstyps, der als Grundform taylorisierter Arbeit bezeichnet werden kann und der als solche im Zentrum der jüngsten Debatte über »humanere« Arbeitsgestaltung gestanden hat, deutliche Ansatzpunkte einer Neuorganisation industrieller Arbeit nachweisen, so spräche in der Tat manches für einen Bedeutungsverlust des Taylorismus; umgekehrt wären Widerstände gegen die Forderung nach Abbau repetitiver Teilarbeit sowie Versuche, gegebenenfalls unabweisbar erscheinende Veränderungen in engen Grenzen zu halten und so zu entschärfen, eine Bestätigung der Funktionalität tayloristischer Prinzipien für den kapitalistischen Produktionsprozeß. Für eine solche Nagelprobe besonders geeignet erscheinen Projekte, die man nach den bisher vorliegenden (dürftigen) Informationen am ehesten als relevante Ansätze zur Arbeitsumstrukturierung in der industriellen Massenfertigung bezeichnen könnte: Experimente bei Volvo und Atlas Copco in Schweden, bei Olivetti und Fiat in Italien.[3]

* Verfaßt gemeinsam mit Bärbel Kern, zuerst in: M. Osterland (Hrsg.), *Arbeitssituation, Lebenslage und Konfliktpotential. Festschrift für M. E. Graf zu Solms-Roedelheim*, Frankfurt/Köln 1975, 2. 71 ff.

I

Das Taylorsystem zielt in seiner klassischen Fassung, die ihm von Taylor in seinen Schriften gegeben wurde, auf eine Steigerung der Effizienz der industriellen Arbeitsorganisation durch Abbau jener Verhaltensspielräume, welche die Arbeiter zur Leistungszurückhaltung (»Bremsen«) nutzen können. Die Ursachen dieser Spielräume sieht Taylor insbesondere in der betrieblichen Verteilung der Qualifikation, genauer: in der Tatsache, daß die Arbeiter aufgrund ihrer Erfahrung und Vertrautheit mit dem konkreten Arbeitsprozeß über Kenntnisse und Fertigkeiten verfügen, die dem Management nicht zugänglich sind und über die daher die Leistungsabgabe eingeschränkt werden kann, ohne daß betriebliche Sanktionen befürchtet werden müssen.[4] Die vorgeschlagene Lösung: Ermittlung der fehlenden Kenntnisse durch Arbeitsbeobachtung und Konzentration dieser Kenntnisse beim Management[5]; Verwendung dieser Kenntnisse zur systematischen Umgestaltung der Arbeit, vor allem in der Form von Spezialisierung (Arbeitsteilung) und Verdichtung (höheres Arbeitstempo, Ausschaltung »unproduktiver« Zeiten)[6]; Konditionierung der Arbeiter zur Ausführung der fragmentierten und verkürzten Verrichtung, insbesondere Entlohnung nach einem strengen Prinzip der Individualleistung.[7] Die konsequente Anwendung dieser Prinzipien tayloristischer Rationalisierung führt zu Arbeitsfolgen, die als Dequalifizierung durch Fragmentierung und Vereinfachung einerseits und Belastungssteigerung durch Verdichtung und Leistungsdruck andererseits zu kennzeichnen sind – beides Merkmale, die mit dem Interesse der Arbeiter an Sicherung von Entfaltungschancen und Schutz vor Arbeitskraftverschleiß in Konflikt geraten.

Der betriebliche Einsatz dieser Rationalisierungsmethode ist an produktionstechnische Bedingungen geknüpft, die zwar Taylor noch nicht systematisch herausarbeiten kann, die gleichwohl an den Merkmalen der Arbeitsvollzüge sichtbar werden, auf deren Analyse er seine Schlußfolgerungen stützt. Taylor nennt vor allem folgende Arbeitsprozesse: Dreherarbeiten (Beispiel Midvale Steel Co.), Verladearbeiten (Beispiel Bethlehem Steel Co.), Kontroll- und Sortierarbeiten (Beispiel Symonds Rolling Machine Co.)[8], also Abläufe auf niedrigem technischen Niveau, die bei aller Unterschiedlichkeit eines gemeinsam haben: die direkte

Abhängigkeit des Produktionsvolumens (Ausstoßmenge) von der Intensität der Verausgabung lebendiger Arbeit. Bei solchen Prozessen gewinnt Taylors Konzept eine gewisse Plausibilität: durch Arbeitsteilung (Prinzip des Übungserfolgs) und Arbeitsverdichtung (Prinzip der Flüssigkeit) können die organisatorischen Voraussetzungen der Arbeitsleistung verbessert werden, während das Lohnsystem (Prinzip des materiellen Lohnanreizes) auf die motivationalen Voraussetzungen der Leistungsabgabe einwirkt. Der Rationalisierungseffekt kommt dadurch zustande, daß dem einzelnen Arbeiter durch diese Mittel ein größeres Produktquantum abgerungen wird.

Unter avancierteren technischen Bedingungen freilich verlagert sich der Anwendungsschwerpunkt des Taylorsystems auf die »sekundäre« Produktion (z. B. Instandhaltungsrationalisierung[9]), während im Bereich der »primären« Produktion (Produktionsarbeit im engeren Sinne) mit den Mitteln des klassischen Taylorismus keine entscheidende Effizienzsteigerung mehr erzielt werden kann. Das gilt besonders für Fertigungsprozesse, in denen inzwischen die Automationstechnik vorherrscht. Bei automatisierter Fertigung, wie sie heute speziell in den automatisierten Apparatsystemen der Groß- und petrochemischen Industrie besteht, nimmt die Produktionsarbeit die Form von Kontroll- und Regulierungstätigkeit an (Arbeiten der Anlagenkontrolle und Meßwartentätigkeit).[10] Im Unterschied zu den Arbeitsabläufen, von denen bei Taylor die Rede ist, besteht bei diesen Automationsarbeiten kein direkter Zusammenhang zwischen der aktiven Verausgabung von Produktionsarbeit und dem Volumen der Produktion: die erzeugte Gütermenge hängt kaum vom motorisch-aktiven Einsatz der Arbeitskräfte ab, wohl aber von der Kapazität und dem Auslastungsgrad der technischen Anlage sowie der Erhaltung ihrer Funktionsfähigkeit durch die an ihr eingesetzten Arbeiter. Besonders deutlich wird dies an der Tatsache, daß für die Produktionsarbeiten an automatisierten Aggregatsystemen ein hoher passiver Arbeitsteil typisch ist: »Für lange Zeit kann sich der Meßwartenmann damit begnügen, sich für aktive Arbeiten bereitzuhalten; seine Tätigkeit besteht oft im bloßen Warten, nicht aber in einem Handeln, das sein Bewußtsein und seine körperlichen Leistungsmöglichkeiten ausschöpft.«[11] Hier wird eine technische Schranke der Anwendbarkeit des klassischen Taylorismus sichtbar – nicht in dem Sinn, daß jetzt über die

Rationalisierung der Produktionsarbeit kein Kostenvorteil mehr erreicht werden könnte, sondern in der Weise, daß sich mit den veränderten stofflichen Bedingungen der Produktion auch die Stoßrichtung der Arbeitsrationalisierung ändern muß: Bei automatisierter Produktion läuft die Rationalisierung der Produktionsarbeit über eine Reduktion der Anlagenbesatzung *unabhängig* vom Produktionsvolumen, deren Größe hauptsächlich durch die Kapazität der vorhandenen Anlage und den Grad ihrer Auslastung bestimmt wird. Das Verhältnis von eingesetzter Arbeit und Produktionsausstoß kann nicht durch Spezialisierung und Standardisierung der Arbeit günstiger gestaltet werden, da flexible Reaktionen in nur begrenzt vorhersehbaren Störungssituationen gerade Bedingung eines reibungslosen Produktionsablaufes sind.

Zur spezifischen Methode der Herstellung eines Personalabbaus an automatisierten Großanlagen wird daher die »partielle Aufhebung der Organisationsformen strenger Arbeitsteilung und eine Steigerung der Flexibilität der Produktionsarbeiter«[12], ein in seinem Erscheinungsbild gewiß nicht tayloristischer Schritt; das konkrete Mittel, auf das sich diese Methode stützt, ist die »Aktivierung« des passiven Arbeitsteils der Produktionsarbeiter durch Anlagerung aktiver Verrichtungen, die bislang von anderen Arbeitskräften (Reinigungsarbeiter, Instandhalter, Laboranten) ausgeführt wurden, soweit auf diese Weise die erforderliche Präsenz und Einsatzbereitschaft der Produktionsarbeiter nicht beeinträchtigt wird.[13]

Zeigt sich an diesem Fall, daß die Verfahren des klassischen Taylorismus nicht für die Rationalisierung jedweder Form industrieller Arbeit in Betracht kommen, sondern besondere arbeitsprozeßliche Strukturen voraussetzen, so ist dies allerdings nicht mehr als ein Ausdruck der Ungleichzeitigkeit, in der sich die Entwicklung der kapitalistischen Arbeitsorganisation vollzieht. Allein die andersartigen Rationalisierungsbedingungen in der automatisierten Produktion rechtfertigen gewiß nicht das eingangs zitierte Wort vom »Anachronismus des Taylorismus«. Zu groß sind in zentralen Produktionsprozessen – insbesondere in der Stoffverformung und Montage – die Automatisierungskosten[14], als daß nach den Erfahrungen der letzten 20 Jahre von einer allgemeinen Tendenz zur Automation und der an sie gebundenen Rationalisierungstechniken gesprochen werden könnte. Zu deutlich sind seit den sechziger Jahren die Bestrebungen der Unternehmen, im immer relevanter werdenden Bereich der »sekundären« Produktion (Instandhaltung, Produktionsplanung usw.) den Taylorismus erst einmal wirksam werden zu lassen.[15] Zu offenkundig sind schließlich seit einigen Jahren die Versuche der Weiterentwicklung der Methoden des »scientific management« und deren Anwendung in Bereichen mit einem hohen Anteil lebendiger Arbeit – sei es in Form neuer Entlohnungsmethoden, sei es in Form stärkerer Standardisierung und Verdichtung der Arbeitsgänge.[16] Der vielleicht deutlichste Beleg für die fortdauernde Bedeutung tayloristischer Arbeitsgestaltung ist aber die Tatsache, daß im Gesamtspektrum industrieller Arbeitsformen nach wie vor repetitive Teilarbeiten vorherrschen[17] – einfache, kurzzyklische Verrichtungen, die keinen Spielraum zur freien Gestaltung der Arbeit eröffnen, die Möglichkeit zur Entfaltung von Kenntnissen und Fähigkeiten beschneiden und die physischen wie psychischen Reserven der Arbeiter auszehren. Wenn die Arbeitssituation zahlreicher Beschäftigter immer noch durch solche Verhaltenszumutungen gekennzeichnet ist, wird man mit einigem Recht sagen können, daß der Taylorismus »bis heute weite Bereiche menschlicher Tätigkeit beherrscht«.[18]

Dem widerspricht auch nicht die speziell in betriebspsychologischen Arbeiten zuweilen verbreitete Auffassung, der Taylorismus sei seit den Arbeiten E. Mayos u. a. zumindest theoretisch überwunden.[19] Eine solche Einschätzung geht schon an der Hauptintention dieser Studien und der Versuche ihrer betriebspraktischen Anwendung im »Human-Relations-Konzept« vorbei: Wege zu finden nicht zur »Enttaylorisierung« der Arbeit, wohl aber zur Entschärfung möglicher individueller und sozialer Konflikte, die aus den in ihrer Substanz unveränderten Arbeitsstrukturen resultieren und die – entgegen den mit der tayloristischen Arbeitsgestaltung verfolgten Zielen – die Effizienz der Produktion längerfristig beeinträchtigen können. Wie schon Roethlisberger und Dickson in ihrem Untersuchungsbericht 1939 deutlich machen[20], werden im Interesse der Ausschaltung dieser Störquellen individual-therapeutische und betriebsklimatische Maßnahmen entwickelt, die das Bewußtsein der Beschäftigten von den vorhandenen Arbeitsproblemen abzulenken geeignet erscheinen, diese selbst aber nicht wesentlich berühren.

In den Arbeitswissenschaften ist erst in den letzten Jahren vor allem als Folge zeitweise verschärfter praktischer Kritik der Beschäftigten an tayloristisch geformter Arbeit (sei es in der Form individueller Verweigerung wie steigender Fluktuation, höherem Absentismus u. ä. oder in Form kollektiver Kampfmaßnahmen zur Verbesserung der Arbeitsbedingungen) auf breiterer Front die Frage aufgeworfen worden, ob die überkommenen tayloristischen Prinzipien der Arbeitsgestaltung tatsächlich und unter allen Umständen zu einer effizienten Produktion führen.[21] Den veränderten Problemen entsprach eine Weiterentwicklung der arbeitswissenschaftlichen Forschung in doppelter Richtung:

Einerseits durch eine Neufassung der Motivationstheorie, für die vor allem die Arbeiten von F. Herzberg[22] relevant sind, in denen die Versuche, durch höhere Bezahlung (Taylor), bessere Arbeitsumgebung (Münsterberg) oder reicheres Betriebsklima (Mayo) die Identifikation mit der Arbeit zu steigern und die Bereitschaft zur Leistungsabgabe zu erhöhen, verworfen werden. Nach Herzberg ergibt sich aus solchen Maßnahmen, die – wie er es nennt – nur die »animal needs« ansprechen, niemals Arbeitszufriedenheit, sondern lediglich der Abbau von Unzufriedenheit, der zudem auf höherer Ebene ständig wieder neu stattzufinden hat; eine anhaltende Motivation für die Arbeit und bleibende Zufriedenheit stellten sich nur ein, wenn den »human needs« nach Entfaltung und Kreativität (»psychological growth«) durch intrinsisch motivierende Arbeitsinhalte Rechnung getragen werde. Dementsprechend schlägt Herzberg vor, »daß die Arbeit angereichert wird, um zu einer effektiven Ausnutzung des Personals zu kommen«.[23]

Andererseits gewinnt in der wissenschaftlichen Diskussion die Vorstellung an Bedeutung, das Unternehmen müsse als »soziotechnisches System« verstanden werden. Dieses Konzept – im Rahmen des Londoner Tavistock-Instituts vor allem von F. Emery und E. Trist entwickelt[24] und im Zusammenhang mit dem norwegischen Forschungsprojekt »Industrielle Demokratie« von E. Thorsrud u. a. fortgeführt[25] – stellt stärker auf die Möglichkeit und Notwendigkeit der Veränderung des gesamten Bedingungsgefüges des Betriebs ab, die beim Versuch einer Aufhebung tayloristisch organisierter Arbeit besteht. Danach stehen einem Unternehmen zur Lösung beispielsweise des Problems einer stärkeren Abkehr der Arbeiter von repetitiver Teilarbeit rein arbeitsorganisatorische Veränderungen nur begrenzt zu Gebote. Die Reichweite solcher Veränderungen sei aufgrund der Tatsache eingeschränkt, daß der Spielraum arbeitsorganisatorischer Regelungen durch die vorhandene Produktionstechnik und den von ihr gestellten Verhaltensanforderungen verbindlich definiert sei. Deshalb müsse bei Problemlösungen, sofern arbeitsorganisatorische Veränderungen nicht den gewünschten Erfolg bringen, zum Mittel gezielter technischer Veränderungen gegriffen werden. Ausdrücklich wird bisherigen Ansätzen, insbesondere dem Human-Relations-Konzept, die Vernachlässigung der technischen Dimension des Produktionsablaufes vorgeworfen.[26] Auf unser Problem bezogen und betriebspraktisch gewendet bedeutet dies, daß die Anreicherung der Arbeit nicht nur auf arbeitsorganisatorische Veränderungen gestützt werden darf, sondern daß grundlegende Änderungen auch die Neugestaltung der Produktionstechnik voraussetzen.

Die Konzepte von Herzberg, Emery, Trist, Thorsrud u. a. wird man kaum als hinreichend differenzierte und wirklich realitätsgerechte Beiträge zur Theorie des Arbeiterverhaltens verstehen können. Augenfällig ist vor allem ihr Formalismus, der die historischen und gesellschaftlichen Bestimmungen der Arbeitseinstellung von Industriearbeitern weitgehend vernachlässigt (ein Vorwurf, der in einer noch ausstehenden systematischen Kritik zu präzisieren wäre). Ihre Bedeutung liegt eher darin, daß sie in einer für die Arbeitswissenschaften ungewöhnlich scharfen Weise mit der Tradition des Taylorismus (und der Human-Relations-Schule, sofern man sie überhaupt gesondert erwähnen will) brechen, und daß sie in dieser Eigenschaft in den letzten Jahren eine beträchtliche Aufnahme bei Wissenschaftlern und Praktikern gefunden haben.[27] Von Belang ist hier, daß die erwähnten Gedanken im strengeren Sinne gar nicht neu sind – Herzberg bezieht sich auf Studien[28], die schon 1959 veröffentlicht wurden; Emery und Trist greifen Untersuchungen auf, die bereits in den vierziger Jahren durchgeführt worden sind[29] –, wohl aber erst in neuerer Zeit auf einen günstigen Resonanzboden gestoßen sind. Speziell dieses hohe Interesse, das vor allem auch Managementvertreter gezeigt haben, scheint ein Indiz zu sein für eine neue Problemkonstellation in der Produktion: für Entwicklungen, die zu einer stärkeren Problematisierung des Taylorismus und zu einer größeren Offenheit gegenüber solchen Methoden der Arbeitsgestaltung geführt haben, die gegen die Logik tayloristischer Rationalisierung stehen. Um welche Probleme es sich dabei handelt und ob hier der Ausgangspunkt zu einer auch praktischen Überwindung des Taylorismus liegen könnte, soll im folgenden erörtert werden. Wir werden uns dabei hauptsächlich auf die Erfahrungen beziehen, welche die genannten betrieblichen Versuche des Abbaus repetitiver Teilarbeit in Schweden und Italien vermitteln.

II

Spätestens seit dem Siegeszug des Fließbandes im Anschluß an Henry Fords grundlegende Innovation im Jahre 1913[30], die die Prinzipien des Taylorismus gewissermaßen auf den Begriff brachte, gilt repetitive Teilarbeit als die charakteristische Arbeitsform der industriellen Massenfertigung. »We try to reduce skill to its minimum«[31] – so formulierte ein Betriebsleiter einer großen englischen Automobilfabrik den zentralen Programmsatz, der das Denken ganzer Generationen von Rationalisierungsfachleuten bestimmte. Wenn dieses Stereotyp heute tatsächlich aufgebrochen worden sein soll, wie dies in der These von der Krise des Taylorismus behauptet wird, so wären zwei Ursachen denkbar: einerseits ein verändertes Verhalten der Arbeiter, die auf repetitive Teilarbeit mit verstärkter Verweigerung reagieren; andererseits neue Produktionsbedingungen der Unternehmen, die eine weniger arbeitsteilige und standardisierte Arbeitsorganisation nahelegen.

Was das *Verhalten der Arbeiter* anbelangt, so ist bekannt, daß die Konfrontation mit repetitiver Teilarbeit nicht notwendig Kritik und Widerstand hervorruft. Ohne Alternative besserer Arbeit an solche Tätigkeiten gebunden, können die Beschäftigten im Interesse der Aufrechterhaltung ihres psychischen Gleichgewichts durchaus dazu tendieren, die Ansprüche an den Inhalt und die Form der Arbeit einzuschränken, vor allem dann, wenn die auferlegte Arbeitsbelastung über den Lohn kompensiert werden kann (»Monetisierungskonzept«). Diese Verhaltensorientierung, häufig auch als »instrumentelle Arbeitseinstellung« beschrieben[32], scheint allerdings in den sechziger Jahren in einer ganzen Reihe kapitalistischer Industrieländer brüchig geworden zu sein.

Die Ursachen dieser »Motivationskrise« bei industrieller Arbeit müßten noch genauer untersucht werden; sicher spielen dabei spezifische ökonomische und politische Faktoren eine Rolle. Die

Bedeutung ökonomischer Faktoren ergibt sich aus dem Umstand, daß die Beschäftigten bei Hochkonjunktur und Vollbeschäftigung in größerem Umfange über Arbeitsplatzalternativen verfügen und dadurch leichter zu einer distanzierten Beurteilung der Arbeit kommen können, die sie bisher ausgeübt haben. Die Relevanz politischer Faktoren liegt darin, daß es vor allem von der Problemoffenheit und Betriebsorientierung der Arbeiterorganisation abhängt, ob verstärkter Widerstand gegen taylorisierte Arbeit in politische Forderungen umgesetzt wird, für die auch das Mittel des kollektiven Kampfes eingesetzt wird.

In Schweden und Italien – den beiden Ländern, aus denen unser Fallmaterial stammt – waren diese Voraussetzungen in der einen oder anderen Form Ende der sechziger Jahre ansatzweise gegeben. In *Schweden* kam es aufgrund angespannter Arbeitsmarktverhältnisse vorzugsweise zu einer Verschärfung »individueller Proteste« gegen unqualifizierte, belastende Arbeit, die sich in außergewöhnlich hohen Fluktuations- und Absentismusraten Ausdruck verschafften und die Unternehmen vor wachsende Probleme der Arbeitskräfterekrutierung stellten. (Für die Arbeiter der metallverarbeitenden Industrie wird berichtet: Fluktuationsraten pro Jahr 1965 45%, 1966 42% mit fallender Tendenz; Absentismus im Tagesdurchschnitt 1965 9,5%, 1966 8,9% mit steigender Tendenz.[33]) Diese Personalprobleme gefährdeten in einem so starken Maße den Ratioanlisierungseffekt, auf den die schwedische Industrie gerade in den sechziger Jahren durch große technische und organisatorische Veränderungen abzielte, daß sich in führenden Unternehmen – besonders bei Volvo – ein neuer »Managementstil« durchsetzte[34]: Durch gezielte Einschränkung repetitiver Teilarbeit wurde die Attraktivität der Arbeitsplätze gesteigert, um so die Arbeitskräftebeschaffungsprobleme zu lösen. Anders in *Italien*: Wenn es trotz des notorischen Arbeitskräfteüberschusses des Landes nach 1968 in wichtigen italienischen Unternehmen – vor allem bei Olivetti und teilweise auch bei Fiat – zu Ansätzen neuer Arbeitsgestaltung gekommen ist, so hauptsächlich aufgrund der vorantreibenden Wirkungen der Forderungen und Kämpfe der Arbeiter. Andere Momente – vor allem eine zeitweilige relative Vollbeschäftigung in den Industrieagglomerationen des Nordens (nicht Folge ausgeschöpfter Arbeitskraftreserven, sondern Ausdruck des durch eine mangelhafte Infrastruktur begrenzten Fassungsvermögens der

Ballungszentren[35]) – haben diese Entwicklung zwar beeinflußt, sie erklären jedoch eher die regionale Schwerpunktbildung (Norditalien) im gewerkschaftlichen Kampf um die Arbeitsorganisation, weniger den Kampf selbst. Vor allem ist hier auf die Traditionen und das politische Selbstverständnis der italienischen Gewerkschaften zu verweisen, die sich offengehalten haben für eine klassenbewußte Praxis, in der die Frage der Kontrolle und Verbesserung der Arbeitsbedingungen eine wesentliche Rolle spielen konnte.[36]

Soweit solche Momente vorliegen, welche die Zurückweisung des herkömmlichen »Arbeitsangebots« der hochrationalisierten Industrie durch die Arbeiter begünstigen, besteht ein wichtiger Impuls zum Abbau repetitiver Teilarbeit. Wenigstens für die beiden Länder Ende der sechziger Jahre kann deshalb davon gesprochen werden, daß in der industriellen Massenfertigung die Prinzipien tayloristischer Rationalisierung fragwürdig zu werden begannen. Nicht nur, weil im Interesse von Integration und politischer Stabilität die Veränderung jener Arbeitsstrukturen angezeigt erschien, die den stärksten Konflikt und Widerstand hervorriefen, sondern vor allem auch deshalb, weil durch das veränderte Verhalten der Beschäftigten in relevantem Umfang Kosten entstanden (Absentismus-, Fluktuations-, Streikkosten usw.), die in das unternehmerische Rentabilitätskalkül einbezogen werden mußten.[37]

Demgegenüber scheinen, orientiert man sich am genannten Fallmaterial, *unternehmensseitige Interessen*, die *unabhängig vom Verhalten der Arbeiter* zu einer Rücknahme repetitiver Teilarbeit führen könnten, relativ selten vorzuliegen. Zwar kann repetitive Teilarbeit spezifische Zusatzkosten mit sich bringen, z. B. Takt- und Handhabungsverluste, die speziell bei Fließbandarbeit auftreten[38]; doch ist die Bedeutung dieser Faktoren nicht zu überschätzen. In den hier herangezogenen Unternehmen jedenfalls waren eigenständige Motive zur Einschränkung repetitiver Teilarbeit, läßt man das Arbeitsverhalten außer acht, eher in anderer Weise gegeben: als Folge einer spezifischen Produkt- und Marktkonzeption. Insbesondere die Fließbandtechnik erschien unter verschiedenen Gesichtspunkten problematisch:

1. Bei Produkten, die in kleineren Serien und wechselnden Mengen erzeugt werden, wegen der geringen Elastizität des Bandes im Hinblick auf Produktvariationen. Beispiel *Olivetti*: In den

sechziger Jahren war Olivetti auch im Weltmaßstab der größte Produzent von Zähl- und Rechenmaschinen (50% der Weltproduktion). 1972 hielt das Unternehmen immer noch einen Großteil der Weltproduktion von mechanischen Tischrechnern (37%); der Produktschwerpunkt hatte sich jedoch international auf elektronische Tischrechner verlagert (Weltproduktanteil 1972 87%), von denen Olivetti nur 3% produzierte.[39] Diese veränderte Konkurrenzsituation traf zusammen mit einer relativen Sättigung des Marktes. Die neue Situation veranlaßte das Unternehmen zu grundlegenden Veränderungen in seinem Produktionsprogramm: Verkürzung der geplanten Umschlagszeit der einzelnen Produkte (von 10 bis 15 Jahren auf 3 Jahre); verstärkte Produktdifferenzierung durch Einführung von Grundtypen mit vielfältigen Variationsmöglichkeiten (»Produktfamilien«); direktere Anpassung an kurzfristige Nachfrageschwankungen durch Abbau der Lagerhaltung. Damit veränderten sich aber auch die Anforderungen an die Arbeitsorganisation: Diese mußte zur Herstellung kleinerer Serien mit wechselnden Produktmengen geeignet sein und einen schnellen Produktwechsel zulassen. Die relativ starre Fließbandtechnik, das bis Ende der sechziger Jahre übliche Fertigungsverfahren im Montagebereich des Unternehmens, erschien dazu ungeeignet.

2. Bei Produkten, deren Konstruktionsweise im Herstellungsprozeß häufige Fehlersuche und -behebung erfordert, wegen der am Band typischen Arbeitsteilung zwischen Herstellung, Kontrolle und Reparatur. Beispiel *Olivetti*: Die Ablösung der Fließbandtechnik wurde auch durch Veränderung in der Produkttechnologie nahegelegt: den Einbruch der Elektronik, die – trotz des insgesamt geringen Marktanteils bei elektronischen Rechnern – inzwischen (1973) in 46% der Olivetti-Produktion Verwendung findet.[40] Die technische Beschaffenheit der elektromechanischen Rechenmaschine kam einer tayloristischen Arbeitsorganisation in der Montage entgegen, weil eine Funktionsprüfung erst nach Abschluß des gesamten Montageprozesses möglich war und sich deshalb die Abspaltung von Kontrolle und, gegebenenfalls, Reparatur aus ökonomischen Gründen anbot. Die Rechenmaschine auf elektronischer Basis besteht jedoch aus Untereinheiten (z. B. Drucker, Tastatur), die jeweils in sich funktionsfähig sind und damit einer eigenen dynamischen Fehlerkontrolle unterworfen werden können. Für die Wahrnehmung dieser Möglichkeit spre-

chen die Kosten für die komplizierte Fehlersuche und -behebung am komplexen Endprodukt. Schwieriger wurde damit aber die Beibehaltung der strikten funktionellen und zeitlichen Trennung von Montage, Kontrolle und Reparatur, die das klassische Band kennzeichnete.

3. Bei Produkten, deren Verkauf sich auf das Image der Progressivität stützt, wegen der besseren Unterstützung dieses Images durch »unkonventionelle« Fertigungsmethoden. Beispiel *Volvo*: Stärker als seine Konkurrenten zielt Volvo auf eine Marktlücke, indem es seinen Produkten das Image der Sicherheit und Modernität zu geben sucht. Diese Markt-»Strategie« findet eine Stütze in einer als progressiv dargestellten Herstellungsweise. Solche Umstände begünstigen die Einführung »unkonventioneller« Formen der Arbeitsgestaltung und deren publizistische Auswertung. »Ein Beispiel«, schrieb 1973 ein schwedischer Beobachter[41], »ist die Volvo-Kalmarfabrik, welche jetzt schon weltberühmt ist, ehe sie noch in Gebrauch genommen worden ist. Das muß man als Weltrekord in Public Relations bezeichnen.«

Wo Motive dieser Art bei den Unternehmensleitungen auftreten und gleichzeitig ein starker Veränderungsdruck durch das Verhalten der Beschäftigten gegeben ist, besteht in der industriellen Fertigung allem Anschein nach eine wirksame Bedingungskonstellation, die den Glauben an das Taylorsystem erschüttert und zur Beseitigung repetitiver Teilarbeit führen kann. Dementsprechend waren bei Olivetti und Volvo, den Unternehmen unserer Auswahl, in denen – wenn auch in unterschiedlicher Ausprägung – Veränderungen im Verhalten der Arbeiter und spezifische Produkt- und Marktbedingungen zusammenliefen, die nachhaltigsten Bestrebungen zur Aufhebung repetitiver Teilarbeit zu beobachten. Bei den anderen der hier berücksichtigten Firmen mangelte es dagegen an der einen oder anderen Voraussetzung (Fiat: fehlendes Eigeninteresse des Unternehmens, später auch nachlassender Druck der Arbeiter; Atlas Copco: relativ schwacher Druck der Arbeiter, später auch widersprüchliche Interessen der Unternehmensleitung), was zu wesentlich schwächeren bzw. instabileren Veränderungen führte.

Als Zwischenbilanz wäre festzuhalten, daß sich am schwedischen und italienischen Beispiel tatsächlich Faktoren aufweisen lassen, die – vor allem bei kombiniertem Auftreten – in der industriellen Massenfertigung zu einer Problematisierung der traditionell tayloristischen Arbeitsorganisation führen. Einerseits handelt es sich dabei um eine geringere Bereitschaft der Arbeiter zur Hinnahme repetitiver Teilarbeit – ein Phänomen freilich, das heute schwerlich zur Tendenz verallgemeinert werden kann. Vielmehr ist die Möglichkeit, daß sich die Arbeiter nachhaltig gegenüber taylorisierter Arbeit verweigern, an historisch besondere Bedingungen geknüpft: an eine Situation der Vollbeschäftigung, die im kapitalistischen Krisenzyklus immer wieder aufgehoben werden kann, und/oder an die Existenz von Arbeiterorganisationen mit einer konsequent betriebs- und arbeitsbezogenen Forderungspolitik, die um so weniger dort gesichert ist, wo sich innerhalb der Gewerkschaften eine wirtschaftsfriedliche Orientierung bei gleichzeitiger Beschränkung auf lohn- und arbeitsmarktpolitische Fragen durchgesetzt hat.[42] Andererseits hängt der Grad der Abkehr von der tayloristischen Arbeitsorganisation, läßt man das schon besprochene Problem der Einführung automatisierter Großanlagen außer acht, von marktstrategischen (Produktdiversifikation, Produktimage) und produkttechnologischen (Teilevielfalt, Art der Prüffähigkeit) Bedingungen ab, die nur bei einer begrenzten Zahl von Unternehmen im Bereich der industriellen Massenfertigung vorliegen.[43] Trägt die schlichte Behauptung, der Taylorismus sei inzwischen veraltet, schon diesen Umständen nicht Rechnung, so wird sie erst recht fragwürdig, wenn man zudem die Widerstände ins Blickfeld rückt, die einer substantiellen Umgestaltung der Arbeit selbst in jenen Fällen entgegenstehen, die vergleichsweise günstige Veränderungsbedingungen aufweisen.

III

Die Diskussion über Möglichkeiten des Abbaus repetitiver Teilarbeit steckt noch zu sehr in den Anfängen, als daß bereits ein differenziertes Repertoire relevanter Veränderungsmethoden angegeben werden könnte. Ulich u. a.[44], die die wohl umfassendste Übersicht bringen, unterscheiden:

»Arbeitswechsel (job rotation)«: »ein Verfahren [. . .], demzufolge – etwa innerhalb einer Arbeitsgruppe – in vorgeschriebener oder selbstgewählter Zeit- und Reihenfolge die Person A die

Arbeit von B übernimmt, diese die Arbeit von C usw., so daß möglicherweise ein Rundumwechsel zwischen allen Arbeitsplätzen einer Gruppe entsteht«.[45]

»Aufgabenvergrößerung«: Sie »besteht darin, mehrere strukturell gleichartige oder ähnliche Arbeitselemente aneinanderzureihen und dadurch lediglich den Arbeitsumfang zu vergrößern«.[46]

»Aufgabenbereicherung«: »Hier geht es darum, daß strukturell verschiedenartige Arbeitselemente – z. B. Planungs-, Fertigungs- und Kontrollaufgaben – in einer größeren Handlungseinheit zusammengefügt werden«.[47]

»Autonome Arbeitsgruppen«: »Übertragung von Planungs-, Regulations- und Kontrollfunktionen an die die jeweiligen Arbeiten ausführenden Personen«.[48]

Abgesehen davon, daß ein solches Begriffsschema den Arbeitsplatzwechsel unzureichend einordnet (die Rotation ist ein spezifisches Verfahren entweder der Aufgabenvergrößerung oder der Aufgabenbereicherung), verzichtet es auf eine Dimension, die für die Beschreibung konkreter betrieblicher Projekte sehr wichtig ist: Die konkrete Vorgehensweise bei den einzelnen Maßnahmen und hierbei insbesondere die Frage, ob und in welchem Umfang eine bestimmte Maßnahme einen Eingriff in das technische System voraussetzt, bleibt ausgeklammert. Versucht man demgegenüber, mögliche Methoden zur Veränderung repetitiver Teilarbeit im Hinblick auf Art *und* Vorgehensweise zu charakterisieren, so könnte die Übersicht 1 (vgl. S. 39) hilfreich sein. Im konkreten Versuch der Veränderung repetitiver Teilarbeit in den Firmen Volvo, Atlas Copco, Olivetti und Fiat wurden die verschiedenen in der Übersicht aufgeführten Einzelmaßnahmen miteinander kombiniert. Dabei lassen sich typische Maßnahmenkombinationen unterscheiden:

– Arbeitsplatzwechsel unter Ausschluß dispositiver Funktionen (A 1 + B 1):

In diesem Fall bleiben technische Anlage und Arbeitsplatzstruktur in der alten Form erhalten. Die Zuordnung von Arbeitsplatz und Arbeitskraft wird aber insoweit verändert, als die Arbeiter nunmehr verschiedene Arbeitsplätze untereinander austauschen. Der qualitative Effekt dieser Rotation ist aber meist gering: Vom einzelnen Arbeiter aus gesehen liegt der Hauptakzent auf einer schlichten Aufgabenvergrößerung (Maßnahme A 1). Das resultiert vor allem aus dem Umstand, daß der Versuch

Übersicht 1

Art der Maßnahme	*Vorgehensweise* bisherige Technik: Fließband; Typ repetitiver Teilarbeit: Bandarbeit	bisherige Technik: einfunktionale Einzelmaschine; Typ repetitiver Teilarbeit: Maschinenbedienung
A Aufgabenvergrößerung (job enlargement): Zusammenfassung qualitativ gleichartiger Arbeitselemente (horizontal)		
1 durch bloße Rotation der Arbeiter zwischen unveränderten Arbeitsplätzen (bisherige Funktionsgliederung)	rein arbeitsorganisatorische Maßnahme	rein arbeitsorganisatorische Maßnahme
2 durch Neubestimmung der Arbeitsplätze (Funktionsbündelung)	technische Veränderung notwendig; Ziel: Lockerung der räumlichen Bindung des Arbeiters	technische Veränderung notwendig; Ziel: Lockerung der Bindung an die einzelne Maschine
B Aufgabenanreicherung (job enrichment): Zusammenfassung qualitativ unterschiedlicher Arbeitertätigkeiten (vertikal)		
1 durch bloße Rotation der Arbeiter zwischen unveränderten Arbeitsplätzen (bisherige Funktionsgliederung)	Maßnahme von begrenzter Reichweite; der Anteil qualifizierter Arbeit ist zu gering	arbeitsorganisatorische Maßnahme von begrenzter Reichweite; der Anteil qualifizierter Arbeit ist zu gering
2 durch Neubestimmung der Arbeitsplätze (Funktionsbündelung)	technische Veränderung notwendig; Ziel: Erhöhung des Anteils qualifizierter Arbeit, funktionelle und zeitliche Verkettung von qualifizierter und unqualifizierter Arbeit	technische Veränderung notwendig; Ziel: Erhöhung des Anteils qualifizierter Arbeit; Lockerung der Bindung an die einzelne Maschine
C Arbeitsgruppen mit dispositiven Funktionen: Übertragung dispositiver Funktionen an Arbeiter (vertikal)	rein arbeitsorganisatorische Maßnahme	rein arbeitsorganisatorische Maßnahme

einer bloß arbeitsorganisatorischen Aufgabenanreicherung durch Rotation (Maßnahme B 1) an Fließbändern und einfachen Einzelmaschinen – den Fertigungstechniken, bei denen hauptsächlich repetitive Teilarbeiten anfallen – schnell an die Grenze der unveränderten Funktionsgliederung stößt: Allein das quantitative Verhältnis zwischen unqualifizierten und qualifizierten Arbeitsplätzen ist unter derartigen technischen Bedingungen so ungünstig, daß es an »anreicherungsfähigen« Verrichtungen mangelt. Auf dem Wege bloßer Rotation käme der einzelne Arbeiter nur selten in den Genuß qualifizierter Tätigkeiten, müßte gleichwohl entsprechend qualifiziert werden – eine unter Rentabilitätsgesichtspunkten wenig sinnvolle Konsequenz.

– Arbeitsplatzwechsel unter Einschluß dispositiver Funktionen (A 1 + B 1 + C):

Durch die Übertragung dispositiver Funktionen – z. B. Entscheidungen über den Arbeitseinsatz, Programmfolge, Verteilung der Arbeitszeit – an die Arbeiter kann man versuchen, die qualitativen Schranken zu unterlaufen, die beim erstgenannten Verfahren oft bestehen. Deshalb bietet sich eine Beteiligung der Arbeiter an traditionellen Vorgesetztenfunktionen speziell in jenen Fällen an, in denen die qualitative Substanz der Verrichtungen im Produktionsprozeß gering ist (z. B. bei der Montage einfacher Geräte) und keine grundlegende Umgestaltung der Produktion erreicht werden kann.

Ein praktischer Anwendungsfall ist die Arbeitsumgestaltung bei *Atlas Copco*. Die technische Auslegung der Abteilung, in der der Versuch stattfand, ist während des Experiments unverändert geblieben. Die Veränderungen der Arbeitsorganisation betrafen zum einen die Zusammenfassung der vorher zerlegten Arbeitsprozesse und die Verteilung der Arbeitsaufgaben durch die Arbeitsgruppe, zum anderen die gleichmäßigere Verteilung von ungünstigen und repetitiven Aufgaben unter die Mitglieder der Abteilung. In unserem Zusammenhang besonders wichtig ist die Regelung der Außenkontakte der Abteilung, die man durch die Bildung zweier Beratungsgruppen neu zu gestalten suchte: 1. Die Planungsgruppe, die sich aus den Arbeitern der Abteilung, dem Meister und einem Planer aus der Arbeitsvorbereitung zusammensetzt und einmal pro Woche eine Viertelstunde zusammenkommt; sie dient dem Informationsaustausch über Planungsprobleme der Abteilung und hat keine Entscheidungsfunktion; 2. Die produktionstechnische Beratungsgruppe, zu der zwei Arbeitervertreter, der Meister, ein Betriebsingenieur und zwei Mitarbeiter der Arbeitsstudienabteilung gehören und die sich in der Regel im Anschluß an eine Produktionsserie für eine Stunde trifft; in ihr werden – wiederum ohne Entscheidungskompetenz – die Ergebnisse des voraufgegangenen Produktionszyklus besprochen, ferner Fragen der Arbeitsumgebung, der technischen Ausstattung, der Lohnberechnung u. ä. An den Funktionen der beiden Gruppen erkennt man, daß trotz der Veränderungen der tatsächliche Einfluß der Arbeiter auf einen entscheidenden Teil ihrer tagtäglichen Arbeitsbedingungen, die Variationen in der Produktion, recht gering blieb; so griff der Meister nach wie vor in die Planung der Arbeiter ein, wenn die Betriebsleitung schnellere Lieferung verlangte oder die Produktionsprioritäten änderte; die Regelung des problematischen Verhältnisses zu vorgeordneten Fertigungsbereichen blieb nach wie vor Aufgabe der hierarchisch übergeordneten produktionstechnischen Abteilung. Dazu ein Kommentar in einer abschließenden gewerkschaftlichen Stellungnahme: »Wir sind unsicher, wie das Unternehmen die Erfahrungen aus dem Versuch in Zukunft auswerten wird. Es besteht die Gefahr, daß sein Interesse dahin geht, den Beschäftigten ein Gefühl von Einfluß an Stelle wirklichen Einflusses, z. B. bei Veränderungen, zu geben.«[49] Die Sorge des Unternehmens vor einer grundlegenden »Aufweichung« der Betriebshierarchie und der damit verbundenen Erosion betrieblicher Herrschaft scheint die Abgabe dispositiver Funktionen an die Arbeiter wesentlich zu restringieren. Deshalb muß der Effekt auch dieses Versuchs als sehr begrenzt eingeschätzt werden.

– Arbeitsplatzneugestaltung mit Aufgabenanreicherung (A 2 + B 2 + eventuell C):

Hier wird die Arbeitsplatzstruktur selbst verändert, was eine Abkehr von der traditionellen Produktionstechnik der industriellen Massenfertigung voraussetzt: sei es vom Fließband durch Einführung eines dynamischeren Transportsystems, sei es von der einfachen Werkzeugmaschine durch stärkere Mechanisierung und Automatisierung. Ein solcher aufwendiger Schritt bietet, wenn man ihn erst einmal geht, an sich die Möglichkeit, in der Arbeitsgestaltung nicht bei einem bloßen job enlargement (Maßnahme A 2) stehenzubleiben, sondern die Öffnung des technischen Systems auch zur Aufgabenanreicherung (Maßnahme B 2) zu nutzen. Die Ziele, an welchen eine technische Neuplanung zu messen wäre, die eine durchgreifende Abschaffung repetitiver Teilarbeit verfolgt, sind: Beseitigung der strengen räumlichen Fixierung der Arbeitskräfte, ohne die keine grundlegende Ausweitung der Zuständigkeit des einzelnen Arbeitsplatzes möglich ist; Abschaffung unqualifizierter Arbeit durch Mechanisierung, um die qualitative Substanz der Arbeit zu erhöhen; Sicherung einer engen zeitlichen und funktionellen Verkettung von Bedienungs-, Kontroll- und Korrekturoperationen, was erst eine ausgeglichene Verteilung von hoch- und geringqualifizierten Arbeiten erlaubt.

Es bleibt allerdings festzuhalten, daß die Widerstände der Unternehmen gegen weitergehende Veränderungen des technischen Systems relativ groß sind. Das wird zunächst an der Tendenz deutlich, im Interesse der Vermeidung zusätzlicher Investitionskosten technische Veränderungen mit arbeitsgestaltender Zielrichtung bestenfalls an den (wenigen) Stellen vorzunehmen, wo ohnehin neue Produktionsanlagen eingeführt werden sollen. Im übrigen dürfte sich auch der Umstand hemmend auswirken, daß ein Prozeß umfassender Requalifizierung industrieller Arbeit langfristig Nebenfolgen zeitigen könnte, die den Interessen kapitalistischer Unternehmen in ökonomischer und politischer Hinsicht widersprechen: Ein deutlich höheres Qualifikationsniveau verursacht höhere Ausbildungs- und Lohnkosten (pro Beschäftigten) und wirft überdies die Gefahr auf, daß die Arbeiter nicht nur im Arbeitsprozeß selbst, sondern auch im Hinblick auf dispositive Funktionen zu größerer Selbständigkeit gelangen.[50]

Ein Beleg für die Wirksamkeit dieser Mechanismen ist die geringe quantitative Bedeutung, die der Methode der Arbeitsplatzumgestaltung mit Aufgabenanreicherung im Gesamtzusammenhang der Veränderung repetitiver Teilarbeit zufällt. Beispiel *Volvo*: Technische Neuentwicklungen zum Zwecke der Arbeitsumstrukturierung, wie sie im Volvo-Werk Kalmar vorliegen, stoßen auf eine deutliche Schranke. Ihre Einführung kommt für das Unternehmen bestenfalls beim Aufbau neuer Produktionsanlagen in Frage. In bereits bestehenden Fabriken, in denen mit den in Automobilwerken allgemein üblichen Techniken produziert wird, begnügt man sich durchweg mit arbeitsorganisatorischen Maßnahmen begrenzter Reichweite (job rotation, »Beratungs-

Suhrkamp Wissenschaft

Neuerscheinungen

Eine Auswahl

Gesamtausgaben
Theorie der Wissenschaften
Philosophie
Sprachphilosophie
Literaturwissenschaft
Psychoanalyse
Soziologie
Theorie der Gesellschaft
Geschichte
Theorie der Kultur

1. Halbjahr 1979

Gesamtausgaben

Theodor W. Adorno
Gesammelte Schriften
Band 16
Musikalische Schriften I–III

1968. 683 S. Ln. DM 60,–
Kt. DM 44,–

Ernst Bloch
Tendenz – Latenz – Utopie

Ergänzungsband zur Gesamtausgabe
1968. 424 S. Ln. DM 48,–
Kt. DM 38,–
und als Ergänzungsband zur werkausgabe edition suhrkamp
424 S. DM 14,–

Herbert Marcuse
Schriften 1
Der deutsche Künstlerroman
Frühe Aufsätze

1968. 594 S. Ln. DM 58,–
Subskriptionspreis DM 50,–
Kt. DM 38,–
Subskriptionspreis DM 32,–
Die Subskription gilt bei Abnahme des Gesamtwerks

Ludwig Wittgenstein
Schriften 7
Wittgensteins Vorlesungen über die Grundlagen der Mathematik, Cambridge 1939

Nach den Aufzeichnungen von R. G. Bosanquet, Norman Malcolm, Rush Rhees und Yorick Smythies
Herausgegeben von Cora Diamond
Übersetzt von Joachim Schulte
1968. 362 S. Ln. DM 48,–

in Vorbereitung:

G .W. F. Hegel
Werke in zwanzig Bänden
Register

Theorie Werkausgabe
Angefertigt von Helmut Reinicke
Etwa 600 S. Kt. ca. DM 28,–
(ca. Mai 1979)

Siegfried Kracauer
Schriften 2
Von Caligari zu Hitler

Eine psychologische Geschichte des deutschen Films
Übersetzt von Ruth Baumgarten und Karsten Witte.
Etwa 450 S. mit 64 Abbildungen
Ln. ca. DM 40,–
Kt. ca. DM 28,–
(ca. April 1979)

Herbert Marcuse
Schriften 3
Aufsätze aus der ›Zeitschrift für Sozialforschung‹

Etwa 300 S. Ln. ca. DM 48,–
Subskriptionspreis ca. DM 40,–
Kt. ca. DM 32,–
Subskriptionspreis ca. DM 26,–
Die Subskription gilt bei Abnahme des Gesamtwerks
(ca. Mai 1979)

Ludwig Wittgenstein
Beiheft 3
Wittgensteins geistige Erscheinung

Mit Beiträgen von G. H. von Wright, A. Kenny, R. Rhees, B. McGuinness, J. C. Nyiri

Neue Versuche über Erklären und Verstehen

Herausgegeben von Karl-Otto Apel, Juha Manninen und Raimo Tuomela
Theorie-Diskussion
1978. 303 Seiten. Kt. DM 32,–

John Rawls
Eine Theorie der Gerechtigkeit

Übersetzt von Hermann Vetter
Der Übersetzung liegt ein vom Autor anläßlich der deutschen Ausgabe revidierter Text zugrunde
1976. 676 S. Ln. DM 78,–
und 1979. stw 271. ca. DM 18,–
(ca. Februar 1979)

Wolfgang Schadewaldt
Die Anfänge der Philosophie bei den Griechen

Die Vorsokratiker und ihre Voraussetzungen
Tübinger Vorlesungen Band 1
1978. stw 218. 528 S. DM 18,–

Seminar: Freies Handeln und Determinismus

Herausgegeben von Ulrich Pothast
1978. stw 257. 520 S. DM 18,–

Charles Taylor
Hegel

Übersetzt von Gerhard Fehn
772 S. Ln. DM 86,–
Kt. DM 59,–

Michael Theunissen
Sein und Schein

Die kritische Funktion der Hegelschen Logik
1978. 502 S. Ln. DM 48,–

Stephen Toulmin
Kritik der kollektiven Vernunft
Menschliches Erkennen
Erster Band

Übersetzt von Hermann Vetter
1978. 603 S. Ln. DM 68,–

in Vorbereitung:

Karl-Otto Apel
Die Erklären-Verstehen-Kontroverse in transzendentalpragmatischer Sicht

Reihe Theorie
Etwa 300 S. Kt. ca. DM 28,–
(ca. Mai 1979)

Alexandre Koyré
Von der geschlossenen Welt zum unendlichen Universum

Übersetzt von Rolf Dornbacher
Wiss. Sonderausgabe
260 S. Kt. ca. DM 14,–
(ca. März 1979)

Literaturwissenschaft, Kunstwissenschaft

Theodor W. Adorno
Philosophie der neuen Musik

1978. stw 239. 200 S. DM 8,–

Pierre Bertaux
Friedrich Hölderlin

1978. 668 S. Ln. DM 48,–

Richard Ellmann
Odysseus in Dublin

Aus dem Englischen von Claudia Dörmann
Mit Abbildungen, Plänen und einem Register
1978. 218 S. Ln. DM 34,–

Ernst H. Gombrich
Meditationen über ein Steckenpferd

Von den Wurzeln und Grenzen der Kunst
Übersetzt von Lisbeth Gombrich
1978. stw 237. 304 S. und 92 S. Abb. DM 16,–

Siegfried Kracauer
Jacques Offenbach und das Paris seiner Zeit

Mit 27 Abbildungen
Herausgegeben von Karsten Witte
1978. es 971. DM 10,–

Der Streit mit Georg Lukács

Herausgegeben von Hans-Jürgen Schmitt
1978. es 579. DM 8,–

Seminar: Literatur- und Kunstsoziologie

Herausgegeben von Peter Bürger
1978. stw 245. 481 S. DM 16,–

in Vorbereitung:

Heinrich Dilly
Kunstgeschichte als Institution

Studien zur Geschichte einer Disziplin
Etwa 320 S. Kt. ca. DM 32,–
(ca. April 1979)

Erwin Panofsky
Die Renaissance der europäischen Kunst

Übersetzt von Horst Günther
Etwa 300 S. mit 157 Abbildungen
Ln. ca. DM 78,–
(ca. April 1979)

Lothar Pikulik
Romantik als Ungenügen an der Normalität

Am Beispiel Tiecks, Hoffmanns, Eichendorffs
Etwa 450 S. Kt. ca. DM 38,–
(ca. März 1979)

Psychologie, Psychoanalyse

Johannes Cremerius
Zur Theorie und Praxis der Psychosomatischen Medizin

1978. stw 255. 368 S. DM 14,–

Erik H. Erikson
Gandhis Wahrheit

Über die Ursprünge der militanten Gewaltlosigkeit
1978. stw 265. 550 S. DM 16,–

Erik H. Erikson
Lebensgeschichte und historischer Augenblick

Übersetzt von Thomas Lindquist
Literatur der Psychoanalyse
Herausgegeben von Alexander Mitscherlich
1978. 288 S. Kt. DM 28,–

Paul Federn
Ichpsychologie und die Psychosen

Übersetzt von
Walter und Ernst Federn
Eingeleitet von Edoardo Weiss
Reihe Literatur der
Psychoanalyse
1978. 368 S. Kt. DM 30,–

Sigmund Freud
Sein Leben in Bildern
und Texten

Herausgegeben von Ernst Freud,
Lucie Freud und Ilse Grubrich-
Simitis
Mit einer biographischen Skizze
von K. R. Eissler
Gestaltet von Willy Fleckhaus
Mit Anmerkungen, Zitat- und
Bildnachweis, Namenregister
1977. 352 S. Ln. DM 120,–

Das geschlagene Kind

Herausgegeben von
Ray. E. Helfer und
C. Henry Kempe
Mit einer Einleitung von
Gisela Zenz
1978. stw 247. 369 S. DM 16,–

Die gesellschaftliche
Organisierung psychischen
Leidens

Zum Arbeitsfeld klinischer
Psychologen
Herausgegeben von
Henrich Keupp und
Manfred Zaumseil
1978. stw 246. 632 S. DM 18,–

Hört ihr die Kinder weinen

Eine psychogenetische
Geschichte der Kindheit
Herausgegeben von
Lloyd de Mause
1978. 627 S. Geb. DM 44,–

Edith Jacobson
Das Selbst und die Welt
der Objekte

Übersetzt von Klaus Kennel
1978. stw 242. 266 S. DM 10,–

Edith Jacobson
Depression

Eine vergleichende Untersuchung
normaler, neurotischer und
psychotisch-depressiver Zustände
Übersetzt von Heinrich Derserno
Literatur der Psychoanalyse
Herausgegeben von
Alexander Mitscherlich
1977. 448 S. Kt. DM 30,–

Otto F. Kernberg
Borderline-Störungen und
pathologischer Narzißmus

Übersetzt von Hermann Schultz
Reihe Literatur der
Psychoanalyse
1978. 438 S. Ln. DM 48,–

Heinz Kohut
Die Heilung des Selbst

Übersetzt von Elke vom Scheidt
Reihe Literatur der
Psychoanalyse
1979. 332 S. Ln. DM 34,–

Karl Menninger
Selbstzerstörung

Psychoanalyse des Selbstmords
Übersetzt von Hilde Weller
1978. stw 249. 526 S. DM 18,–

William G. Niederland
Der Fall Schreber

Das psychoanalytische Profil
einer paranoiden Persönlichkeit

Aus dem Amerikanischen von Jeanette Friedeberg
Literatur der Psychoanalyse
Herausgegeben von Alexander Mitscherlich
1978. 220 S. Kt. DM 30,–

Paul Parin/
Fritz Morgenthaler/
Goldy Parin-Matthèy
Fürchte deinen Nächsten wie dich selbst

Psychoanalyse und Gesellschaft am Modell der Agni in Westafrika
1973. Wiss. Sonderausgabe 582 S. Kart. DM 20,–
und 1978. stw 235. 582 S. DM 16,–

Jean Piaget/
Bärbel Inhelder
Die Entwicklung des inneren Bildes beim Kinde

Übersetzt von Annette Roellenbleck
1979. 520 S. Ln. DM 64,–
Kt. DM 48,–

Provokation und Toleranz

Festschrift für Alexander Mitscherlich zum siebzigsten Geburtstag
Im Namen des Sigmund-Freud-Instituts Frankfurt am Main
Herausgegeben von Rolf Klüwer, Angela Köhler-Weisker, Mechthild Krüger-Zeul, Klaus Menne, Horst Vogel
1978. 529 S. Ln. DM 48,–

Helm Stierlin
Delegation und Familie

Beiträge zum Heidelberger familientherapeutischen Modell
1978. 220 S. Kt. DM 24,–

Ute Volmerg
Identität und Arbeitserfahrung

Eine theoretische Konzeption zu einer Sozialpsychologie der Arbeit
1978. es 941. DM 8,–

in Vorbereitung:

Robert Castel
Die psychiatrische Ordnung
Das goldene Zeitalter des Irrenwesens

Übersetzt von Ulrich Raulff
Etwa 380 S. Lin. ca. DM 40,–
(ca. April 1979)

S. O. Hoffmann
Charakter und Neurose
Ansätze zu einer psychoanalytischen Charakterologie

Reihe Literatur der Psychoanalyse
Etwa 320 S. Kt. DM 28,–
(ca. März 1979)

Ernst Kris
Psychoanalytische Kinderpsychologie

Übersetzt von Peter Schütze
Reihe Literatur der Psychoanalyse
Etwa 200 S. Kt. ca. DM 22,–
(ca. März 1979)

gruppen« u. ä.). Insoweit wird der Grundgedanke des soziotechnischen Systems, auf den sich die Unternehmensleitung in ihrer Eigendarstellung ausdrücklich stützt[51], nur im Zusammenhang mit grundlegenden Erweiterungsprojekten wirksam.

Man wird aus diesen Beobachtungen eines verallgemeinern dürfen: daß die Unternehmen unter den Bedingungen kapitalistischer Produktion zu einer entscheidenden Begrenzung arbeitsumgestaltender Maßnahmen tendieren. Soweit überhaupt Veränderungen notwendig werden, gibt es eine Präferenz für die Methode des einfachen Arbeitsplatzwechsels (Maßnahme A 1, eventuell auch B 1) – ein Verfahren mit insgesamt geringen qualitativen Wirkungen. Durch eine genauere Untersuchung der Arbeitsfolgen bei Versuchen der Zurückdrängung repetitiver Teilarbeit soll dieser Gesichtspunkt weiter verfolgt werden.

IV

Bei einer Tätigkeit wie der repetitiven Teilarbeit, die sowohl durch hohe Arbeitsbelastungen wie niedrige Qualifikationen geprägt ist, muß erst die Belastungssituation entschärft werden, bevor das Qualifikationsproblem angegangen werden kann. Die gegenteilige Auffassung Herzbergs, der, wie die Fassung seiner Bedürfnisfaktoren zeigt, ohnehin der Belastungsfrage zu geringe Bedeutung zumißt und von der Vorstellung ausgeht, als seien die Verbesserungen der Belastungsfaktoren und die Anreicherung der Arbeitsinhalte zwei voneinander unabhängige Vorgänge[52], verfehlt die Situation der Beschäftigten: die Tatsache, daß extreme Arbeitsbelastungen unmittelbar die Arbeitsfähigkeit gefährden und deshalb die Arbeiterexistenz entscheidender treffen als ein begrenzter Arbeitsinhalt und niedrige Qualifikationen. Die Qualifikationsseite der Arbeit hat zweite Priorität, solange die schlichte physische Reproduktion der Beschäftigten in Frage steht.[53] Dafür sprechen zahlreiche Befunde über die ätiologische Bedeutung von Streß am Arbeitsplatz[54], und auch das Urteil der Arbeiter selbst, die sich bei der Einschätzung ihrer Arbeit vorzugsweise auf die Belastungsfrage beziehen, weist in diese Richtung. Für repetitive Teilarbeiter stellt die Studie »Industriearbeit und Arbeiterbewußtsein« zusammenfassend die Tendenz fest, »daß um so mehr der Inhalt einer Verrichtung und auch die betrieblichen Rahmenbedingungen [...] als dominantes Beurteilungskriterium an Relevanz verlieren, je ausgeprägter die physisch-nervliche Belastung als Problem empfunden wird«.[55]

Insoweit ist konsequent, daß die betrieblichen Versuche der Veränderung repetitiver Teilarbeit bei Volvo, Atlas Copco, Olivetti und Fiat in der einen oder anderen Form das *Belastungsproblem* angingen. Um die Reichweite der dabei verwendeten Verfahren abschätzen zu können, sind einige Überlegungen zur spezifischen Belastungssituation bei repetitiver Teilarbeit notwendig.

Die hohen Belastungen sind zunächst Folge einer extrem einseitigen Beanspruchung des muskulären, nervlichen und intellektuellen Apparats. Hinsichtlich der körperlichen Beanspruchung läßt sich beispielsweise sagen: »[...] der Zustand der Teilmechanisierung, der für viele Betriebe heute typisch ist, [bildet] eine gewisse Gefahr. Sie besteht nicht nur in bezug auf die Belastung durch Schwerarbeit, sondern auch durch die Überanstrengung bestimmter, manchmal kleiner Muskeln. [...] Es werden [...] häufig bei jedem Handgriff gewisse Muskeln bis an die Obergrenze ihrer Leistungsfähigkeit beansprucht, was zu Erkrankungen der Muskelansätze und eventuell auch der Sehnen und anderer Anhangsgebilde führt.«[56]

Wichtig ist bei repetitiver Teilarbeit aber vor allem das Monotonieerlebnis, das von dem Grad abhängt, in dem die konkreten Verrichtungen habitualisierbar sind. Wo Habitualisierung stattfindet, kann sich das Bewußtsein von der Arbeit abheben und anderen Objekten zuwenden; die inhaltsarme und einseitige Arbeit wird dadurch teilweise erleichtert. Die Habitualisierbarkeit repetitiver Teilarbeit hängt freilich von gewissen Voraussetzungen ab[57]:

– Der Arbeitsablauf muß so gleichmäßig und sicher sein, daß keine Unregelmäßigkeiten auftreten können, die zu einer Abwandlung der Arbeitshandlungen zwingen. Wo dies nicht der Fall ist, wird wenigstens ein Rest von Aufmerksamkeit verlangt.

– Der Arbeitstakt muß sich in einen harmonischen menschlichen Rhythmus umbilden lassen. Weder darf das Arbeitstempo so hoch sein, daß sich der Arbeiter ständig einen Beschleunigungsimpuls geben muß, um mit der technischen Einrichtung mitzukommen, noch darf es so langsam sein, daß er immer wieder zum Abbremsen seiner Körperbewegungen gezwungen ist. Beides verlangt bewußte Steuerung.

– Die Umgebungseinflüsse dürfen nicht in einem Maße betäubend wirken, daß sie den Arbeiter daran hindern, sein Bewußtsein von seiner Tätigkeit abzuwenden.

Besonders die zweite Voraussetzung ist bei repetitiven Teilarbeiten äußerst selten gegeben. Die Arbeiter unterliegen einem durch das Fließband bzw. die Einzelmaschine gesetzten Zwangstakt, der eine Rücksichtnahme auf ihr aus physiologischen, psychischen und sozialen Gründen variierendes Leistungsvermögen ausschließt (Variation der Leistungsfähigkeit im Tages- und Wochenablauf, Leistungsreduktion bei Krankheit, »privaten« Problemen usw.). Auch sind häufig Tätigkeiten anzutreffen, wo es an der ersten Voraussetzung mangelt; charakteristisch sind hierfür Verrichtungen mit hoher Aufmerksamkeitsleistung, wie sie vor allem im Typ der sensorischen Bandarbeit zum Ausdruck kommen.[58]

Gerade diese Problemzonen werden relevant, wenn es um eine Veränderung der Belastungssituation geht. Repetitive Teilarbeiten mit geringen Habitualisierungsmöglichkeiten führen zu einer starken psychomotorischen Belastung. Die Tätigkeit ist inhaltlich so verengt und qualitativ so anspruchslos, daß sie den Arbeiter nicht ausfüllen kann. Sie verlangt aber dennoch einen Rest an Konzentration und willentlicher Aktivität, die das Bewußtsein daran hindert, sich von der Arbeit zu befreien und anderen Gegenständen zuzuwenden. Zwangsläufig wird die Arbeit dann als monoton empfunden, als anspruchslos und dennoch bindend.

Zur Reduktion dieser besonderen Belastungsfaktoren stehen verschiedene Möglichkeiten zu Gebote, die im Rahmen der genannten Veränderungen in folgender Weise genutzt wurden:

1. Belastungsausgleich zwischen den Arbeitern

Dies kann durch Arbeitsplatzwechsel (Maßnahmen A 1 + B 1) erreicht werden. Bei Arbeitsprozessen mit schwer habitualisierbaren Verrichtungen bewirkt die bloße Rotation der Arbeit einen Ausgleich von Spitzenbelastungen und über diesen eine Belastungsreduktion; vorausgesetzt ist allerdings, daß die einbezogenen Tätigkeiten größere Unterschiede hinsichtlich der konkreten Belastungsursachen aufweisen.[59] Dagegen stellt der Arbeitsplatztausch bei Arbeitsvollzügen, die eine gute Habitualisierung erlauben, keinen geeigneten Weg der Belastungsminderung dar. In diesem Fall bedeutet jede Rotation einen Bruch im flüssigen und zügigen Verhalten bei der Arbeit; bis die andere Arbeit ihrerseits wieder die gleiche Zügigkeit hat, wird eine Anstrengung nötig, die die Erleichterung durch Wechsel aufhebt.

2. Belastungsabbau durch Lockerung des maschinellen Zwangstakts

Mit der Lockerung des maschinellen Zwangstakts ist im allgemeinen ein erheblicher Entlastungseffekt verbunden, weil auf diese Weise die Chancen der Arbeiter steigen, den Arbeitsablauf an ihre jeweilige Bedürfnislage anzupassen. Das Mittel der einfachen Rotation ist hierfür recht ungeeignet; vielmehr müssen die technischen Bedingungen der Arbeit verändert und die Arbeitsplätze grundlegend umgestaltet werden (Maßnahmen A 2 + B 2).

Dieser Schritt ist in den hier berücksichtigten Umstellungsfällen teilweise bei Volvo, Olivetti und Fiat zu beobachten. Dazu wurden folgende Maßnahmen durchgeführt:

a) Vorkehrungen für die Unterbrechung des technischen Ablaufs ohne Folgeprobleme mit der Konsequenz, daß die technische Anlage bei Schwierigkeiten stillgesetzt werden kann. Beispiel *Volvo*-Endmontagewerk Kalmar: Durch eine gänzlich neue Transporttechnik – jede Montageeinheit wird auf einer eigenen elektrischen Plattform befördert, die in einem gewissen Umfang unabhängig von den übrigen Transporteinheiten bewegt werden kann – wird bei der Planung der Arbeit ein erheblich größerer Freiheitsgrad erzielt als am alten Transportband. Beispiel *Fiat*-Motorenmontagewerk Termoli: Wie beim alten Montageband erfolgt der Transport der Werkstücke durch Hängebandträger: die technische Einrichtung eines Arbeitsplatzes besteht nunmehr aber aus einer ringförmigen Abzweigung der Führungsschiene für die Hängebandträger von der zentralen Führungsschiene, wobei der Arbeiter durch Knopfdruck die Beschickung und Leerung seines Arbeitsbereichs selbst steuern kann. Beispiel *Olivetti*-Rechnermontagewerk Scarmagnio[60]: Auf ein mechanisches Transportsystem wurde verzichtet; der Transport der Montageteile erfolgt von Hand.

b) Einbau von Puffern mit der Konsequenz, daß die Arbeit

durch Auffüllen bzw. Leerarbeiten der Puffer verlangsamt bzw. beschleunigt werden kann. *Volvo*-Kalmar: jeweils drei Pufferzonen am Anfang und am Ende des Bereichs einer Gruppe (maximales Zeitpolster der Gruppe 20 Minuten). *Fiat*-Termoli: Ähnlich wie bei Volvo werden die Puffer zwischen den Arbeitsgruppen durch Streckung des Transportsystems erzielt. *Olivetti*-Scarmagnio: Lagermöglichkeiten zwischen den einzelnen Arbeitsgruppen.

c) Verlängerung der Taktzeit mit der Konsequenz, daß innerhalb des einzelnen Takts die Arbeit mit variierender Geschwindigkeit durchgeführt werden kann.[61] *Volvo*-Kalmar: Je nach der von der Arbeitsgruppe gewählten Arbeitsmethode reicht die Spannweite der einzelnen Arbeitstakte von 5 bis 25 Minuten; im alten Montagewerk Torslanda liegt die Taktzeit an den Endmontagebändern deutlich unter 5 Minuten. *Fiat*-Termoli: Beim neuen Verfahren bestehen je nach Arbeitsaufgabe Taktzeiten von 6 bis 14 Minuten, am ebenfalls vorhandenen Fließband beläuft sich der Arbeitstakt auf 1,5 Minuten. *Olivetti*-Scarmagnio: Die Arbeitsphase umfaßt je nach Arbeitsaufgabe 25 bis 50 Minuten, während an den Fließbändern Taktzeiten von ursprünglich 2 bis 2,5 Minuten, später 4 bis 6 Minuten üblich waren.

d) Stärkung der kooperativen Seite der Arbeit mit der Konsequenz, daß sich die Arbeiter in Notsituationen gegenseitig unterstützen können. *Volvo*-Kalmar: Die Gesamtbelegschaft gliedert sich in 25 Arbeitsgruppen von je 15 bis 23 Personen, von denen jede kollektiv für eine geschlossene Folge von Teiloperationen verantwortlich ist. *Fiat*-Termoli: 6 Arbeitsgruppen (Inseln mit ca. 15 Mitgliedern, sonst wie bei Volvo). *Olivetti*-Scarmagnio: 8 Montageinseln mit jeweils 44 Beschäftigten, wobei jede Insel das Gesamtprodukt fertigt und als Einheit behandelt wird; innerhalb jeder Insel bestehen Untergruppen, die jeweils für einen Komplex von Teilverrichtungen verantwortlich sind.

Nach unserer Einschätzung waren mit diesen Maßnahmen die wohl relevantesten Arbeitsverbesserungen verbunden, die in den untersuchten Firmen aufgetreten sind. Angesichts der besonderen Belastungen repetitiver Teilarbeit ist dies ein wichtiger Effekt, in dessen Genuß bisher allerdings nur eine kleine Zahl von Arbeitern gelangte. Die besondere Bedeutung, die (wie angedeutet) im Fall repetitiver Teilarbeit der Verbesserung der Belastungssituation zukommt, rechtfertigt aber nicht eine etwaige Vernachlässigung der *Qualifikationsseite*. Der Belastungsabbau stellt einen ersten wichtigen Schritt der Umgestaltung repetitiver Teilarbeit dar; Maßnahmen jedoch, die dabei stehen bleiben, können allein noch nicht als »Enttaylorisierung« gewertet werden, da für die tayloristische Arbeitsorganisation zentral ist, Arbeitern Qualifikationen durch Arbeitszerlegung zu entziehen und beim Management zu konzentrieren. An diesem Punkt nun stoßen wir auf eine weitere wichtige Begrenzung bei der Neugestaltung industrieller Arbeit: die vergleichsweise geringe Bereitschaft der Unternehmen zur Anhebung der Qualifikationen repetitiver Teilarbeiter.

Zum Teil resultiert die Tatsache geringer Qualifikationsveränderungen aus bereits dargelegten Umständen:

– dem durch Kostenüberlegungen motivierten Verzicht vieler Unternehmen auf einen Eingriff in das technische System: Wenn überhaupt, findet der Gesichtspunkt neuer Arbeitsgestaltung nur im Zusammenhang mit dem Aufbau neuer Anlagen Eingang in die technische Planung. Bei laufenden Anlagen kommt es also bestenfalls zu Arbeitsveränderungen auf dem Wege des Arbeitsplatzwechsels; die hier erzielbaren Qualifikationseffekte (Maßnahme B 1) sind aber gering;

– der eher politisch begründeten Reserve der Unternehmen gegenüber einer Verlagerung dispositiver Funktionen: Durch Übergang dispositiver Funktionen auf die Arbeiterebene ließe sich eine Aufweichung tayloristischer Prinzipien durch Rückgliederung planender Arbeitsbestandteile und Einfluß auf den Arbeitsfluß erzielen (Maßnahme C). Die Widerstände gegen diese Möglichkeit sind jedoch groß, weil eine Problematisierung der Betriebshierarchie befürchtet wird.

Auffällig ist ferner die Tendenz der Unternehmen, auch in jenen Fällen, in denen eine gezielte Umgestaltung repetitiver Teilarbeit im Rahmen technischer Neuplanung stattfindet, die nun erheblich größeren Möglichkeiten zu qualitativen Arbeitsveränderungen nicht auszuschöpfen und sich im wesentlichen auf einen gewissen Belastungsabbau zu beschränken. Dadurch wird auch in Betrieben, in denen wenigstens im Ansatz eine Aufgabenanreicherung auf der Basis neugestalteter Arbeitsplätze (Maßnahme B 2) stattfindet, der Qualifikationseffekt stark beschnitten. Eine Reihe qualifikationsrelevanter »Grenzziehungen« in den in diesem Zusammenhang wichtigen Betrieben darf als Beleg verstanden werden. Beispiel *Volvo*-Kalmar: Die Aufgabenzuweisung an die einzelnen Arbeitsgruppen erfolgt auch unter dem Gesichtspunkt der Qualifikationsbündelung; dadurch entstehen Arbeitsgruppen mit relativ hohen (z. B. »Reparatur«) und solche mit relativ niedrigen (z. B. Gruppe »Tanken und ergänzende Aufgaben«) Qualifikationen. Diese Qualifikationsdifferenzierung wäre durch Rotation zwischen den Gruppen (einschließlich der anspruchsvolleren Gruppenbereiche) aufzusprengen – eine Möglichkeit, die das Unternehmen allerdings ausschließt. Beispiel *Fiat*-Termoli: Die neuen Arbeitsfunktionen sind für sich genommen keine komplexen, in sich abgerundeten Arbeitsbereiche; überdies sind die qualifizierteren Reparaturfunktionen von den eigentlichen Montageoperationen abgetrennt. Auch hier könnte durch Rotation und Integration der Reparaturarbeiten Abhilfe geschaffen werden; solche Veränderungen – inzwischen von der zuständigen Gewerkschaft gefordert – werden von der Unternehmensleitung abgelehnt. Beispiel *Olivetti*-Scarmagnio: Innerhalb einer Montageinsel bestehen Montage-Untergruppen mit unterschiedlichen Qualifikationsanforderungen; die Reparaturarbeiten sind an einem speziellen Arbeitsplatz konzentriert. Die Arbeitsteilung ist weniger starr als in den beiden anderen Betrieben, weil ein Viertel der Montagearbeiter (»Integratoren«) je nach Bedarf in allen Montagegruppen eingesetzt wird.

Mit diesen Angaben soll nicht bestritten werden, daß in den Unternehmen, in denen – wie immer begrenzt – die Methode der Arbeitsplatzneugestaltung mit Aufgabenanreicherung zur Anwendung gelangte, gewisse Qualifikationsanhebungen stattgefunden haben. Sie ergaben sich aus der Übertragung einer komplexeren Operationsfolge an den einzelnen Arbeiter, was umfassendere Kenntnisse über Zusammensetzung, Funktion und Verhalten der Montageeinheit und Vertrautheit mit einer erweiterten Zahl von Verfahrensschritten erforderte, d. h. Qualifikationen, die das für repetitive Teilarbeiter typische Niveau überschreiten. Dennoch: Die in der Diskussion häufig geäußerte Vermutung umfassender Requalifizierung läßt sich nicht einmal an den wohl spektakulärsten Projekten neuer Arbeitsgestaltung nachweisen, die in den letzten Jahren durchgeführt worden sind.

V

Im Lichte dieser Ergebnisse erscheint die These vom Anachronismus des Taylorismus mehr als fragwürdig. Zwar ist wahrscheinlich, daß die tayloristische Arbeitsorganisation der industriellen Massenfertigung auf dem Hintergrund der Hochkonjunktur und der für sie typischen Schwierigkeiten der Arbeitskräfterekrutierung einerseits und des teilweise verschärften Kampfes der Arbeiter um Kontrolle und Verbesserung der Arbeitsbedingungen andererseits heute nicht nur von arbeitswissenschaftlichen Experten, sondern auch von den Leitungen der Unternehmen durchaus kritischer gesehen wird als früher. Aber auch unter den vergleichsweise veränderungsfreudigen Bedingungen, die (aus, wie gesagt, recht unterschiedlichen Wurzeln) nach 1969 in Schweden und Italien bestanden, kann von einem durchgängigen Bruch mit den Prinzipien Taylors, von einem nachhaltigen Abbau taylorisierter Arbeit nicht die Rede sein. Gering blieb die Zahl der von der Umgestaltung repetitiver Teilarbeit betroffenen Beschäftigten, begrenzt waren die Arbeitsfolgen auch der wichtigsten Projekte neuer Arbeitsstrukturierung. Die Barrieren, die einer veränderten Arbeitsgestaltung durch das Rentabilitätsprinzip (und den mit ihm verknüpften politischen Erwägungen) gesetzt werden, sind äußerst eng.

Heute, angesichts der ökonomischen Krise, die inzwischen die Länder des entwickelten Kapitalismus erfaßt hat, stellt sich überdies die Frage nach der Beständigkeit und Verallgemeinerbarkeit dieser alles in allem bescheidenen Entwicklungen. Ist nicht gerade die Krise durch Bedingungen gekennzeichnet, die eine »Humanisierung« der Arbeit erschweren, gleichzeitig aber die Durchsetzungschancen einer tayloristischen Art der Rationalisierung verbessern? Taylor jedenfalls war sich der Bedeutung einer ökonomisch-politischen Machtstruktur, die es ermöglicht, den Arbeitern seine Verfahrensweise auch aufzwingen zu können, durchaus bewußt. Er hat deshalb nicht nur immer wieder auf die Bedeutung eines geringen gewerkschaftlichen Organisationsgrads der Arbeiter für die Durchsetzung seines Systems hingewiesen[62], sondern deutlich auch die Druckmittel hervorgehoben, die sich bei Arbeitskräfteüberschuß anbieten: »Wenn der Arbeitsmarkt derartig liegt, daß eine genügende Anzahl erstklassiger Arbeiter beschäftigt gehalten werden kann, dann setze man die täglichen

Arbeitsraten so hoch, daß nur erstklassige Leute die Leistung vollbringen können. [...] Die Tatsache, daß hin und wieder ein Mann wegen ungenügender Leistung aus der Gruppe der Pensumsarbeiter [Arbeiter, die unter seinem System stehen; die Verfasser] ausscheiden muß, um einem anderen Platz zu machen, wirkt außerordentlich anspornend und überzeugend auf die gesamte Arbeiterschaft.«[63]

Der hier angesprochene Zusammenhang von ökonomischer Krise und Arbeitssituation entzieht sich gegenwärtig noch einer differenzierten Einschätzung; weder eröffnen die zahlreichen empirischen Einzelstudien mit ihrer meist historisch unspezifischen Untersuchungsanlage und ihrem methodisch verengten Arbeitsbegriff die Möglichkeit, die empirisch ermittelten Arbeitsbedingungen systematisch auf die Entwicklung des Verwertungsprozesses zu beziehen[64], noch sind die akkumulationstheoretisch orientierten Arbeiten, die das Kapital »im allgemeinen« ins Zentrum stellen, bislang dazu in der Lage, den Ungleichzeitigkeiten und Widersprüchen in der Entwicklung von Kapitalverwertung und industrieller Arbeit angemessen Rechnung zu tragen und empirische Einzeldaten anders als zur Exemplifizierung deduzierter globaler Tendenzaussagen zu benutzen.[65] Insgesamt ist aber gewiß nicht von der Hand zu weisen, daß in einer Phase ökonomischer Krise traditionelle Rationalisierungskonzepte einen Bedeutungszuwachs erfahren. Das bedeutet nicht, daß Ansätze neuer Arbeitsgestaltung in rezessiven Perioden ganz und gar verloren gehen – eine bestimmte Arbeitsorganisation ist mit einer zu komplizierten und langwierigen Implementation verbunden, als daß man sie wechseln könnte wie einen Rock nach einem Witterungsumschlag –, doch es verschieben sich die Gewichte: Projekte der Enttaylorisierung, die sich noch im status nascendi befinden, können leichter wieder aufgegeben werden, und Rationalisierungsvorhaben tayloristischer Art – seien sie nun neu oder schon länger in Vorbereitung – finden bessere Durchsetzungsbedingungen.

Für das eine wie das andere gibt es gegenwärtig eine Reihe von Anhaltspunkten. Nicht nur hat die Diskussion über die Humanisierung der Arbeit bei uns wie in anderen Ländern[66] eine deutliche Abkühlung erfahren, auch lassen sich eine Reihe von Beispielen benennen, in denen es durchaus zur Rücknahme vorher erzielter Arbeitsverbesserungen gekommen ist. Um bei den Unternehmen unserer Auswahl zu bleiben: Bei *Atlas Copco* sind seit einiger Zeit eine Isolierung und ein langsames Ausdörren des durchgeführten Experiments zu beobachten, weil sich die Unternehmensleitung dem Problem, die den Arbeitern überlassenen dispositiven Funktionen zu verstärken und die Entscheidungsstruktur grundlegender zu verändern, durch allmähliche Demontage des Versuchs entzieht – ein Verhalten, das wohl auch im Zusammenhang der inzwischen wieder stärkeren Position der schwedischen Industrie am Arbeitsmarkt (steigende Arbeitslosenquote[67], fallende Fluktuationsrate und langsamer steigende Absentismusrate[68]) verstanden werden muß. Bei *Fiat* – einem weiteren Beispiel –, wo die Gewerkschaft bis zum Unternehmensvertrag vom März 1974[69] wichtige Arbeitsveränderungen durchsetzen konnte, gab die zwischenzeitliche Veränderung der ökonomischen Lage, die die speziell in Norditalien zeitweilig reduzierte Konkurrenz zwischen den Beschäftigten wieder gesteigert hat, dem Management die Möglichkeit, das Rad zurückzudrehen. Ablesbar ist dies an der Nichterfüllung eben dieses Vertrags: Trotz tarifvertraglicher Bindung wurde der Versuch, mit der Methode der Gruppenmontage auch im Werk Rivalta zu experimentieren, kurz und bündig eingestellt; ein Investitionsfonds für Verbesserungen der Arbeitsbedingungen – 35 Mio. DM für 1975 – blieb der vertraglich vereinbarten Kontrolle der Gewerkschaft entzogen.

Auch kann auf andere Prozesse verwiesen werden, die unter rezessiven Bedingungen eine wesentliche Beschleunigung erfahren: die Einführung neuer Entlohnungsmethoden (Ersetzung der summarischen durch die analytische Arbeitsplatzbewertung, Aufhebung des Zeitstudienakkords durch Verfahren vorbestimmter Zeiten, Einbindung wirksamer Leistungsanreize in Zeitlohnarbeiten[70]), die den Arbeitern die Kontrolle ihrer Leistungsabgabe erschweren; die stärkere Standardisierung der Arbeitsgänge und die Ausschaltung »unproduktiver« Verrichtungen mit der Folge einer Einschränkung der Zeitspielräume bei der Arbeit (die notwendigen Vorinformationen hierzu liefern die mit den neuen Entlohnungsmethoden verbundenen Arbeitsanalysen[71]); die Ausweitung der Schichtsysteme einschließlich der Nachtarbeit (sofern dem nicht Absatzschwierigkeiten entgegenstehen), durch die die Arbeitsbeanspruchung erhöht und die Regenerationsmöglichkeiten der Beschäftigten vermindert werden.[72] Man geht nicht fehl, diese Maßnahmen, deren Verwirklichung durch die Krise erleichtert wird, als Aktualisierung tayloristischer Prinzipien in der Arbeitsorganisation zu bezeichnen.

Mit diesen Entwicklungen ist aber ein Dilemma der »Humanisierung der Arbeit« angerissen, das besonders für die gegenwärtige Situation charakteristisch sein dürfte: Unter der Voraussetzung konjunkturellen Abschwungs und rückläufiger Nachfrage nach Arbeitskräften, wie wir sie im Moment erleben, ist im Bereich der industriellen Massenfertigung eher mit einer Bekräftigung des Taylorismus zu rechnen als mit seiner Krise: In vielen Unternehmen findet verstärkt ein Rückgriff auf Rationalisierungskonzepte statt, die mehr oder weniger deutlich in der Tradition des Taylorsystems stehen und die für zahlreiche Arbeiter zu einer Verschlechterung ihrer Arbeitsplatzsituation führen dürften. Die Sicherung und Verbesserung der industriellen Arbeitsbedingungen gewinnt unter diesen Umständen hohe Aktualität, und es stellt sich mit besonderer Schärfe die Frage nach der politischen Macht, auf deren Grundlage »humanere« Arbeitsbedingungen gegen das Kapital durchgesetzt werden könnten. Im selben Maße freilich, in dem die Durchsetzungsmöglichkeiten für die tayloristische Rationalisierung anwachsen, verringern sich für die Gewerkschaften, die unter unseren Bedingungen allein eine solche Politik tragen könnten, die Ansatzpunkte für den Kampf um die Arbeitsorganisation. Unsere eigenen Erfahrungen wie auch die aus anderen Ländern berichteten[73] zeigen die disziplinierenden Wirkungen, die von der größeren Arbeitsplatzunsicherheit auf das Verhalten der Arbeiter ausgehen, und sie lassen die Gefahr erkennen, daß die Beschäftigten unter diesen Bedingungen eher zur Hinnahme schlechter Arbeit in der Hoffnung neigen, wenigstens die Arbeitsplätze und damit einen gewissen Standard materieller Reproduktion sichern zu können. Gegenüber dieser Gefahr lassen sich aber einige Faktoren hervorheben, auf die sich eine Gewerkschaftspolitik heute beziehen könnte, die der objektiven Bedeutung der Frage der Arbeitsbedingungen entsprechen will. Zu ihnen gehört sowohl die in der Frage der Arbeitsorganisation im einzelnen immer noch unterschiedliche Interessenlage der einzelnen Unternehmen, was für eine elastische Politik der Schwerpunktbildung und nachträglichen Verallgemeinerung ausgenutzt werden kann, wie auch die Tatsache, daß durch die Entwicklung der Forderungen und Auseinandersetzungen der letzten Jahre, in denen den Arbeitsbedingungen eine wachsende Rolle zufiel, programmatisch und organisatorisch eine Position erreicht wurde, auf die sich heute der gewerkschaftliche Kampf um die Arbeitsorganisation trotz aller Schwierigkeiten stützen könnte.[74]

Anmerkungen

1 *Work in America – Report of a Special Task Force to the Secretary of Health, Education, and Welfare*, vorbereitet unter Federführung des W. E. Upjohn Institute for Employment Research, Cambridge (Mass.)-London o. J., S. 18 f. – Dieser Text liegt inzwischen auch in deutscher Übersetzung vor: *Die 8 Stunden am Tag*, München 1974, S. 24 ff. (1978).

2 Meist tritt die These vom veralteten Taylorismus in Form der pauschalen Feststellung auf, »Humanisierung der Arbeit« und Wirtschaftlichkeit seien heutzutage kein Gegensatz mehr. Darauf stützt sich die Bundesregierung bei der Begründung ihres Forschungsprogramms »Humanisierung des Arbeitslebens«: »Humanisierung des Arbeitslebens und Produktivität brauche nicht in einem Gegensatz zu stehen. [. . .] Auch für die Unternehmen steht den ›Humanisierungskosten‹ in der Regel erheblicher Nutzen durch geringere Fluktuation und höhere Arbeitsqualität sowie durch stärkere Arbeitsmotivation und Arbeitszufriedenheit gegenüber.« (Bundesminister für Forschung und Technologie, *Forschungsprogramm . . .*, Bonn o. J., S. 5; ebenso W. Arendt, *Vorrang für menschengerechtere Arbeitsgestaltung*, in: *Die Neue Gesellschaft*, 5/1975, S. 356). – Ähnlich manche Stimmen aus dem gewerkschaftlichen Lager: »Die Veränderbarkeit der heutigen Arbeitswelt steht [. . .] außer Frage. Versuche haben längst bewiesen, daß die Arbeit auch anders eingerichtet werden kann, ohne daß die Produktions sinkt« (H. O. Vetter, *Humanisierung der Arbeitswelt als gewerkschaftliche Aufgabe*, in: *Gewerkschaftliche Monatshefte*, 1/1973, S. 6). Autoren, die den Unternehmern nahestehen, neigen dagegen zu einer abwehrenden Vorsicht; vgl. W. Schlaffke, u. a., *Qualität des Lebens am Arbeitsplatz*, Köln 1974, S. 48 f., 125. Bemerkenswert ist, daß von Teilen der Gewerkschaftsführung neuerdings kritischere Töne angeschlagen werden; vgl. den Haupttenor von Vetters Eröffnungsreferat zur DGB-Konferenz *Humanisierung der Arbeit als gesellschaftspolitische und gewerkschaftliche Aufgabe*, in dem es u. a. heißt: »Echte Humanisierung der Arbeit wird auf die Dauer nicht ohne Eingriffe in die privatwirtschaftliche Investitionsautonomie und den privatwirtschaftlichen Konkurrenzmechanismus verwirklichbar sein« (*Protokoll der DGB-Konferenz vom 16. und 17. Mai 1974 in München*, Frankfurt a. M. 1974, S. 37).

3 Unsere Einschätzung dieser Fälle stützt sich nicht nur auf Literaturstudium, sondern vor allem auf Besuche in den Firmen. Vgl. den Bericht, der auch Material über andere Länder und Fälle enthält: H. Kern, E. Brumlop, H. Heine, B. Kern, M. Müller, H. J. Sperling, *Neue Formen betrieblicher Arbeitsgestaltung – Darstellung relevanter Veränderungsprojekte in Großbritannien, Italien, Norwegen, Schweden*, Bonn 1976. – In der Diskussion um die »Humanisierung des Arbeitslebens«, die sich

bei uns nach 1973 entwickelte, spielten anfangs Entwicklungen in ausländischen Betrieben eine große Rolle. Der Aufsatz geht daher besonders auf ausländische Erfahrungen ein. Durch das staatliche »Humanisierungsprogramm« wesentlich gefördert, wurden jedoch bald auch in westdeutschen Betrieben Versuche mit neuen Formen der Arbeitsgestaltung durchgeführt. Die ersten Ergebnisse der hiesigen Entwicklung habe ich in einem anderen Text zu bilanzieren versucht (vgl. in diesem Band S. 193 ff.), wobei sich ähnliche Schlußfolgerungen ergaben wie die hier vorgetragenen. (1978)

4 F. W. Taylor, *Die Betriebsleitung*, Berlin 1909, S. 8 ff.; ders., *Die Grundsätze wissenschaftlicher Betriebsführung*, Berlin/München 1917, S. 33 ff.

5 Taylor, *Betriebsleitung*, a.a.O., S. 20; vgl. I. M. Witte, *F. W. Taylor, Der Vater der wissenschaftlichen Betriebsführung*, Stuttgart 1928, S. 50 ff.

6 Taylor, *Betriebsführung*, a.a.O., S. 40 f.; Witte, a.a.O., S. 53.

7 Taylor, *Betriebsführung*, a.a.O., S. 128 ff.

8 Zur Dreherarbeit: Taylor, *Betriebsleitung*, a.a.O., S. 32 f.; *Betriebsführung*, a.a.O., S. 51 ff.; zur Verladearbeit: Taylor, *Betriebsleitung*, a.a.O., S. 15 ff., *Betriebsführung*, a.a.O., S. 44 ff.; zur Sortierarbeit: Taylor, *Betriebsleitung*, a.a.O., S. 35 f.

9 Vgl. H. Kern / M. Schumann, *Industriearbeit und Arbeiterbewußtsein*, S. 190 ff.

10 Beschreibung dieser Arbeitstypen: Kern/Schumann, a.a.O., S. 132 ff.; O. Mickler u. a., a.a.O., S. 403 ff.

11 Kern/Schumann, a.a.O., S. 141 f.; dies gilt auch für den Anlagenkontrolleur, der ebenfalls über einen hohen passiven Arbeitsteil verfügt (a.a.O., S. 135).

12 Mickler u. a., a.a.O., S. 322, die das Problem der Rationalisierung der Automationsarbeit sorgfältig untersucht haben.

13 Im einzelnen vgl. Mickler u. a., a.a.O., S. 321 ff. Im Ausland werden solche Veränderungen häufiger als Beitrag zur »Humanisierung der Arbeit« präsentiert (vgl. Kern u. a., *Neue Formen betrieblicher Arbeitsgestaltung*, insbes. S. 104 ff.), obgleich festzuhalten ist: »Flexibilitätssteigernde Maßnahmen – wie job rotation oder job enlargement – wurden [. . .] vornehmlich dazu verwandt, um bei gleicher Besatzungsstärke ein möglichst großes Quantum an ›überschüssiger Arbeitskraft‹ zu produzieren und dieses mit einem nachfolgenden Personalabbau dann ›abzuschöpfen‹. Das Streben der Betriebe nach der möglichst kostenoptimalen Produktionsbesatzung schafft damit restringierende Bedingungen für die Produktionsarbeit und unterbindet die Entfaltung der in diesen Methoden prinzipiell angelegten Möglichkeiten einer umfassenden Qualifizierung der Belegschaft und eines weitgehenden Abbaus von Belastungen und Sicherheitsrisiken bei der Arbeit« (Mickler u. a., a.a.O., S. 335). Dennoch ist hier aus den im Text genannten Gründen nicht einfach von einer »Taylorisierung der Automationsarbeiten« zu sprechen, wie dies J. H. Mendner (*Technologische Entwicklung und Arbeitsprozeß*, Frankfurt a. M. 1975, S. 220) tut, der (S. 221 f.) die Spezifika der Rationalisierung der Produktionsarbeit unter den Bedingungen der Automation verkennt.

14 Vgl. zusammenfassend M. Baethge u. a., *Produktion und Qualifikation*, Hannover 1974, S. 38 ff.

15 Ein typisches Beispiel ist die bereits genannte Instandhaltungsrationalisierung; vgl. Anm. 9.

16 Genauere Angaben im letzten Abschnitt dieses Beitrags; vgl. Anm. 70 und 71.

17 Vgl. Kern/Schumann, a.a.O., S. 153 und passim. Repetitive Teilarbeit tritt in der Industrie in den verschiedensten Varianten auf. Wichtig sind vor allem Arbeiten

vom Typ der Bandarbeit an Fließbändern (Kern/Schumann, a.a.O., S. 80 ff.) und vom Typ der Maschinenbedienung an einfunktionalen Einzelmaschinen (a.a.O., S. 87 ff.).

18 E. Ulich u. a., *Neue Formen der Arbeitsgestaltung*, Frankfurt a. M. 1973, S. 8.

19 Für viele: J. A. C. Brown, *Psychologie der industriellen Leistung*, Hamburg 1956, S. 49 ff.

20 F. J. Roethlisberger/W. I. Dickson, *Management and the Worker*, Cambridge (Mass.) 1949, S. 540 ff., 591 ff.

21 Einige ältere Arbeiten, die bereits eine deutliche Kritik am Taylorismus enthielten (um zwei in ihrer konkreten Stoßrichtung sehr unterschiedliche Autoren zu nennen: L. E. Davis, *The Design of Jobs*, in: *Industrial Relations*, 1966 [Vol. 6], S. 21 ff.; G. Friedmann, *Grenzen der Arbeitsteilung*, Frankfurt a. M. 1959), sind insoweit untypisch und stellen eher Außenseiterpositionen dar. Die im folgenden charakterisierten Positionen haben demgegenüber Einfluß selbst auf die technisch orientierten Arbeitswissenschaften, wie sich am Beispiel G. Rühls deutlich machen läßt, der der Herzbergschen Theorie der Arbeitsmotivation eine »Schlüsselstellung« zuschreibt und vermutet, daß sie »die Forschungsrichtung der Industriepsychologen und Arbeitswissenschaftler lange Zeit bestimmen wird« (*Untersuchungen zur Arbeitsstrukturierung* in: *Industrial Engineering*, 3/1973, S. 157).

22 Vgl. insbes. F. Herzberg, *Work and the Nature of Man*, 5. Aufl., New York 1971.

23 Herzberg, *One More Time: How do you Motivate Employees?*, in: L. E. Davis/J. C. Taylor (Hrsg.), *Design of Jobs*, Penguin, S. 117.

24 Vgl. F. E. Emery, *Characteristics of Socio-Technical Systems* in: Davis/Taylor (Hrsg.), a.a.O., S. 177 ff.; F. E. Emery/E. L. Trist, *Socio-Technical Systems*, in: Emery (Hrsg.), *Systems Thinking*, Penguin, S. 281 ff.

25 Vgl. F. E. Emery/E. Thorsrud, *Form and Content in Industrial Democracy*, London 1969; Thorsrud/Emery, *Mot en ny bedriftsorganisasjon*, Oslo 1970; Thorsrud, *Demokratisierung der Arbeitsorganisation*, in: F. Vilmar (Hrsg.), *Menschenwürde im Betrieb*, Reinbek 1973, S. 117 ff.

26 Emery/Trist, a.a.O., S. 284 f.

27 Marginalien, die gleichwohl die breite Rezeptionsbasis dieser Konzepte andeuten: In der *Financial Times* vom 27.9.1974 findet sich unter der Überschrift »Herzberg to speak in London« ein längerer Artikel über ein geplantes Seminar zum Thema »Motivation and Management of Human Resources« mit Herzberg als alleinigen Redner, zu dem u. a. ausgeführt wird: »The conference organizers, Leo Burnett Recruitment in association with Richard Heath, are hoping for about 400 attendants at £ 65 a time (excluding VAT) mainly drawn from the senior personnel management of very large companies and the managing directors of slightly smaller ones.« – *Psychologie heute* (3/1975, S. 68) weiß zu berichten: »Einer Gruppe von südafrikanischen und englischen Managern war kürzlich ein Tag, an dem Herzberg von seinen theoretischen und praktischen Erfahrungen in einem seiner Management-Seminare berichtete, 25 000 Dollar wert.«

28 F. Herzberg u. a., *Motivation to Work*, New York 1959.

29 E. A. Trist/H. W. Bamforth, *Some Social and Psychological Consequences of the Longwall Method of Coal-getting*, in: D. S. Pugh (Hrsg.), *Organization Theory*, Penguin, S. 345 ff.

30 Vgl. H. Ford, *Mein Leben und Werk*, Leipzig, 1923, S. 94 ff.

31 Berichtet von Friedmann, a.a.O., S. 7.

32 Vgl. J. H. Goldthorpe u. a., *The Affluent Worker: Industrial Attitudes and*

Behaviour, Cambridge 1968, S. 10 ff. und passim; Kern/Schumann, a.a.O., S. 207 ff.

33 Angaben nach einem Vortrag von B. Jönsson von Volvo (Göteborg) für die späteren Jahre vgl. Anm. 68.

34 Vgl. D. Wedderburn, *Perspective on Sweden* in: *Personnel Management*, Mai 1974, S. 31 ff.

35 Vgl. *Scienza e organizzazione del lavoro*, Istituto Gramsci, 1973, Bd. I, S. 36.

36 Zur Gewerkschaftsentwicklung in Italien vgl. insbesondere: W. Rieland, *Die ›Erneuerung der Arbeiterbewegung‹ und die neuen Bewegungen der Arbeiter in Italien* in: R. Alquati, *Klassenanalyse als Klassenkampf*, Frankfurt a. M. 1974, S. 7 ff.; CGIL/CISL, *Zur Geschichte und Theorie der italienischen Gewerkschaftsbewegung*, 2 Bde., Berlin 1973.

37 Ein Indiz für die wachsende Einsicht, daß das Arbeitsverhalten in die Kostenrechnung einbezogen werden muß, liegt im Aufkommen entsprechender betriebswirtschaftlicher Untersuchungen; vgl. z. B. L. Müller-Hagedorn, *Grundlagen der Personalbestandsplanung*, Opladen 1970, der ausführlich die Kostenrelevanz des Fluktuationsproblems diskutiert (S. 58 ff.).

38 Vgl. z. B. F. Michel, *Vom Fließband zum Einzelarbeitsplatz*, in: Institut für angewandte Arbeitswissenschaft e. V. (Hrsg.), *Arbeitsstrukturierung mit MTM*, Köln 1975, S. 62 f.

39 *Scienza* ..., a.a.O., Bd. II, S. 98 f.

40 *Assemblea ordinaria degli azionisti della socîetà Olivetti*, 10.5.1974, S. 13.

41 J. Hodann, *Neue Techniken im Automobilbau* – Berichte über die Entwicklung in Schweden, Vortragsmanuskript 1973.

42 Insbesondere die schwedischen Gewerkschaften kennzeichnet eine Vernachlässigung des Betriebs in organisatorischer und der konkreten Arbeitsbedingungen in programmatischer Hinsicht; vgl. in diesem Band: S. 167 ff.

43 Vgl. z. B.: Arbeitskreis »Diversifikation« der Schmalenbach-Gesellschaft *Diversifikationsprojekte – Betriebswirtschaftliche Probleme ihrer Planung, Organisation und Kontrolle* in: *Zeitschrift für betriebswirtschaftliche Forschung*, 1973, S. 293 ff., wo aus betriebswirtschaftlicher Perspektive gezeigt wird, daß erfolgreiche Diversifikationsprojekte an eine Reihe von Voraussetzungen gebunden sind, die nur in besonderen Fällen unterstellt werden können. – Daß hier gleichwohl Probleme liegen, die einzelne Unternehmen zu veränderter Arbeitsgestaltung veranlassen können, zeigen entsprechende Beiträge in der neueren deutschen Rationalisierungsliteratur; z. B. G. Haug (R. Bosch GmbH), *Fließband contra Gruppenarbeit*, in: *Refa-Nachrichten*, 6/1973, S. 399 ff., L. Wexlberger (Bosch-Siemens Hausgeräte GmbH), *Neue Arbeitsstrukturierung in der Großserienfertigung*, in: Institut für angewandte Arbeitswissenschaft e. V., (Hrsg.), a.a.O., S. 40 ff.

44 Ulich u. a., a.a.O., S. 64 ff.

45 A.a.O., S. 66.

46 A.a.O., S. 68.

47 A.a.O., S. 68.

48 A.a.O., S. 84.

49 Zitiert bei L. Björk u. a., *Ökat inflytande i jobbet, Försök med förändring av arbetsutformning och arbetsorganisation i ett verkstadsföretag*, Stockholm 1973, S. 68. Björk selbst, der als Soziologe das Experiment begleitete, sagt an anderer Stelle: »In this experiment, the workers have taken over more and more of these ›how work should be done‹ decisions [was nach unserem Eindruck allerdings übertrieben ist, die Verfasser]. This certainly changes the roles the surrounding departments have played earlier. This has happened informally. But if the workers at

this assembly department shall be able to continue to have influence and responsibility in their work situation, the surrounding departments must formally change their roles. This can only be done if the company is willing to make a great and serious change in the division of influence« (Björk, *Changes in Work Organization in Swedish Industry*, Manuskript, o.O., o. J.).

50 Daß diese Momente als Qualifikationssperren wirksam werden, ist genauer dargestellt bei Baethge u. a., a.a.O., S. 65 ff.

51 So der Präsident von Volvo, P. G. Gyllenhammar, in seiner Rede zur Inbetriebnahme des Montagewerks Kalmar am 4.6.1974.

52 Vgl., Herzberg, *Work* . . ., a.a.O., S. 72 ff. Herzberg nennt die Faktoren, welche die »animal needs« ansprechen, »hygiene factors«; dazu zählen auch belastungsreduzierende Maßnahmen. Über diese Hygienefaktoren läßt sich nach Herzberg keine stabile Arbeitsmotivation herstellen: »The effect of improved hygiene lasts for only a short time. In fact, man's avoidance needs are recurrent and of an infinite variety; therefore, we will find that the demands for improving salary, working conditions, interpersonal relations, etc., will continue to occupy the personal administrator without any hope of his escaping the question, What have you done for me lately? Hygiene acts like heroin – it takes more and more to produce less and less effect« (a.a.O., S. 169 f.).

53 Diese Trennung zwischen der Belastungs- und der Qualifikationsfrage stellt eine Vereinfachung dar. In Wahrheit sind die Zusammenhänge insofern verwickelter, als eine Unterbeanspruchung der Fähigkeiten der Arbeiter auch als Belastungsmoment begriffen werden muß. So weist A. Kornhauser (*Mental Health of the Industrial Worker*, New York 1965, S. 129) darauf hin, daß »nonuse of abilities« zu psychischen Störungen führen kann. Doch dies zeigt hauptsächlich die Notwendigkeit einer komplexen Fassung der Belastung und ihrer Verursachungskomplexe, steht aber nicht in Widerspruch zu der Feststellung, daß die Arbeitsbelastungen besondere Relevanz für die Arbeiterexistenz besitzen.

54 Vgl. U. Mergner u. a., *Arbeitsbedingungen im Wandel – Eine Literaturstudie zur Entwicklung von Belastungen und Qualifikationsanforderungen in der BRD* (1974), Göttingen 1975, S. 54 ff., die eine umfassende Übersicht über den Forschungsstand geben.

55 Kern/Schumann, a.a.O., S. 215 f. Vgl. hier auch die Arbeiten von L. v. Ferber (*Macht Arbeit krank?*, in: *Arbeit und Leistung*, 10/1972, S. 257 ff.; Teil II, in: *Arbeit und Leistung*, 3/1974, S. 57 ff.), die einen Bezug zwischen bewußtseinssoziologischen und arbeitsmedizinischen Untersuchungsergebnissen herstellt, indem sie aufzeigt, »daß das Erleben der Arbeit ganz entscheidend das Krankheitserleben beeinflußt« (Teil II, S. 58).

56 G. Lehmann, *Wandlungen der Arbeitsbelastungen in der Industrie*, in: *Werkstattstechnik*, 1/1963, S. 2; ähnlich H. Buckup, *Technische Entwicklung und Gesundheit*, in: *Automation – Risiko und Chance*, Bd. I, Frankfurt a. M., 1966, S. 460.

57 Vgl. H. Popitz u. a., *Technik und Industriearbeit*, Tübingen 1957, S. 157 ff.; Kern/Schumann, a.a.O., S. 79.

58 Vgl. Kern/Schumann, a.a.O., S. 85 f. Zu verweisen wäre auch auf die Beschreibung der Flaschenkontrolltätigkeit am Fließband bei R. Singer u. a., *Zur Beanspruchung des Menschen bei Überwachungs-, Kontroll- und Steuerungstätigkeit*, in: *Arbeitsmedizin, Sozialmedizin, Arbeitshygiene*, 12/1970, S. 314 ff., insbes. S. 318.

59 Vgl. Ulich u. a., a.a.O., die sich auf eine Studie von H. Schmidtke (*Die Ermüdung*, Bern 1965) beziehen.

60 Hier und im folgenden ist nur von der Montage des Olivetti-Rechners Logos

50/60 die Rede; andere Arbeitsveränderungen im Werk Olivetti-Scarmagnio bleiben außer acht.

61 Die folgenden Angaben über Taktzeiten beziehen sich immer nur auf die Hauptarbeitsplätze. Daneben gibt es in allen drei Werken weiterhin in mehr oder weniger großem Umfang kurzzyklische (Rest-)Arbeiten – ein Hinweis darauf, daß die Umgestaltung repetitiver Teilarbeit durchaus mit einer gewissen Polarisierung der Verrichtungen verknüpft sein kann.

62 Taylor spricht verschiedentlich von den Vorteilen, die ein »non union shop« bei der Einführung seines Systems bietet; M. J. Nadworny, *Scientific Management and the Unions*, Cambridge 1955, S. 21 f.

63 Taylor, *Betriebsleitung*, a.a.O., S. 28.

64 Die zusammenfassende Darstellung von Mergner u. a. (a.a.O., S. 54 ff.) zeigt, daß diese Forschungen einen beträchtlichen Informationsgehalt besitzen können; gleichzeitig werden aber auch ihre Begrenzungen deutlich.

65 Exemplarisch: Redaktionskollektiv Gewerkschaften, *Zur Intensifikation der Arbeit in der BRD*, in: *Probleme des Klassenkampfs*, 4, S. 81 ff., 5, S. 125 ff.

66 Zu verweisen wäre auf das Beispiel Schweden, wo uns in mehreren Expertengesprächen von neuerlichen Schwierigkeiten bei der Diffusion neuer Formen der Arbeitsgestaltung berichtet wurde. Daß bei uns seit einiger Zeit eher Fragen der Kurzarbeit und Arbeitslosigkeit im Zentrum der öffentlichen Diskussion stehen, bedarf kaum eines Belegs.

67 Arbeitslosenquote in Schweden (in %):

1967	1968	1969	1970	1971	1972
1,8	2,0	1,8	1,5	2,0	2,7

Skandinaviska Enskilda Banken, *Tatsachen über Schweden*, 1972-1973, S. 15; Ministry of Finance, Secretariat for Economic Planning, *The Swedish Economy Up To 1977*, Stockholm 1973, S. 7.

68 Fluktuation (jährlich) und Absentismus (tagesdurchschnittlich) der Arbeiter in der schwedischen metallverarbeitenden Industrie (in %):

	1965	1966	1967	1968	1969	1970	1971	1972	1973
Fluktuation	45	42	32	25	37	37	24	25	25
Absentismus	9,5	8,9	9,6	9,8	10,5	11,0	11,2	11,6	12,0

(nach einem Vortrag von B. Jönsson, Volvo [Göteborg]).

69 Dieser Vertrag ist in *express*, 11/1974, abgedruckt; die dazu gegebene Einleitung erscheint problematisch, weil sie den Eindruck erweckt, als sei dieser Vertrag die Antwort der Fiat-Arbeiter auf die Krise.

70 Vgl. V. Mosler u. a., *Aspekte betrieblicher Lohnpolitik – Eine empirische Untersuchung in Betrieben der Metall-, Chemie-, Textil- und Tabakindustrie*, vervielf. Forschungsbericht, Institut für Sozialforschung, Frankfurt a. M. 1973, S. 48 ff.; Mosler u. a. *Zwischenbericht über den Stand der Arbeiten am Forschungsprojekt »Die Funktionen leistungsbezogener Lohnsysteme und die Bestimmungsgründe ihres Wandels«*, Institut für Sozialforschung, Frankfurt a.M. 1973, S. 95 ff. (über die letztgenannte Studie liegt inzwischen eine umfassende Veröffentlichung vor: R. Schmiede/E. Schudlich, *Die Entwicklung der Leistungsentlohnung in Deutschland*, Frankfurt 1976; vgl. hier insbes. S. 352 ff. (1978)). Zur immanenten Darstellung der Verfahren vgl. Refa, *Methodenlehre des Arbeitsstudiums*, 3. Aufl., München 1973 (zur Arbeitsplatzbewertung: Teil 4, insbes. S. 39 ff.; zu den Verfahren vorbestimmter Zeiten: Teil 2, S. 65 ff.).

71 Zur Anwendung der Verfahren vorbestimmter Zeiten als Mittel der Arbeitsgestaltung vgl. Schmiede/Schudlich, a.a.O., S. 364 ff.; immanent: Refa, a.a.O., Teil 3,

S. 140 ff.

72 Vgl. die Übersicht bei Mergner u. a., a.a.O., S. 107 ff.

73 Was die eigenen Erfahrungen betrifft, wäre hier auf die Schwierigkeiten der IG Metall in Baden-Württemberg zu verweisen, die im Manteltarifkampf 1973 – der hinsichtlich der Verbesserung der Arbeitsplatzsituation wohl wichtigsten Tarifbewegung der letzten Jahre – erzielten Verbesserungen in den Betrieben unter den Bedingungen der Krise tatsächlich auch durchzusetzen. – Was die Situation in Italien anlangt, so gibt es neuerdings eine Reihe gewerkschaftlicher Dokumente, die auf wachsende Schwierigkeiten hinweisen, für arbeitsbezogene Forderungen bei den Arbeitern dieselbe Unterstützung zu erhalten wie früher. So hatte die Metallarbeitergewerkschaft FLM schon im Winter 1973/74, während des Kampfes um den neuen Unternehmens-Tarifvertrag (vgl. Anm. 69) mit wachsenden Problemen in den eigenen Reihen zu kämpfen. Nachdem im Einführungsreferat zum nationalen Kongreß der Fiat-Delegierten die Linie der FLM bekräftigt worden war, sich auf keine Monetisierungs-Angebote seitens der Unternehmensleitung einzulassen, fuhr der Sprecher fort: »[. . .] Hier ist und bleibt die gewerkschaftliche Haltung hart. Und zwar auch angesichts der Ereignisse, die sich in den letzten Tagen in den Turiner Gießereien abgespielt haben, wo die Arbeiter, angeregt durch die Praxis der Lohnerhöhungen, eine Zulagenforderung von 200 Lire aufgestellt haben, wodurch unsere gesamte Konzeption, die Auseinandersetzung mit Fiat zu führen, gefährdet wurde. [. . .] Die Situation ist jetzt bereinigt [. . .], aber sie war sehr ernst, und die Unternehmensleitung versuchte, sie auszuschlachten.« *Relazione introduttiva al Convegno Nazionale Delegati Fiat su Organizzazione del Lavoro, Inquadramento Unico*, 18./19.2.1974, S. 5 f.; ähnliche Ereignisse berichten: *Storia delle latte e delle vertenze*, FLM, Turin 1974, S. 14 f., sowie ein Papier der FLM vom Sommer 1974 (ohne Titel, S. 3) über Initiativen und Ergebnisse bei der Anwendung des Fiat-Tarifvertrages über Neueinstufungen.

74 Zur Politik der Gewerkschaften in der Bundesrepublik vgl. in diesem Band S. 186 ff., 201 ff., 211 ff.

Grenzen der Arbeitsteilung? Methodische und empirische Gesichtspunkte zum Verhalten der Arbeiter gegenüber der Arbeit*

Vor mehr als 20 Jahren veröffentlichte Georges Friedmann seine perspektivische Studie *Le travail en miettes*, die 1959 unter dem treffenderen Titel *Grenzen der Arbeitsteilung* auch in deutscher Sprache herauskam.[1] Friedmann war damals in einigen seiner Betriebsbeobachtungen auf erste Versuche mit Aufgabenerweiterung und Aufgabenwechsel gestoßen, die auch in einem Teil der angewandten Industrieforschung – z. B. bei Peter F. Drucker – wohlwollend diskutiert wurden. Er schloß daraus auf eine wachsende Brüchigkeit jener gängigen Rationalisierungsvorstellungen, die begrifflich dem Rationalisierungstypus der industriellen Massenfertigung zuzuordnen sind und die inhaltlich immer auf dem Postulat aufbauen, jede »wissenschaftliche« Rationalisierung der Arbeit setze stärkere Arbeitsteilung voraus. Für Friedmann schien diese sich abzeichnende neue Bestimmung der Prinzipien betrieblicher Arbeitsgestaltung langfristige Bedeutung zu haben. Er sah hier Anknüpfungspunkte für die optimistische Frage, ob sich nicht »ein Bruch in der Entwicklungskurve der Arbeitsteilung« abzeichnete – eine Wende, von der er annahm, daß sie »eine erstrangige Bedeutung für die Zukunft der menschlichen Gesellschaft haben könnte«.[2]

Friedmanns Überlegungen haben Ende der fünfziger, Anfang der sechziger Jahre keine sonderlich große Beachtung gefunden, nicht einmal im engen Kreis der Fachkollegen und erst recht nicht »draußen« bei Rationalisierungsexperten, betrieblichen Praktikern, Gewerkschaftsfunktionären usw. Eine Argumentation, die die *strikte* Gleichsetzung von Arbeitsteilung und Produktivität als Irrationalität kennzeichnete und die das fortschrittliche Moment in Formen beruflicher, komplexer Arbeit betonte, schien am Ausnahmefall orientiert, gegen die Tendenz einer Zeit gerichtet, in der die Verfahren der industriellen Massenfertigung den Rationalisierungsverlauf der Wirtschaftsbereiche bestimm-

* Antrittsvorlesung an der Universität Göttingen, gehalten im Januar 1978.

ten: sei es in der elektrotechnischen Industrie, die in den fünfziger und sechziger Jahren ihre Rationalisierungslinie fortsetzte und die Verfahren industrieller Massenfertigung weiter entwickelte und verschärfte; sei es in der Automobilindustrie, die (was oft gar nicht bekannt ist) in Deutschland in den fünfziger Jahren überhaupt erst voll diese Techniken adaptierte; sei es schließlich in vielen der kleinen, noch eher handwerklich-manufakturell beeinflußten Industrien, die damals erstmals auf stärker arbeitsteilige Herstellungsverfahren zurückgriffen.[3] Selbst die Erfahrungen der Automationsindustrien – jenen, von der Beschäftigung her gesehen, ohnehin relativ kleinen Bereichen der Industrie, in denen meß- und regeltechnische Verfahren breiter zur Anwendung kamen – sprachen allem Anschein nach eher gegen als für Friedmanns These, denn in diesen Bereichen wurde zwar eine durch die stofflich-technischen Bedingungen relativierte, im Prinzip aber deutlich arbeitsteilige Arbeitsorganisation realisiert.[4]

Heute freilich muten die Überlegungen Friedmanns vom Ende der fünfziger Jahre bei weitem nicht mehr so exotisch an. Ein Grund dafür liegt in der Diskussion über die »Humanisierung des Arbeitslebens«, die seit 1970 international geführt wird. An dieser Diskussion industrieller Arbeitsbedingungen war substantiell neu, daß sie die Arbeitsteiligkeit industrieller Fertigung besonders in ihrem Aspekt der Arbeitszerlegung unter verschiedenen Gesichtspunkten in Frage stellt. Der Prozeß, der dieser Diskussion zugrunde lag, ist mittlerweile oft beschrieben worden; ich kann mich daher auf einige Stichworte zur Entwicklung in der Bundesrepublik beschränken: Die Arbeiter und ihre Gewerkschaften bezogen sich in ihren Forderungen, wie vor allem die Tarifauseinandersetzungen und Arbeitskämpfe 1973 zeigten[5], stärker auf die zerstörerischen Wirkungen der betrieblichen Arbeitsteilung und verlangten grundlegende Veränderungen am Arbeitsplatz, u. a. Beseitigung von Abwechslungsarmut durch Aufgabenanreicherung und Aufgabenerweiterung; das führte zu neuen tarifvertraglichen Regelungen, durch die die Arbeitsbedingungen verbessert werden konnten.[6] Zum Teil als Reaktion auf diesen Druck, zum Teil als Strategie zur Reduktion von Fluktuations- und Absentismuskosten, aber auch infolge von Markt- und Produktveränderungen, die eine elastischere Produktionsorganisation attraktiv erscheinen ließen, interessierten sich auch Teile des Managements für Möglichkeiten einer weniger arbeitsteiligen

Fertigung; dadurch kamen von der Seite der Unternehmen, vor allem in der elektrotechnischen Industrie, einige Versuche mit neuen Formen der Arbeitsgestaltung in Gang.[7] Von beiden Entwicklungen beeinflußt, beschloß die Bundesregierung ein voluminöses Forschungsprogramm, aus dem u. a. Projekte der »menschengerechten« Arbeitsgestaltung gefördert werden, die »an die Stelle monotoner und zusammenhangloser Arbeiten mögliche Arbeitsaufgaben [. . .] stellen, bei denen die Arbeiten als zusammengehörig und in sich abgeschlossen erkennbar werden«.[8] – Es stellt sich daher die Frage, ob die Überlegungen, die Friedmann schon so früh zu seiner These führten, heute als Erklärungsansatz für die Bestrebungen zur »Humanisierung des Arbeitslebens« dienen können. Von besonderem Interesse ist dabei, inwieweit in dieser Entwicklung Anfänge weiterer Veränderungen zu sehen sind.

Die Beantwortung dieser Fragen ist zunächst abhängig davon, inwieweit von einer individuellen wie kollektiven Veränderung des Verhaltens der Arbeiter gegenüber hochgradig zergliederten Arbeitsaufgaben überhaupt die Rede sein kann. Ein Indikator für eine derartige Entwicklung kann in der Veränderung der Gewerkschaftspolitik gesehen werden.

Die Arbeitspolitik der Gewerkschaften[9] war seit den Anfängen der Bewegung sehr stark Arbeitsschutzpolitik; sie zielte am Arbeitsplatz auf die Verbesserung einiger Rahmenbedingungen der Arbeit (Unfallgefahr, Umgebungseinflüsse). Neben dem Arbeitsschutz wurden überwiegend regenerationsorientierte Forderungen gestellt: auskömmlicher Lohn, genügend Freizeit. Eine solche Politik, die am Arbeitsplatz auf besseren Arbeitsschutz und außerhalb der Arbeit auf bessere Regenerationsmöglichkeiten zielt, die Form industrieller Arbeit aber letztlich hinnimmt, entsprach einem vorherrschenden Zug innerhalb des Arbeiterbewußtseins und verfestigte diesen zugleich. Sie ist dabei nicht eine reine Lohnpolitik (»quantitative« Politik), wie in neueren gewerkschaftsanalytischen Studien verschiedentlich behauptet worden ist, sondern thematisiert auch, freilich innerhalb eines engen Verständnisses, das Problem der Arbeitsbedingungen. Insofern lag es durchaus nahe, jenes stärkere Unbehagen der Beschäftigten gegenüber den bestehenden Formen industrieller Arbeit, das sich Anfang der siebziger Jahre zeigte, im Rahmen der Traditionslinie gewerkschaftlicher Politik zu »verarbeiten« und lediglich die altbekannten Forderungen zu verschärfen: umfassenderer und wirksamerer Arbeitsschutz, besondere Arbeitszeitab- und Lohnzuschläge an verschleißintensiven Arbeitsplätzen usw. Solche bloßen Fortschreibungen sind denn tatsächlich auch gemacht worden. Gleichzeitig wurden aber in den letzten Jahren auch Akzentverschiebungen deutlich: nicht mehr Hinnahme der zergliederten und vereinfachten Arbeit, sondern Forderungen nach substantiellen Verbesserungen der Arbeitssituation, konkret: mehr Möglichkeiten zur Entwicklung und Anwendung von Qualifikationen, breitere Handlungsspielräume im Bereich der Arbeit, breitere Einsatzfelder im Betrieb, insgesamt also Verminderung des arbeitsteiligen Charakters der industriellen Fertigung. Mit solchen Forderungen, denen mancher gewerkschaftliche Tarifexperte früher mangelnde »Tariffähigkeit« attestiert hätte, konnten offenbar verschiedentlich erhebliche Mobilisierungseffekte erzielt werden – was daraufhin weist, daß durch derartige Forderungen reale Erfahrungen und Einschätzungen vieler Beschäftigter angesprochen wurden. Wie nun können derartige Erfahrungen zustande kommen?

Aus zentralen Gedanken der Industriesoziologie, die auf Überlegungen insbesondere von Friedmann zurückzuführen sind, lassen sich zwei Argumente ableiten, die erklären könnten, was zu einer stärkeren Beachtung der Probleme der Arbeitsteilung geführt hat.[10] *Argument A*: Im Lauf der Rationalisierung während der fünfziger und sechziger Jahre ist es in zahlreichen Fertigungsbereichen zu einer Verschärfung der Arbeitsteilung gekommen, die für viele Arbeiter mit erheblichen Nachteilen – Dequalifizierung durch Vereinfachung der Arbeit, Belastungssteigerung durch Bindung an extrem einseitige und zwangsgetaktete Verrichtungen – verknüpft war. Die Rasanz dieser Entwicklung provozierte Abwehrbewegungen, zumal bei denjenigen Arbeitern, die – etwa als Facharbeiter – bisher in komplexen, ganzheitlichen Arbeitssituationen standen (verstärkte Konfrontation des »milieu naturel« mit dem »milieu technique«). Da die Ursache der erfahrenen Verschlechterungen in einer Rationalisierung in der Form verstärkter Arbeitsteilung lag, mußte sich die Gegenwehr notwendig auch gegen das Prinzip der Arbeitsteilung richten.[11] *Argument B* (Erweiterung von A): Ob die negativen Effekte der somit verschärften Arbeitsteilung im Betrieb durch eine rein quantitative Verbesserung der Regenerationsbedingungen

– höherer Lohn, mehr Freizeit – tatsächlich kompensiert werden können, mußte fraglich werden. Die arbeitsteilige Fertigung führte tendenziell zu einem allgemeinen Verfall der menschlichen Fähigkeiten (sie erfaßt »la vie complète«), wodurch die Entfaltungsmöglichkeiten der Arbeiter auch außerhalb des Betriebs beeinträchtigt werden. Diese Erfahrungstatsache förderte bei den Beschäftigten die Einsicht, daß die Arbeitsteilung direkt bekämpft werden muß.[12]

Wie plausibel auch immer diese »industriesoziologischen« Argumente auf den ersten Blick erscheinen mögen, sie erklären allenfalls Teilaspekte unseres Problems. Der Erklärungswert des Argumentes A ist begrenzt, weil es einen regelrechten Bruch in den Arbeitserfahrungen des einzelnen Beschäftigten unterstellt. Aus genaueren Untersuchungen der Rationalisierungsprozesse wissen wir aber, daß – auf die Erfahrung des einzelnen Arbeiters bezogen – von einer bruchartigen Verschärfung der Arbeitsteilung tatsächlich nur sehr begrenzt gesprochen werden kann; sei es, weil (wie z. B. in der elektrotechnischen Industrie häufig der Fall[13]) die Arbeitsteilung im Zuge einer »schleichenden Rationalisierung« Zug um Zug verstärkt wurde und dadurch gar keine Zäsur vorliegt; sei es, weil (wie z. B. häufiger im Fahrzeugbau und im Maschinenbau[14]) die Verstärkung der Arbeitsteilung in der Fertigung von einer personellen Umschichtung begleitet wurde, durch die die stärker arbeitsteiligen Fertigungsarbeitsplätze neuen unqualifizierten Arbeitskräften übertragen wurden (häufiger Frauen, Ausländern), denen diese Arbeiten oft unausweichlich erschienen sind, während die bisherigen Fertigungsfacharbeiter in qualifizierte Positionen im Bereich der sekundären Produktion – Instandhaltung, Arbeitsvorbereitung usw. – überwechselten. Auf beiden Wegen öffnete sich eine Schere zwischen der objektiven Tendenz einer Verschärfung der Arbeitsteilung und der subjektiven Wahrnehmbarkeit dieses Vorgangs in der Biographie vieler Arbeiter.

Das Argument B macht uns auf den wichtigen Tatbestand aufmerksam, daß gerade die stark fragmentierte unqualifizierte Industriearbeit Belastungen und Versagungen mit sich bringt, die auf das Verhalten außerhalb der Arbeit ausstrahlen und dieses einengen; in extremen Fällen kann es zu einer derart starken Beeinträchtigung der emotionalen und intellektuellen Kapazitäten kommen, daß die sogenannte Freizeit nur noch als inhaltsleere Zeit erlebt wird. Gleichwohl enthalten Kompensationsvorstellungen für das Gros der Arbeiterschaft eine durchaus realistische Perspektive. Trotz der Ausstrahlung der Arbeitsbedingungen auf die arbeitsfreie Zeit entfallen mit dem Verlassen des Betriebs eine ganze Reihe von Verhaltensrestriktionen; die Disposition über Zeit und Inhalt nimmt zu und eröffnet – wie man aus der Zeitbudgetforschung entnehmen kann[15] – durchaus einen Spielraum für ausgleichende Tätigkeiten. Die Verhältnisse haben sich dabei speziell mit den Arbeitszeitverkürzungen seit 1957 verbessert, durch die die »arbeitsunabhängige« Freizeit zugenommen hat. Ausgleich negativer Arbeitsbedingungen durch mehr arbeitsfreie Zeit ist also eine relativ frische Erfahrung, und man müßte insoweit wohl eher eine Verstärkung des Regenerationsbezugs der Arbeiter erwarten.

Wenn aber beide Argumente im Hinblick auf unsere Frage unbefriedigend bleiben, worin liegen dann die Ursachen für die kritischere Einstellung gegenüber den Formen industrieller Arbeitsorganisation? Die Argumente A und B kommen letztlich deshalb zu keinem befriedigenden Erklärungsansatz, weil sie an einer Sichtweise orientiert sind, die sich innerhalb der Grenzen der klassischen Industriesoziologie bewegt. Entsprechend den zunehmenden Auswirkungen industrieller Fertigungsmethoden auf alle Bereiche stellen die Veränderungen industrieller Tätigkeit den einzigen Bezugspunkt der Erklärung dar. So suchen die Argumente A und B das Verhalten der Arbeiter gegenüber der betrieblichen Arbeitsteilung durch den Verweis auf Erfahrungen zu erklären, die ihre Quelle allein in industriellen Arbeitszusammenhängen haben. Im Fall des Argumentes A ist das ohnehin offenkundig, im Fall des Argumentes B ergibt es sich aus der These einer weitgehenden Funktionalisierung der arbeitsfreien Zeit durch die Arbeit im Industriebetrieb, wodurch die Betrachtung letztlich auf den Erfahrungsbereich des Betriebes zurückgeführt wird.

Breiter setzt bereits ein Erklärungskonzept an, das in einigen neueren Studien zu Humanisierungsproblemen favorisiert worden ist: das »Motivationskrisen-Theorem«.[16] Ihm zufolge resultiert die stärkere Distanz der Arbeiter gegenüber arbeitsteiliger Industriearbeit aus der konflikthaften Verkoppelung zweier Prozesse: einerseits der Erhöhung des Anspruchsniveaus der Arbeiter infolge der inzwischen besseren materiellen Lebensbedingungen sowie des insgesamt höheren Bildungsniveaus und andererseits der Erfahrung unqualifizierter und belastender Industriearbeit, die diesen ihren Charakter teilweise zunehmend verschärft. Man kann mit einem solchen Ansatz einiges anfangen; so läßt sich z. B. aufzeigen, daß die Absentismus- und Fluktuationsquoten – als Indikator für die Distanz gegenüber der ausgeführten Arbeit verstanden – in den sechziger Jahren tendenziell zugenommen haben, daß diese Quoten in den Massenindustrien überdurchschnittlich hoch liegen, daß im unteren Lohngruppenbereich höhere Werte anfallen usw. usw. Mit traditionell industriesoziologischen Überlegungen verglichen, enthält die These von der »Motivationskrise bei industrieller Arbeit« in theoretischer Hinsicht insoweit einen interessanten Gesichtspunkt, als mit den Verschiebungen des Anspruchsniveaus infolge veränderter Reproduktionsbedingungen ein erweiterter Erklärungsansatz ins Spiel gebracht wird. Gleichwohl bleibt der Erklärungswert des Theorems begrenzt. Der Ansatz läuft auf ein mechanisches Zwei-Faktoren-Modell hinaus, in dem Normenverschiebungen und Arbeitserfahrungen als voneinander isolierte Größen behandelt werden, ohne daß ihre gemeinsamen gesellschaftlichen Bestimmungsmomente und damit die in ihnen steckende Dynamik deutlich würden.

Um die Sache jetzt positiv zu wenden: Man kann den Verhältnissen nur gerecht werden, wenn man den Rationalisierungsprozeß, der bisher überwiegend in seinen Folgen für die betriebliche Situation der Arbeiter und die Art ihrer Tätigkeit erfaßt worden ist, als gesellschaftlichen Vorgang begreift, der die Lebensituation der Arbeiter insgesamt in zunehmend widersprüchlicher Weise verändert. Die Grenzen dieser Rationalisierung, die letztlich auch die Grenzen der betrieblichen Arbeitsteilung bilden, liegen nicht im Zusammenprallen eines »milieu naturel« und eines »milieu technique« in der Biographie von Individuen (und nicht in der Konfrontation qualitativer Ansprüche moderner Arbeiter und negativer Arbeitserfahrungen im aktuellen Rationalisierungsprozeß), sondern in der Unvereinbarkeit der sozialen und auch kulturellen Strukturierung gesellschaftlicher Teilbereiche, die gleichwohl in dieser Form bestandsnotwendige Elemente einer Gesellschaft darstellen, die von den Produkten einer hochgradig arbeitsteiligen Fertigung lebt. Eine solche Gesellschaft verlangt gleichzeitig höhere Enthaltsamkeit *und* höheren Konsum, größere Vereinseitigung *und* wachsende Vielseitigkeit. Es könnten gerade solche widersprüchlichen Implikationen arbeitsteiliger Rationalisierungen sein, die innerhalb der Arbeiterklasse zu einer allgemeineren Problematisierung des Organisationsprinzips der Arbeitsteilung beigetragen haben.

Wir haben es hier also mit Umständen zu tun, die sich nur dann richtig erschließen, wenn man sich von industriesoziologischen Verengungen freimacht, also die Arbeitsteilung im Bezugsrahmen der gesamten Lebenserfahrungen der Arbeiter erfaßt und analysiert. Ich möchte diesen Gesichtspunkt folgendermaßen konkretisieren:

Der Rationalisierungsprozeß kann einen Arbeiter in den verschiedensten Dimensionen seiner Existenz treffen: in seiner Eigenschaft als betriebliche Arbeitskraft, die sich dem erhöhten Leistungsanspruch einer veränderten Tätigkeit anpassen muß; als Träger von konkretem Arbeitsvermögen, der Kenntnisse und Fähigkeiten aufgeben oder weiterentwickeln und neu gruppieren muß; als Ehemann (-frau), der (die) es mit neuen Verhaltensanforderungen in der Familie zu tun hat, weil sich die Arbeitsituation des Partners verändert hat; als Konsument, der mit einem breiteren Angebot industrieller Massengüter konfrontiert wird; als privater »Produzent«, der die erworbenen Massengüter instandhält, anwendet usw. Nichts spricht – schon gar nicht ohne gesamtgesellschaftliche Planung – dafür, daß diese, wenn man so will, »Rationalisierungserfahrungen« so koordiniert und gleichläufig auftreten, daß sie zu einem in sich stimmigen Rationalisierungsverständnis verknüpft werden können. Das Faktum gesellschaftlicher Arbeitsteilung behindert sozusagen die Koordination der Effekte zunehmender betrieblicher Arbeitszerlegung. Ist daher bei Arbeitern ohnehin kein geradliniges Rationalisierungsverständnis zu erwarten, so erst recht keines mit einer einseitig positiven Akzentuierung, wie es im Mythos der Arbeitsteilung angeboten wird. Um durch Erfahrungsdiskrepanz und Verunsicherung hindurch zu einem geschlossenen positiven Verständnis zu kommen, müßte synthetisiert werden, was objektiv und subjektiv überhaupt nicht auf eine Linie zu bringen ist. Hinzu kommt: Eine durchgängig positive Umbildung der Rationalisierungserfahrungen wird heute durch den Umstand kompliziert, daß die Widerspruchsstrukturen, die in der Sache sowieso angelegt sind, in den letzten Jahrzehnten schroffer geworden sein dürften. Drei Beispiele, zur Verdeutlichung des Gedankens einfach nebeneinandergestellt:

1. Die Arbeitszerlegung im Betrieb führte bekanntlich zu einer linienförmigen Organisation des Fertigungsablaufs. Der Gesamtprozeß ist in kleinste Einzeloperationen zergliedert, und diese sind entsprechend ihrer zeitlichen Abfolge räumlich hintereinander angeordnet. Jedes Werkstück durchläuft diese lange Kette hochspezialisierter Einzeloperationen in zeitlich und räumlich genau aufeinander abgestimmter Form. Dieses diffizile, hochintegrierte Fertigungssystem ist nun gegenüber Störungen äußerst empfindlich. Für die Arbeiter resultiert aus diesen Bedingungen, die für die durchrationalisierte Fertigung typisch sind, eine widersprüchliche Anforderungsstruktur: Sie sollen sich auf ihre Detailoperationen beschränken, im Falle einer Störung stehen sie aber *faktisch* unter dem Druck, diese Funktionsbeschränkung aufzugeben und sich um Störungsbehebung zu kümmern, auch wenn dies nicht zu ihrer formellen Tätigkeit gehört. In einem solchen Phänomen kommen Spannungen zwischen dem Anspruch und der Realität der arbeitsteiligen Fertigung zum Ausdruck, auf die Bahrdt schon früher durch den Nachweis aufmerksam gemacht hat, daß der Betriebsablauf bei komplexen Fertigungen besonders empfindlich gestört werden würde, wenn sich die Beschäftigten bei Unregelmäßigkeiten tatsächlich an die Arbeitsteilung hielten, wie sie durch die formelle Organisation definiert wird[17]; aus Arbeitsanalysen in eigenen Untersuchungen kann ich den Fall einer Gruppe angelernter Maschinenarbeiter berichten, die etwa die Hälfte der Wartungs- und Reparaturarbeiten an ihren Maschinen selbst ausführen können und die diese Qualifikationen tatsächlich auch in einem erheblichen Umfang einsetzen, obwohl ihnen das eigentlich nicht gestattet ist, weil Instandhaltung formell als Sache der Reparaturarbeiter gilt.[18]

2. Die Rationalisierung in den fünfziger und sechziger Jahren hat im Zusammenwirken mit dem damaligen Wirtschaftswachstum die Belegschaftsstrukturen nachhaltig verändert: die bisherigen qualifizierten Produktionsarbeiter wechselten häufig in den Bereich der sekundären Produktion über; für die einfachen, unqualifizierten Arbeitsplätze in der durchrationalisierten Fertigung wurden neue Arbeitskräfte rekrutiert, darunter viele Frauen. Demzufolge hat sich die Erwerbstätigkeit verheirateter Frauen in der Bundesrepublik seit 1950 wesentlich erhöht, beson-

ders hohe Zuwachsraten traten dabei in der Gruppe der Ehefrauen aus Arbeiterfamilien mit Kindern auf, von denen 1966 bereits ein Drittel in einem Arbeitsverhältnis standen.[19] Auch wenn diese Entwicklung konjunkturanfällig ist, kann angenommen werden, daß es sich um eine langfristige Strukturverschiebung handelt. Einmal, weil durch die nach wie vor vorhandene materielle Enge erst die außerhäusliche Erwerbstätigkeit der Frau eine größere Chance eröffnet, einen Teil des »Mehrs« an gesellschaftlich erzeugten Gütern auch in Arbeiterhaushalte fließen zu lassen. Zum anderen, weil wohl die Erfahrung der Betriebsarbeit trotz der Zusatzbelastungen eine grundlegende Umorientierung der Frauen bewirkt, was einen Rückzug in die Familie oft nicht mehr zuläßt. Dies jedenfalls zeichnet sich in einer Studie von Regine Becker-Schmidt u. a. ab, die selbst bei Frauen, die extrem unqualifizierte und belastende Industriearbeit ausführen, festgestellt haben, daß die betriebliche Tätigkeit eine hohe »Identifikationsdimension« gewonnen hat.[20] Auch diese Entwicklungen bilden einen widersprüchlichen Erfahrungszusammenhang: Zerlegung der Arbeit im Bereich der industriellen Fertigung, zugleich aber Auflockerung der geschlechtsspezifischen Arbeitsteilung in den betroffenen Arbeiterfamilien. Begünstigte die ausschließliche Erwerbstätigkeit des Ehemanns auch und gerade in Arbeiterfamilien lange Zeit eine selbstverständliche Arbeitsteilung zwischen Mann und Frau, so werden die Männer nunmehr in dem Maße stärker für die Aufgaben des Haushalts und speziell der Kinderbetreuung herangezogen (die kürzere Arbeitszeit läßt das zu), in dem die Frauen eigener Erwerbsarbeit nachgehen.[21]

3. Rationalisierung bedeutet erhöhte Produktivkraft der menschlichen Arbeit, daher größeren materiellen Reichtum der Gesellschaft als ganzer (unabhängig von der Verteilung). Die Arbeiter konnten sich auf verschiedenen Wegen einen gewissen Teil dieses Zuwachses sichern. Die Folge liegt in einer verbesserten materiellen Ausstattung der Arbeiterhaushalte: Immerhin war schon 1968 jede dritte Arbeiterfamilie zu Haus- und Wohnungseigentümern avanciert; auch hat sich die Zahl der Gebrauchsgüter des gehobenen Bedarfs deutlich erhöht.[22] Damit werden aber neue Widersprüche der Arbeitsteilung aufgeworfen. Die Masse der vorhandenen Gebrauchsgüter erzeugt einen privaten Instandhaltungs- und Reparaturbedarf, der nicht voll an den Dienstleistungsbereich weitergegeben wird. Die Service-Leistungen verlie-

ren durch die arbeitskraftsparende Standardisierung und Vereinfachung ihre Elastizität in bezug auf den Einzelfall. Ihre Kosten werden daher vom Einzelhaushalt häufig als zu hoch eingeschätzt, zumal wenn Arbeitskraft und Geschick zur eigenen Erledigung vorhanden sind. Auch objektiv betrachtet würden sie bei voller Weitergabe an den Dienstleistungsbereich einen unverhältnismäßig großen Teil des Einkommens verzehren. Man darf annehmen, daß diese Disproportionalitäten eine wichtige Ursache gerade dafür sind, daß Arbeiter in ihrer »Freizeit« viele privat-produktive Verrichtungen ausführen[23]: »do-it-yourself«, um die pflegliche Behandlung der entbehrungsreich erworbenen Gegenstände sicherzustellen. Im Endeffekt ebenfalls ein Prozeß der Rücknahme von gesellschaftlicher auf dem Hintergrund der Verschärfung von betrieblicher Arbeitsteilung.

Wir wissen bisher nichts Genaues über die psychischen Verarbeitungsweisen solch widersprüchlicher Anforderungen und Verhaltensnormen, wie sie sich in diesen drei Beispielen andeuten; erst über die Kenntnis dieser Verarbeitungsweisen würde uns aber klar werden, inwieweit die Arbeiter diese disparaten Erfahrungen mit Arbeitsteilung tatsächlich aufeinander beziehen, in welchen Arbeitergruppen dies in welcher Form geschieht und inwieweit sich daraus eine stabile Problematisierung des Organisationsprinzips der Arbeitsteilung auch und besonders im Betrieb ergibt. Doch sind in diesen Erfahrungen mit Sicherheit Ambivalenzen angelegt, die einer positiven Mythologisierung der Arbeitsteilung entgegenstehen. Eine gewisse Distanz ist in einer Ambivalenzbeziehung immer enthalten, damit aber auch *eine* subjektive Voraussetzung für Aktivitäten, die gegen die Arbeitsteilung und speziell auch gegen ihre betriebliche Anwendung gerichtet sind. Inwiefern diese Distanz tatsächlich in Kampf umschlägt, hängt von einer Reihe zusätzlicher Bedingungen ab: ob es konkret um Implikationen der Arbeitsteilung geht, mit denen sich eindeutig negative Erfahrungen verknüpfen; ob die Gewerkschaften in ihrer Politik Interpretationshilfen geben, welche arbeitsteilungskritische Erfahrungen verstärken; ob die konkreten Machtkonstellationen Erfolg vermuten lassen usw. Zeitweilig waren diese Zusatzbedingungen in den vergangenen Jahren gegeben. Bei einer Gewerkschaftspolitik, die die zugrunde liegenden Konflikte aufgreift, wird aber, scheint mir, die Einpassung der Arbeiter in die arbeitsteiligen Strukturen des Betriebs auch künftig immer wieder scharfe Konflikte hervorrufen, zumindest bei den Stammbelegschaften, die sich auch unter den veränderten Arbeitsmarktbedingungen in stabilen Arbeitsverhältnissen befinden.[24]

Die hier angedeutete Grenze betrieblicher Arbeitsteilung wird in Friedmanns eingangs zitierter Untersuchung nur gestreift, nicht aber in ihrer vollen Bedeutung erfaßt – eine Sache, die wohl mit den Zeitumständen zusammenhängt, die Friedmanns Vorgehensweise prägten. Der in Friedmanns Begriff des »vie complète« angelegte analytische Horizont wird durch seine Untersuchung, die in der genannten Weise klassisch industriesoziologisch orientiert ist, nicht eingeholt. Der innerbetriebliche Bereich erscheint als zu geschlossen und verdankt seine Dynamik nur innerindustriellen Entwicklungen; der außerbetriebliche Lebensbereich bleibt faktisch eine durch und durch abgeleitete Größe, eine Funktion der betrieblichen Bedingungen. Damit können aber in Friedmanns thematisch so aktueller Studie gerade jene komplexen Widerspruchsstrukturen nicht antizipiert werden, welche die Erfahrung der Arbeiter mit Arbeitsteilung zunehmend kennzeichnen und welche die tatsächlich beobachtbaren Konflikte um die betriebliche Arbeitsteilung verständlich machen. In methodischer Hinsicht verstehe ich dieses Ergebnis als Konkretisierung der verschiedentlich erhobenen, aber bisher kaum eingelösten Forderung, die Analyse industriesoziologischer Probleme auf einen Ansatz zu beziehen, in dem der – wie man neuerdings mit Negt/Kluge sagt – »proletarische Lebenszusammenhang« insgesamt in Erscheinung tritt.[25]

Hat Friedmann somit die Grenzen unterschätzt, die der Arbeitsteilung langfristig durch das Arbeiterverhalten gezogen sind, so muß seine Analyse in anderer Hinsicht ein zu weitgehender Optimismus vorgehalten werden. Friedmanns Hauptbegründung liegt auf der vermuteten kritischeren Sicht der betrieblichen Arbeitsteilung durch deren bisherige Protagonisten, also auf der Vermutung ihrer herannahenden Unvereinbarkeit mit dem Prinzip kapitalistischer Rationalität. Man kann sich den nachhaltigen Eindruck, den der Umstand auf Friedmann machte, daß einige Rationalisierungsfachleute über job-enlargement und job-rotation nachzudenken begannen und daß diese Überlegungen gelegentlich auch versuchsweise in die betriebliche Praxis umgesetzt wurden, recht gut vorstellen. Friedmann hatte ja nicht nur durch eigene Forschungen die negativen Auswirkungen der betrieblichen Arbeitsteilung kennengelernt, sondern gleichzeitig auch den ungeheuren Fortschrittsglauben, der sich bei den betrieblichen Experten mit dem Prinzip der Arbeitsteilung verbunden hatte: So war spätestens mit dem Fordismus die Gleichsetzung von schärferer Arbeitsteilung und höherer Produktivität zu einem festen Programmsatz geworden, der das Denken ganzer Generationen von Rationalisierungsfachleuten bestimmte. Friedmann mußte auch besonders präsent sein, daß hinter dem Glauben der industriellen Praktiker an die Allgewalt der Arbeitsteilung, diesen noch verstärkend, ein bürgerliches Weltbild stand, in dem gesellschaftlicher Fortschritt und fortschreitende Arbeitsteilung in ein allgemeines Evolutionsmodell integriert wurden.[25] Diese Denkfigur bildete zum Beispiel die tragende Säule von Emile Durkheims »De la division du travail social«, wo sie sich in dem beharrlich vorgetragenen Postulat einer Korrelation zwischen Arbeitsteilung und »organischer Solidarität« Ausdruck verschaffte, und die Durkheim-Schule prägte, wie man weiß, durch und durch die französische Soziologie vor Friedmann[27]. Diesen Mythos des Fortschritts, in den die zunehmende Teilung der Arbeit und die Zersplitterung der Arbeitsaufgaben schlicht umgebildet wurden, sah Friedmann durch die Neuerscheinungen in der betrieblichen Praxis problematisiert.

Inzwischen haben wir allerdings genauere Kenntnis über die Reichweite der Interessen der Unternehmen an neuen Formen der Arbeitsgestaltung. Die vorliegenden Erfahrungen[27] lassen sich in der Feststellung zusammenfassen, daß diese Projekte – bleiben sie sich selbst überlassen – eher auf eine Ausdifferenzierung des Prinzips arbeitsteiliger Organisation hinauslaufen denn auf seine Überwindung. Ihr wesentlicher Effekt liegt in der Überführung einer polaren Arbeitsstruktur, die in der Entgegensetzung von extrem fragmentierter und hochqualifizierter Arbeit besteht, in eine gemischte Arbeitsstruktur, innerhalb derer sich zwischen die beiden Extreme eine Gruppe von attraktiveren Angelernten-Positionen schiebt. Dieser Differenzierungseffekt wird durch eine gezielte quantitative (Zahl der eingeschlossenen Arbeitskräfte) wie qualitative (Komplexitätsgrad der neugeschaffenen Arbeitsformen) Dosierung der unternehmensseitigen Maßnahmen neuer Arbeitsgestaltung erreicht. Er trägt wesentlichen betrieblichen Interessen Rechnung – sei es im Hinblick auf die Fertigungsorganisation (mehr Elastizität), sei es im Hinblick auf die Arbeitsmarktchancen (attraktivere Fertigungsarbeitsplätze zur Sicherung einer Stammbelegschaft) –, bedeutet aber letztlich nicht mehr als eine Modifikation der betrieblichen Arbeitsteilung.

Noch ist offen, wie die veränderte Beziehung der Beschäftigten zur betrieblichen Arbeitsteilung, auf die ich an dieser Stelle den Hauptakzent gelegt habe, durch die unternehmerischen Aktivitäten beeinflußt wird. Hier wäre eine Integration durch das Auffangen und Entschärfen von Konfliktpotential ebenso denkbar wie eine Radikalisierung durch eine wachsende Einsicht der Arbeiter in die sozialen Ursachen der unternehmensseitig geübten Zurückhaltung. Man muß sagen, daß erst im Fall der Radikalisierung tatsächlich von einer *echten* Grenze der Arbeitsteilung die Rede sein könnte.

Anmerkungen

1 Frankfurt 1959.

2 A.a.O., S. 27.

3 Zum Prozeß der Rationalisierung in diesen Branchen vgl. Kern/Neumann, *Rationalisierung und Entwicklung der Arbeitsbedingungen in der Metallindustrie Baden-Württembergs*, S. 185 ff.

4 Vgl. Kern/Schumann, *Industriearbeit und Arbeiterbewußtsein*, S. 152, 162.

5 Vgl. in diesem Band S. 121 ff.

6 Wichtig war hier insbesondere der Abschluß eines neuen Lohnrahmen- und Manteltarifvertrages für die Metallindustrie Nordwürttemberg/Nordbadens 1973. Inzwischen liegt ein Bericht über die konkreten Wirkungen dieses Vertrages vor: H. Dabrowski u. a., *Der Lohnrahmentarifvertrag II in der betrieblichen Praxis*, Soziologisches Forschungsinstitut Göttingen SOFI 1977.

7 Vgl. in diesem Band S. 25 ff.

8 Bundesminister für Forschung und Technologie, *Forschungsprogramm »Humanisierung des Arbeitslebens«*, S. 13.

9 Vgl. in diesem Band S. 211 ff.

10 Beide Argumente liegen auf der Linie zentraler Überlegungen Friedmanns, die Friedmann selbst allerdings an anderen Stellen relativiert und zum Teil auch zurückgenommen hat. In den Anmerkungen 11 und 12 werden Friedmann-Zitate genannt, in denen die Argumentationsführung, die ich als typisch industriesoziologische Denkfiguren verstehe, besonders deutlich werden.

11 Zur Entgegensetzung zwischen dem naturwüchsigen und dem technischen Milieu bei Friedmann vgl. *Zukunft der Arbeit*, Köln 1953, S. 1 ff., 274 ff.

12 Zur Strukturierung des gesamten Lebensvollzuges durch die Verhaltenszumutungen, die der arbeitsteilige Produktionsprozeß aufwirft vgl. Friedmann, *Grenzen*

der Arbeitsteilung, S. 126 ff., 176.

13 Vgl. Kern/Neumann, a.a.O., insbes. S. 288.

14 Vgl. a.a.O. S. 219 ff., 268 ff.

15 Vgl. die empirischen Angaben über die Situation in der »Freizeit« bei M. Osterland u. a., *Materialien zur Lebens- und Arbeitssituation der Industriearbeiter in der BRD*, Frankfurt 1973, S. 227 ff.

16 Dieses Theorem geht letztlich auf arbeitspsychologische Motivationstheorien zurück, die auf die Behauptung hinauslaufen, das entscheidende Bedürfnis bei der Arbeit sei das Bedürfnis nach Selbstverwirklichung. Werde dieses Bedürfnis verwehrt, so komme es zu desintegrativen Erscheinungen; die Erfüllung dieses Bedürfnisses führe aber zu Motivation und Identifikation. Dieser Gedanke ist dann in der Humanisierungsdiskussion (in verschiedenen Varianten) historisch gewendet worden, etwa in der Weise, daß bei jüngeren Arbeitern oder bei der heutigen Arbeitergeneration die Ansprüche an die Qualität der Arbeit besonders hoch seien. Vgl. z. B. E. Thorsrud, *Job Design in the Wider Context*, in: Davis/Taylor (Hrsg.), *Design of Jobs*, S. 452.

17 H. P. Bahrdt, *Industriebürokratie*, Stuttgart 1958, S. 36 ff.

18 Ich beziehe mich hier auf noch unveröffentlichte Untersuchungen, an denen Gerd Weiberg entscheidend beteiligt ist.

19 Vgl. Osterland u. a., a.a.O., S. 194.

20 Das Projekt, von dem mir unveröffentlichte Zwischenergebnisse vorliegen, wird am Psychologischen Seminar der Universität Hannover durchgeführt und steht unter dem Titel »Probleme lohnabhängig arbeitender Frauen«.

21 Dieser Prozeß ist in Westdeutschland noch nicht sehr weit vorangekommen, aber im Ansatz durchaus erkennbar. Vgl. die empirischen Angaben in: Der Bundesminister für Jugend, Familie und Gesundheit, *2. Familienbericht, 2. Teil: Bericht der Sachverständigenkommission*, Bonn 1975, S. 27, 35.

22 Vgl. Osterland u. a., a.a.O., S. 140 ff., 170 ff.

23 Vgl. a.a.O., S. 238 ff.

24 Vgl. hierzu etwa B. Lutz, *Ist Unterbeschäftigung unvermeidlich?*, in: U. Borsdorf u. a. (Hrsg.), *Gewerkschaftliche Politik: Reform aus Solidarität*, Köln 1977, S. 495 ff.

25 Vgl. O. Negt/A. Kluge, *Öffentlichkeit und Erfahrung*, Frankfurt 1972, S. 24 f.

25 Vgl. *Grenzen der Arbeitsteilung*, S. 4.

26 E. Durkheim, *Über die Teilung der sozialen Arbeit* (1893), Frankfurt 1977.

27 Vgl. in diesem Band S. 37 ff., 193 ff.

II. Arbeitsbedingungen im Streik

Zum politischen Verhaltenspotential der Arbeiterklasse*

I

Die Arbeiterklasse galt lange, zumal in der Bundesrepublik, als ins bestehende Gesellschaftssystem integriert. Im Jahre 1949 veröffentlichte Theodor Geiger sein Buch *Die Klassengesellschaft im Schmelztiegel*[1], in dem er die Auflösung der traditionellen Industriearbeiterschaft und die Herausbildung eines »neuen Mittelstandes« postulierte, der sich aus den vom »Makel« der proletarischen Klassenlage befreiten Arbeitergruppen rekrutieren sollte. Und 1954 prägte Helmut Schelsky die griffige Formel von der »nivellierten Mittelstandsgesellschaft«[2], einer bürgerlichen Gesellschaft neuen Typs, die die Klassengesellschaft abgelöst habe. Nach dieser seitdem weitverbreiteten These hat der gesellschaftliche Antagonismus zwischen Lohnarbeit und Kapital seine das Gesellschaftssystem strukturierende Relevanz eingebüßt; durch Strukturveränderungen sei es zur Reduktion, wenn nicht gar Beseitigung von durch Kapitaleigentum begründeter Herrschaft und Ausbeutung gekommen: mit der Auflösung der Klassenstruktur könne der Abbau des traditionellen Arbeiter- und Klassenbewußtseins zugunsten einer Adaption von Mittelschichtwerten beobachtet werden – eine zunehmende »Verbürgerlichung« des gesellschaftlichen Denkens und Verhaltens der Arbeiterklasse sei festzustellen.

Als Beleg für dieses Konzept wurde im wesentlichen auf drei Entwicklungen verwiesen: auf die ökonomische Entwicklung, die in ihrem Ablauf als weitgehend friktionslos und in ihren Folgen als Mehrung des allgemeinen Wohlstandes verstanden wurde bei gleichzeitiger Vereinheitlichung der Lebensstile sowie Nivellierung der wirtschaftlichen und gesellschaftlichen Positionen – nicht zuletzt aufgrund hoher, an Leistungskriterien orientierter sozialer Mobilität; auf die technische Entwicklung, deren weiterer Entfaltung die Wirkung zugesprochen wurde, den Typ stark

* Verfaßt gemeinsam mit Michael Schumann im Juli 1971; zuerst in: K. Meschkat/O. Negt (Hrsg.), *Gesellschaftsstrukturen*, Frankfurt 1973, S. 130 ff.

belastender, gering qualifizierter Industriearbeit durch hochqualifizierte Technikerverrichtungen zu ersetzen und dem betrieblichen Herrschaftssystem durch die Bindung an technisch vermittelte Sachnotwendigkeiten den Charakter der Interessenneutralität zu verleihen; schließlich auf die politische Entwicklung, die als Stabilisierung eines demokratisch-sozialen Staates erschien, dem es gelungen sei, als demokratische Institution allen gesellschaftlichen Gruppen gleiche Einflußmöglichkeiten zu gewähren und als Sozialstaat auch den bisher unterprivilegierten Gruppierungen akzeptable Lebensmöglichkeiten zu garantieren.

Allerdings erwies sich diese Konzeption, die die sich verstärkende politische Passivität der Arbeiterklasse nicht nur als Indiz ihrer Integration in die bürgerliche Gesellschaft ausgab, sondern zudem dieses Verhalten als wichtigen Beleg für die Demokratisierung der kapitalistischen Gesellschaft anführte, mit fortschreitender Entwicklung immer deutlicher als Versuch, das bestehende System durch die bloße Behauptung von Strukturveränderungen zu legitimieren. Zu sehr widersprach die objektive Stellung des Arbeiters innerhalb und außerhalb des Betriebes der demokratischen und sozialen Aura, mit der sich das System zu umgeben suchte; zu offenkundig war, daß die Beteiligung der Arbeiter an Einkommen und Vermögen, die Chancen für Bildung, Gesundheit und Wohnen sowie die Arbeits- und Betriebsverhältnisse trotz partieller Verbesserungen weiter durch die Klassenlage geprägt wurden und durch Unterprivilegierung gekennzeichnet waren: hinter der Fassade der »Gesellschaft im Überfluß« blieb das System der Ausbeutung bestehen.

Daß es dennoch den Arbeitern zunehmend schwerfiel, den Klassencharakter des kapitalistischen Systems zu identifizieren und gegen die herrschenden Verhältnisse zu kämpfen, daß also die These von Schelsky und anderen wenigstens auf der subjektiven Seite ein Körnchen Wahrheit enthielt, konnte freilich auch von jenen Sozialwissenschaftlern nicht geleugnet werden, die diesen Sachverhalt nicht als Befriedung der gesellschaftlichen Szenerie begrüßten, sondern, wie z. B. Ernest Mandel, als entscheidendes Hemmnis für einen notwendigen Strukturwandel der Gesellschaft begriffen: »Der wichtigste Unterschied zwischen dem Kapitalismus des 19. Jahrhunderts oder jenem der Weimarer Zeit und dem heutigen Spätkapitalismus in der BRD besteht nicht darin, daß sich die von Marx aufgedeckten Entwicklungsgesetze der kapitalistischen Produktionsweise oder der bürgerlichen Gesellschaft entscheidend geändert hätten. Er besteht darin, daß die Arbeiter und Angestellten das Bewußtsein von ihrer Ausbeutung zu einem bedeutenden Teil verloren haben; daß also zu einer objektiven Entfremdung im Arbeits- und Lebensprozeß (Betrieb, Konsum, Freizeit) nun eine Entfremdung in der Sphäre des Bewußtseins getreten ist; daß der Arbeiter von dem Bewußtsein seiner Entfremdung entfremdet ist.«[3] In dieser Weise die Schwierigkeit der Arbeiter festzustellen, sich ihrer Entfremdung bewußt zu werden, und diese Erkenntnis in gesellschaftsveränderndes Klassenhandeln umzusetzen impliziert allerdings keineswegs die Behauptung der Integrationsthese, die Arbeits- und Lebenssituation stelle sich den Arbeitern als befriedete dar, auf deren Grundlagen sie eine positive Identifikation mit der Gesellschaft entwikkelten. »Zufriedenheit« mit ihrer allgemeinen gesellschaftlichen Lage und insbesondere mit der Betriebs- und Arbeitssituation spiegelt primär den Zwang zur Anpassung, den individuellen und auch kollektiven Verlust von Verhaltensalternativen, die Aufgabe der Hoffnung auf grundlegende Veränderung – bedeutet also nicht Integration, sondern Resignation.

Schon die Untersuchungen von Popitz, Bahrdt u. a. über das »Gesellschaftsbild des Arbeiters«[4], die in den fünfziger Jahren durchgeführt wurden, hatten ein dichotomes »Gesellschaftsbild« bei der Mehrzahl der Arbeiter ermittelt. Die Arbeiter sahen sich selbst als »unten« in der Gesellschaft, als sozial benachteiligt, ohne Hoffnung auf grundlegende Veränderung in der Zukunft und in ihrem Selbstverständnis zudem als ohnmächtig, einen Wandel durch eigene politische Praxis zu erzwingen. Sie erkannten durchaus soziale Disparitäten und Konfliktzonen, doch sie waren in ihrer Mehrheit nicht in der Lage, die sie verursachenden Systemzusammenhänge zu identifizieren und eine entsprechende politische Perspektive zu formulieren. Die Ergebnisse unserer eigenen Studien in den Jahren 1965/67 und 1970[5] bestätigten in dieser Hinsicht die Befunde von Popitz/Bahrdt u. a. Verstärkt hatte sich aber die Tendenz, die Restriktionen der Arbeitssituation zu verdrängen und Identifikationsbereiche außerhalb der Arbeit zu suchen. Die relative Stabilität der kapitalistischen Entwicklung im Nachkriegsdeutschland und die als kontinuierliche Verbesserung interpretierte Einkommensentwicklung ließen zwar bei den Arbeitern weder die Illusion gleichberechtigter

Teilhabe entstehen – die eigene gesellschaftliche Position wurde weiterhin als eine prinzipiell unterprivilegierte verstanden –, noch eine harmonistische Perspektive krisenfreien Wirtschaftswachstums – die Sorge, ob der erreichte sozioökonomische Status erhalten bleibt und die manifeste Angst vor Arbeitslosigkeit waren Ausdruck dieser Unsicherheit. Doch aufgrund eines reduzierten Anspruchsniveaus an die Gesellschaft resultierte aus dieser Haltung bei der Mehrzahl der Arbeiter ein wie immer instabiles psychisches Gleichgewicht, von dem wir annahmen, daß es sich zumindest nicht automatisch und gleichsam aus seiner immanenten Struktur – bei unveränderten gesellschaftlichen Rahmenbedingungen – in Systemkritik und gesellschaftsveränderndes politisches Handeln umsetzen würde. Durch die genannten Untersuchungen konnte die Integrationsthese auch in ihren auf das gesellschaftliche Selbstverständnis der Arbeiter abzielenden Komponenten falsifiziert werden – ein Ergebnis, das politisch von Bedeutung war, weil sich die Integrationsthese, »wie unpolitisch sie auch immer konzipiert gewesen sein mag – [. . .] notwendig in ein Instrument des ideologischen Kampfes gegen jene Gruppen und Organisationen verwandeln [mußte], die eine Veränderung der gesellschaftlichen Situation der Lohnabhängigen nicht als harmonisches Ergebnis von Mobilitätsprozessen und Konsumexpansion erwarteten, sondern durch politische und gesellschaftliche Strukturveränderungen durchzusetzen suchten.«[6]

Freilich: Ansatz und Methode der genannten Studien lassen sich auf drei Ebenen problematisieren:

1. Da sich die Arbeiten primär auf die Auseinandersetzung mit dem Integrationskonzept einlassen, werden sie unter der Hand durch dessen reduzierten Problemhorizont partiell eingefangen. Sie konzentrieren sich zu sehr auf die eher defensive Fragestellung, inwieweit sich die Arbeiterklasse gegenüber den Integrationsbemühungen als resistent erwiesen hat, und weniger auf den von einer kritischen Position aus politisch relevanteren Ansatz, latente und manifeste Konfliktzonen im Arbeiterbewußtsein zu identifizieren und nach den Bedingungen zu suchen, unter denen Unlust, Unzufriedenheit und Kritik die passive Hinnahme und Resignation zu überwinden vermögen und die Mechanismen der Anpassung durchbrechen. An den empirisch ausmachbaren Elementen der Passivität gilt es die Verdrängungen, die sie ermöglichen, herauszuarbeiten sowie die Momente der Instabilität, die

ihnen trotz allem innewohnen. Damit würde weniger das momentane Erscheinungsbild des Bewußtseins und mehr die in ihm enthaltene Entwicklungspotenz zur zentralen Kategorie der Analyse.

2. Die Untersuchungen sind von ihrem Ansatz her statistisch angelegt; ihre Ergebnisse müssen deswegen primär als Momentaufnahme des Arbeiterbewußtseins gelten und sind nur so lange verläßlich, wie die sozioökonomischen sowie politischen Rahmenbedingungen konstant bleiben. Der in der Studie *Industriearbeit und Arbeiterbewußtsein* unternommene Versuch, die durch den technischen Wandel induzierten Veränderungen der Industriearbeit in ihren Auswirkungen auf das Selbstverständnis der Arbeiter systematisch zu erfassen, um auf diese Weise den Aspekt der Genese des Arbeiterbewußtseins zu berücksichtigen, privilegierte nur ein einzelnes für die Entwicklung relevantes Element. Notwendig wäre aber, auch die Mechanismen der sozioökonomischen Entwicklung und die politische Konstellation im Nachkriegsdeutschland sowie die spezifischen Phasenbedingungen zum Untersuchungszeitpunkt in die Anlage empirischer Arbeiten und in die Interpretation ihrer Ergebnisse einzubeziehen. Diese Ausweitung des Untersuchungsfeldes und Interpretationsrahmens würde genaueren Aufschluß über den Konstitutionsprozeß des Arbeiterbewußtseins geben und den Einfluß langfristiger gesellschaftlicher Phasenentwicklungen stärker hervortreten lassen.

3. Schließlich ist auf die begrenzte Leistungsfähigkeit der in den Untersuchungen angewandten Erhebungstechniken hinzuweisen. Konzentriert sich das Erkenntnisinteresse auf den Konstitutionsprozeß von Bewußtsein und hier wiederum besonders auf die Frage, unter welchen Bedingungen sich Konfliktpotential in politischen Aktionen zu transformieren vermag und wie die dabei gewonnenen Kampferfahrungen tatsächlich verarbeitet werden, so bedarf hierfür das Einzelinterview als Erhebungsinstrument zumindest der Ergänzung. Die Befragungssituation in der ihr typischen unverbindlichen und artifiziellen Atmosphäre fordert gleichsam quietistische Verhaltenssequenzen heraus. Es müßten daher Methoden Anwendung finden – die es freilich erst zu entwickeln gilt –, die dem Umsetzungsprozeß von Verhaltenspotential in politische Praxis sowie der Verarbeitung dieser Praxiserfahrung unmittelbarer assoziiert sind, d. h. die die politische

Abstinenz empirischer Sozialforschung aufgeben und die Rollentrennung zwischen Forscher und Forschungsobjekt in der gemeinsam getragenen Aktion aufheben.[7]

Durch ihre Begrenztheit haben die Untersuchungen mit dazu beigetragen, die Vorstellung von der politischen Immobilität der Arbeiterklasse aufrechtzuerhalten – eine Vorstellung, die sich allerdings durch die neueren Klassenkämpfe in Westeuropa eher als Mythos denn als Abbild der realen Verhältnisse zu erweisen scheint. In den Arbeitskämpfen, die in den letzten Jahren in Italien und Frankreich und, freilich begrenzter, auch in England, Schweden und der Bundesrepublik stattfanden und die die empirische Forschung nicht zu antizipieren vermochte[8], kommt das politische Potential der Arbeiterklasse deutlich zum Ausdruck: Sie weisen die Entwicklungsmöglichkeiten auf, die im Arbeiterbewußtsein auch heute noch enthalten sind. Nach einer Periode relativer Stabilität haben die Klassenkämpfe vor allem in Italien eine das Gesellschaftssystem unmittelbar gefährdende Breite und Zielsetzung entfaltet. Und sowenig auch die Septemberstreiks 1969 in der Bundesrepublik hinsichtlich ihrer Militanz und ihres politischen Bewußtseinsgrads diesen Auseinandersetzungen vergleichbar sind: im Nachkriegsdeutschland stellen sie ein Novum dar; auch sie verweisen auf ein Verhaltenspotential, das unter bestimmten Bedingungen die Passivität und Resignation zu überwinden und in Aktion umzuschlagen vermag.[9]

Unter welchen Voraussetzungen sich das Arbeiterbewußtsein heute in Klassenbewußtsein umsetzen kann, soll im folgenden am Beispiel der italienischen Klassenkämpfe, die bisher den fortgeschrittensten Stand der Auseinandersetzung repräsentieren, exemplarisch untersucht werden, mit dem Ziel, einige allgemeine Überlegungen zur Möglichkeit der Entwicklung von Klassenbewußtsein in Westdeutschland anzustellen.

II

Das Besondere der Klassenauseinandersetzungen in Italien seit 1968[10] liegt weniger im Ausmaß der Kämpfe, wenn auch die Tatsache, daß Italien die mit Abstand höchste Streikquote der kapitalistischen Industriestaaten ausweist,[11] bereits die Aktionsbereitschaft und Beharrlichkeit anzeigt, mit der die italienische

Arbeiterklasse die Kämpfe führt. Entscheidender sind aber wohl qualitative Differenzen, von denen zwei hier hervorgehoben seien:

1. Die Arbeitskämpfe sind Massenkämpfe, nicht nur wegen der Zahl der beteiligten Arbeiter, sondern vor allem aufgrund der Tatsache, daß der Fortgang der Bewegung wesentlich von der Basis vorgezeichnet und kontrolliert wird. Seinen Ausdruck findet dies vor allem darin, daß sich die Arbeiter im Verlauf der Kämpfe im Delegiertensystem eine eigene Interessenvertretung aufbauen. Die Delegierten – zunächst durch Vereinbarung zwischen Unternehmen und Gewerkschaften im Anschluß an betriebliche Auseinandersetzungen bzw. durch rein gewerkschaftliche Initiative entstanden – werden seit 1969 von den Arbeitern direkt im Verlauf der Kämpfe gebildet, um diesen organisatorische Stabilität und Perspektive zu verleihen. »Jetzt, als Antwort auf die Organisationsnotwendigkeit, wird ein neuer, von den früheren unterscheidbarer Delegiertentyp gewählt, der sich folgenden Aufgaben zuwenden muß: Organisierung der Arbeitsunterbrechungen und Versammlungen, Strukturierung der Diskussion und Führung des Kontakts zur Gewerkschaft. Er tritt besonders stark während der Kämpfe in Erscheinung; seine Funktion besteht darin, die Verhandlungen der Gewerkschaft anzuleiten und zu kontrollieren. Der Bezug zur Basis geht einher mit einer starken Berücksichtigung der Probleme der Arbeiter, deren unmittelbarer Ausdruck der neue Delegiertentyp oft ist.«[12] Die Delegierten sind keine sporadische, kurzlebige Erscheinung; die neue Organisationsform erhält durch die Ereignisse im »heißen Herbst« 1969 Anstoß und Kraft und setzt sich danach schnell in der ganzen nord- und mittelitalienischen Industrie durch. Michel Bosquet berichtet, 1969 habe es in der Metallindustrie nicht mehr als einen Delegierten für 200 Arbeiter gegeben, heute gebe es einen schon für 20 bis 50 Arbeiter, und im ganzen Land zählte er bereits 28 000 Delegierte.[13] Man mag diese Zahlen mit Vorsicht zur Kenntnis nehmen; fest steht jedoch, daß die Belegschaften der großen Betriebe Nord- und Mittelitaliens, die von den Auseinandersetzungen erfaßt wurden, durchweg Delegierte eingeführt haben[14] und daß auf diese Weise ein Netz neuer Informations- und Entscheidungsträger entstanden ist, durch das sich die Arbeiterklasse unmittelbar als politische Kraft artikulieren kann. Diese neuen Institutionen stellen zwar im allgemeinen keine eindeutig

gegen die überkommenen Arbeiterorganisationen – die Gewerkschaften und die Arbeiterparteien – gerichtete Kraft dar: fast alle Delegierten kommen aus den Gewerkschaften; die meisten sehen die Gewerkschaften als notwendige Vertretungsorgane der Arbeiterklasse, auch wenn sie an der konkreten Organisationspraxis oft Kritik üben; viele unterstützen den parlamentarischen Kampf der Linksparteien und sind Parteimitglieder; viele sehen schließlich ihre eigene politische Arbeit nicht nur durch die Basis, sondern auch durch die Gewerkschaften legitimiert.[15] Als neue Basisorganisation der Arbeiterklasse steht das Delegiertensystem jedoch neben den alten Organisationen der Arbeiterbewegung. Es kann so eher von den Bindungen freigehalten werden, die sich auch die italienischen Gewerkschaften und Arbeiterparteien in ihrer politischen Alltagspraxis haben auferlegen lassen. Mit den Delegierten hat sich die italienische Arbeiterklasse ein Instrument geschaffen, mit dessen Hilfe sie heute die Klassenauseinandersetzung »von unten« führen kann, d. h. als Kampf, der sich direkt auf ihre Interessen bezieht und in dem nicht ein sich verselbständigender Apparat, sondern die Basis selbst Ziele, Ablauf und Leitung bestimmt.[16]

2. Die Ziele, welche mit den Kämpfen verfolgt werden, spiegeln Situation und politische Bewußtheit der Streikenden. Sie sind konkrete Antworten auf den Versuch der Unternehmer, die Mehrwertrate durch Verwohlfeilerung der Arbeitskraft und Intensivierung der Arbeit zu steigern; sie sind unmittelbare Reaktion auf die Politik des Kapitals, seine Verwertungsinteressen ohne Rücksicht auf die Lebensbedürfnisse der Produzenten durchzusetzen. Das Spektrum der Kampfziele ist breit;[17] es reicht von der Forderung nach leistungsadäquater Entlohnung bis zur Überführung des Leistungslohns in bedürfnisorientierte Bezahlung, von der Forderung nach Lockerung der Leistungsnormen bis zur Beseitigung aller Leistungszwänge, von der Forderung nach finanzieller Entschädigung für Mehrbelastungen bis zur gänzlichen Abschaffung belastender Arbeit. In unserem Zusammenhang verdient Aufmerksamkeit, daß im Verlauf der Auseinandersetzungen jene Defensivposition, die sich auf den Status quo der Arbeit bezieht und die Kämpfe nur als Mittel der Abwehr oder des Ausgleichs negativer Veränderungen versteht, mehr und mehr aufgegeben und in eine offensive Praxis übergeführt wird, in der die Zurückweisung der Ausbeutung insgesamt in den

Vordergrund tritt, wobei die Ablehnung der kapitalistischen Ordnung und ihrer Mechanismen bereits die Perspektive einer neuen, freien und humanen Gesellschaft enthält. Exemplarisch für diese neue, die Borniertheit früherer Kämpfe überwindende Praxis sind die Forderungen nach Abschaffung der leistungsabhängigen Entlohnung[18] und nach Abbau restriktiver Arbeit.[19] Beide Ziele entsprechen einem elementaren Interesse der Arbeitenden, ohne ins System integrierbar zu sein: den Leistungslohn bekämpfen heißt, mit der Logik des Systems brechen, das die Arbeit als Ware behandelt und die Einkommenszuweisung auf ein Kosten-Ertrags-Kalkül stützt, statt sie an den zu befriedigenden Bedürfnissen auszurichten; restriktive Arbeit zu verweigern impliziert die Ablehnung einer Produktionsweise, in der sich die Ökonomie den Arbeitsprozeß subsumiert, in der das Selbstverwertungsbedürfnis des Kapitals und nicht das Bedürfnis nach sinnvoller und autonomer Tätigkeit die Entwicklung prägt. Das Formulieren und Verfolgen dieser Ziele signalisiert eine entscheidende Veränderung im Bewußtsein der Arbeiter: die Einsicht, »daß die kapitalistische Organisation der Arbeit kein unabänderlich Gegebenes, daß der Arbeiter nicht das passive Rädchen in einem objektiven Mechanismus ist, dessen Gesetze er nicht versteht und der so akzeptiert werden muß, wie er ist, gegen den er sich nur mit einer Forderung nach einem Entgelt für seine Arbeitsmühe verteidigen kann.«[20] Diese Erkenntnis ermöglicht die Problematisierung jener Sachverhalte der Arbeitswelt, die das System als »Selbstverständlichkeiten« erscheinen lassen möchte: den durch »Sachgesetze« bestimmten technischen Wandel, die durch »Sachautorität« legitimierte Hierarchie, die durch »objektiv meßbare Leistungsunterschiede« vermittelte Statusgliederung, das durch die »ökonomische Rationalität« diktierte Rentabilitätsprinzip.

Warum – so wäre zu fragen – erreicht der Konflikt zwischen Lohnarbeit und Kapital im Italien der späten sechziger Jahren ein im angedeuteten Sinn neues Niveau? Warum profiliert sich gerade die italienische Arbeiterklasse als Bewegung, deren Dimension, Organisation und Bewußtsein als exzeptionell erscheinen können? Eine Skizze der objektiven Basis der italienischen Kampfbewegung mag zur Erklärung beitragen.

Die ökonomische Entwicklung Italiens ist gekennzeichnet durch überdurchschnittliche Ausbeutung der Arbeiter – ein Umstand, der im starken Arbeitskräfteüberschuß seine Hauptvoraussetzung hat. Italien befindet sich heute noch partiell in einer Phase, die Züge der ursprünglichen Akkumulation trägt. Die agrarische Produktion – trotz sinkender Bedeutung immer noch überdurchschnittlich stark an der Erzeugung des Sozialproduktes beteiligt[21] – unterliegt verstärkt einem Prozeß der Kommerzialisierung und Rationalisierung, der ein immenses Arbeitskräftepotential freisetzt. Die Industrie und der Dienstleistungsbereich weisen zwar beträchtliche Wachstumsraten auf, können jedoch die proletarisierten Landarbeiter und Kleinbauern nicht voll absorbieren, so daß sich die Beschäftigtenzahlen insgesamt rückläufig entwickeln.[22] Überdurchschnittliche Arbeitslosigkeit[23] und erzwungene Auswanderung sind direkter Ausdruck dieser Tendenzen. Der italienische Kapitalismus verfügt unter diesen Umständen über ein unausgeschöpftes Arbeitskräftereservoir, und er kann sich dies in doppeltem Sinne nutzbar machen: 1. Diese Konstellation erlaubt eine gewisse Schwerpunktbildung in arbeitsintensiven Fertigungsbereichen: Die kapitalaufwendigen »Zukunftsindustrien« sind in Italien schwach entwickelt[24]; im Rahmen der internationalen Arbeitsteilung konzentriert sich die italienische Industrie eher auf die Form der Gütererzeugung, die in hohem Maß lebendige Arbeit absorbiert. Daß diese Kapital-»strategie« der italienischen Arbeiterschaft eine spezifische Kontur gibt, liegt auf der Hand: sie läßt jene Arbeitergruppen besonders hervortreten, die unqualifizierte manuelle Arbeit – vor allem Bandarbeit und Maschinenbedienungstätigkeiten – ausführen. 2. Der große Überschuß an Arbeitskraft erzeugt (wenigstens latent) Konkurrenz zwischen den Arbeitern und schafft damit Bedingungen, die eine stärkere Ausbeutung ermöglichen. Auf diesem Hintergrund erklärt sich die zweite »Strategie« des italienischen Kapitalismus: sein Versuch, die Mehrwertrate nicht so sehr durch Entwicklung der Produktivkraft der Arbeit im Sinn der Verbesserung der Organisation der Arbeit bzw. der Arbeitsmittel als vielmehr durch Arbeitsintensivierung – vergrößerte Arbeitsausgabe unter qualitativ unveränderten technisch-organisatorischen Bedingungen der Arbeit – zu erhöhen. Straffere Arbeitsplanung, höhere Leistungsnormen, größeres Arbeitstempo, damit auf der Seite der Beschäftigten aber auch größere Arbeitsqual, werden zu entscheidenden Methoden, mit denen den Arbeitern ein größerer Mehrwert abgepreßt wird. Die Statistik deutet die Wirksamkeit dieser Maßnahmen an: trotz rückläufiger bzw. stagnierender Industriebeschäftigung und insgesamt schwacher Investitionstätigkeit erreicht die italienische Wirtschaft ein beachtliches Produktionswachstum.[25] Die Beschäftigten – und hier vor allem die dominierende Gruppe der gering qualifizierten Handarbeiter – bekommen die Konsequenzen zu spüren: Arbeitsintensivierung führt immer unmittelbar zu einer spürbar höheren Beanspruchung der Arbeiter.[26]

Unter diesen Umständen entwickelt die italienische Arbeiterklasse ein klares Gefühl der Unzufriedenheit, und dies ist besonders unter den unqualifizierten Arbeitermassen verbreitet. Diese Gruppen – von vornherein an parzellierte, stark belastende Arbeit gebunden – sind den »Rationalisierungsversuchen« des Kapitals als erste und am stärksten unterworfen. Für sie fällt die betriebliche Entwicklung daher unverhüllt zusammen mit einer Verschlechterung ihrer ohnehin schon schwer ertragbaren Situation. Aber es ist nicht einfach ihre objektive Lage, die diese Gruppen negativ reagieren läßt. Eine objektiv miserable Situation produziert bekanntlich auf der subjektiven Seite nicht automatisch Abweisung. Es fällt schwer, auf die Dauer in Opposition zu jenen Gegebenheiten zu stehen, denen man sich täglich neu stellen muß. Je langfristiger und intensiver die belastenden Bedingungen sind, desto eher reagiert der psychische Apparat mit Deformationen der Ansprüche, mit Resignation und Verdrängung. Jedoch sind diese Anpassungsmechanismen in den italienischen Arbeitermassen bisher nicht bzw. nicht voll wirksam. Viele Arbeiter – vor allem jene der »unteren Kategorien« – sind Industrieneulinge, die dem agrarischen Milieu Süditaliens entstammen[27]: Diese Herkunft prägt die dominanten Erwartungsstrukturen: vorkapitalistische Wertmuster wie Mutualismus, Autonomie und Sicherheit und weniger die kapitalistischen Normen der Disziplin, Askese und Konkurrenz sind die kulturellen Selbstverständlichkeiten, auf die sich viele dieser Arbeiter beziehen. Das Elend und die Ausbeutung, welche sie in der Fabrik erfahren und welche sich außerhalb der Fabrik fortsetzen, der Zwang zur Unterordnung unter den Willen des Kapitals, die Konfrontation mit immer schlechteren Arbeitsbedingungen: diese Erfahrungen kollidieren in extremer Weise mit den überkommenen Wertvorstellungen, und diese Kollision präkapitalistischer Normen mit kapitalistischen Verhaltenszumutungen erklärt den Umfang von

Kritik und Abwehr, mit denen große Teile der italienischen Arbeiterschaft auf die Politik des Kapitals reagieren. In dieser Konstellation liegt zugleich die Begründung dafür, daß im wesentlichen die unqualifizierten Teilarbeiter (wie Bandarbeiter in der Automobilindustrie) eine wesentliche Rolle in der Kampfbewegung in Italien spielen und daß die Kampfforderungen (wie die nach Abschaffung des Akkordsystems und der Fließbandarbeit) stark auf die Situation dieser Gruppen zugeschnitten sind. »Das Elend und die Diskriminierung, mit denen diese Arbeiter [aus dem Süden] in der neuen Umgebung, in die sie sich begeben mußten, konfrontiert werden, aktualisieren Werte, aus denen sich eine neue Verhaltensqualität ergeben kann. Die individuelle Unzufriedenheit wird in kollektive Aktion übergeführt, weil eine ganze Gruppe diese Frustration erlebt. Es gibt eine Kultur der Solidarität und Geborgenheit, auf die sich diese Arbeiter wieder beziehen und die das Gefühl verstärkt, in unzumutbarer Weise Lebensbedingungen ausgesetzt zu sein, die den Erwartungen nicht entsprechen, mit denen der Umzug in den Norden verknüpft war. Es sind diese Spannungen, die zur Radikalisierung der Kämpfe bei Fiat beitragen und die diese durch den in ihnen enthaltenen Konfliktstoff nicht nur gegen die Arbeitsorganisation in der Fabrik, sondern auch gegen die Struktur des gesamten Systems wenden. [. . .] Das Gefühl der Unzufriedenheit, das gerade jene kennzeichnet, die neu zur Fabrikarbeit gezwungen sind, bewirkt, daß die Delegiertenorganisation bei Fiat viel stärker politisiert ist als anderswo.«[28]

So wichtig das Aufeinanderprallen von systemdysfunktionalen Erwartungen und kapitalistischen Verhaltensansprüchen auch dafür ist, daß die italienischen Arbeitermassen ihre Lebenssituation als konkreten Ausdruck des Antagonismus zwischen Lohnarbeit und Kapital erfahren können, sowenig erklärt diese Konstellation für sich allein, warum dieser Widerspruch in organisiertes, systemkritisches Klassenhandeln umgesetzt werden kann. »Wird [. . .]«, so schreibt Michael Vester, »die Diskrepanz zwischen sozialer Realität und sozialen Orientierungsmaßstäben zu einem unübersehbaren Element tagtäglicher Lebenserfahrung, so können historisch weiterführende Klassen-Lernprozesse in Gang kommen. Diese Lernprozesse, deren Inhalt die Gewinnung immer rationalerer Realitätsorientierungen ist, sind freilich keine automatische Folge der neuen Verhältnisse. Die Erfahrung der neuen Verhältnisse ist nicht mehr und nicht weniger als eine Lernprovokation, der die soziale Bewegung folgen kann, aber nicht folgen muß. Diese Erfahrung konstituiert gewissermaßen die Nachfrage nach neuen Orientierungen. Ob diese aber angeboten werden, hängt vom Vorhandensein geeigneter Kommunikationssysteme und theoretisch wie kommunikativ weiter fortgeschrittener Personen und Verbände ab.«[29] Der italienische Fall unterstützt diese Einsicht: Enttäuschung und Wut verlängern sich nicht automatisch in kapitalfeindliche politische Aktionen. Die Wurzel der italienischen Klassenkämpfe liegt nicht allein in der bloßen Unzufriedenheit der besonders schlechtgestellten Teile des Industrieproletariats, sondern zugleich in der spezifischen Geschichte und Struktur der Arbeiterbewegung Italiens. Obschon im allgemeinen einer eher reformistischen Strategie verhaftet, haben sich dort die linken Parteien und Gewerkschaften über Jahre hinweg offengehalten für eine autonome und klassenbewußte Praxis. So waren es die Metall-Gewerkschaften, die bereits Anfang der 60er Jahre eine innergewerkschaftliche »Kulturrevolution« einleiteten, durch die bürokratische Verkrustungen aufgebrochen und die organisatorischen Voraussetzungen für Basisaktivität verbessert werden konnten.[30] Vor allem aber haben sich die italienischen Gewerkschaften nach einer Phase betrieblicher Schwächung bemüht, das Netz ihrer betriebsinternen Organisationen zu erweitern und ihren betrieblichen Kadern eine am Klassenkampf orientierte politische Perspektive zu vermitteln. Und von diesen Kadern, die mehr aus industriellen Facharbeitern als aus industrieunerfahrenen Zuwanderern bestehen, ging auch die Kampfbewegung 1969 aus. Diese Gruppen trafen die ersten Kampfentscheidungen und begannen den Streik, der sich dann ausdehnte und schließlich auch jenes Konfliktpotential aktivierte, welches bei den unqualifizierten Arbeitermassen konzentriert ist. »Die neue Streikphase [bei Fiat] wird [. . .] nicht spontan von den kürzlich aus dem Süden immigrierten weniger qualifizierten Arbeitern ausgelöst. Im Gegenteil, der Funke geht aus von einem der qualifiziertesten Sektoren – den Zweigwerken von Mirafiori, 8000 Arbeiter, fast alle Werkzeugmacher und Motorprüfer – und ist das Ergebnis eines von langer Hand von der Gewerkschaft vorbereiteten Konflikts.«[31] Im weiteren Verlauf gewinnen die Kämpfe freilich eine neue Qualität: Die unqualifizierten Arbeiter werden in die Bewegung hineingezogen, sie emanzipieren sich gegenüber den Kadern, schaffen sich eigene Organisationsinstrumente, radikalisieren und verlängern die Auseinandersetzung.

Versucht man ein Fazit zu ziehen, so kann man sagen, daß die neuen Aspekte des Klassenkampfes in Italien auf spezifische historische Prozesse zurückführen, die aus der Struktur des italienischen Kapitalismus erwachsen:

auf die starke Verschlechterung der Lebenssituation des italienischen Proletariats durch forcierte Ausbeutung, vor allem mit Hilfe von Arbeitsintensivierung, die sich für die Arbeiter unmittelbar in erhöhten Arbeitsbelastungen konkretisiert;

auf die Aktivierung eines Bezugssystems, durch welches wichtigen Arbeitergruppen die verschärfte Ausbeutung als Lebensschicksal konkret erfahrbar wird und sich in Konfliktpotential umsetzt;

auf die Ausbildung klassenbewußter Kader im Betrieb, welche das wachsende Unzufriedenheitspotential nutzen und in kollektive politische Aktivitäten transformieren können.

Von der Frage, ob die kapitalistische Entwicklung in Westdeutschland ähnliche gesellschaftliche Folgen haben kann, hängt die Übertragbarkeit der italienischen Erfahrungen auf unsere eigene Situation ab.

III

Der westdeutsche Kapitalismus steht seit Jahren unter dem Druck angespannter Arbeitsmarktverhältnisse.[32] Zwar werden in der Bundesrepublik im Agrarsektor zahlreiche Arbeitskräfte freigesetzt; die anderen Wirtschaftssektoren expandieren jedoch in einem so starken Umfang, daß der Zusatzbedarf die Freisetzungen wesentlich übersteigt.[33] Die Arbeitslosenquote ist durchweg sehr gering,[34] und die Zahl der ausländischen Arbeitskräfte wächst seit langer Zeit.[35] Schon allein das Fehlen einer industriellen Reservearmee im Inland begrenzt in Westdeutschland die Möglichkeit, durch große Arbeitsintensivierung die Mehrwertrate zu erhöhen. Das Interesse an besserer Kapitalverwertung nimmt daher in der Bundesrepublik stärker als in Italien die Form der relativen Mehrwertproduktion durch Verbesserung der organisatorischen und technischen Voraussetzungen der Arbeit an.[36]

Auf diese Weise angetrieben, vollzieht sich in der westdeutschen Industrie ein Prozeß des rapiden technischen Wandels, durch den die Arbeitsvollzüge permanent Veränderungen unterworfen werden, der aber nur in Teilbereichen mit einer fühlbaren Vergrößerung des Arbeitsleids verbunden ist. Je nach den vorherrschenden Mechanisierungssprüngen ergeben sich, wie die empirische Forschung zeigt, Arbeitsverbesserungen, Arbeitsverschlechterungen oder in sich widersprüchliche Arbeitsveränderungen.[37] Die Veränderungen, die die westdeutschen Arbeiter im Betrieb erfahren, sind unter diesen Umständen weniger eindeutig als in Italien. Überdies induziert der technische Wandel in der Bundesrepublik relevante Differenzierungen in der Arbeitssphäre, die arbeitsspezifische Unterschiede in der Einstellung und im sozialen Selbstverständnis der Arbeiterklasse entstehen lassen und kollektives Klassenhandeln erschweren.[38]

Trotz der Arbeitsverbesserungen, die mit dem technischen Wandel bei bestimmten Mechanisierungsbewegungen verbunden sind, bleiben jene Arbeitergruppen, die unqualifizierte, stark belastende Arbeit ausführen, auch in Westdeutschland der quantitativ bedeutsamste Teil der Arbeiterklasse. Ihr relatives Gewicht mag beim Übergang auf höhere Mechanisierungsstufen an der einen oder anderen Stelle reduziert worden sein, dennoch ist ihr Anteil immer noch sehr hoch.[39] Doch auch in diesen Gruppen sind manifeste Kritik und Widerstand gegen die negative Arbeitssituation vergleichsweise schwach ausgebildet – ein Sachverhalt, der wohl darauf zurückzuführen ist, daß viele dieser Arbeiter schon lange an entfremdete Tätigkeiten gebunden sind und unter dieser Voraussetzung ihre Ansprüche an die Arbeit zu reduzieren gezwungen waren. »Beides, die gesellschaftliche Norm, daß der Erfolg in der Arbeit gültiger Indikator für den Wert einer Person sei, wie auch der Zwang, Negatives gerade dann zu akzeptieren, wenn es als unumstößliche Tatsache erscheint, drängen auf ein Arrangement mit der Arbeit. Für eine positive Bewertung der Arbeit trotz negativer Arbeitssituation bieten sich verschiedene Möglichkeiten: läßt die Verrichtung selbst eine Identifikation nicht zu, so können andere, nur indirekt mit der Arbeit zusammenhängende Tatbestände hervorgehoben werden und die Zufriedenheit begründen. Ist der Anspruch an die Arbeit reduziert, wird das Ertragen von Arbeitsleid als unausweichliche, dem Arbeiterschicksal immanente Ausgangslage angesehen, so kann sich bereits dann ein positiver Saldo und damit Arbeitszufriedenheit einstellen, wenn z. B. schwere Arbeitsbelastungen durch den technischen Wandel vermindert oder durch günstige Rahmenbedingungen [...] neutralisiert werden. Eine rein instrumentelle Arbeitsorientierung mit Distanzierung vom Inhalt der Tätigkeit und Hervorhebung ihrer Funktion als Gelderwerb kann in einer solchen Situation Arbeitszufriedenheit durchaus rechtfertigen.«[40] Der Zusammenstoß zwischen nichtkapitalistischen Normen und kapitalistischen Verhaltenszumutungen, der in Italien durch die krasse Ungleichzeitigkeit der Entwicklung im Norden und Süden geradezu zwangsläufig zustande kommt und die unqualifizierten Arbeitermassen stark radikalisiert, stellt sich in der Bundesrepublik nicht so leicht ein. Die im Kapitalismus längst disziplinierte westdeutsche Arbeiterklasse reagiert auf die dauerhafte Konfrontation mit stark belastender, unqualifizierter Arbeit aus sich heraus eher mit Anpassung denn mit Widerstand. In Randgruppen – bei den neu dem Kapital subsumierten Landarbeitern und Bauern sowie bei den Arbeitsimmigranten aus der europäischen Peripherie – mögen Erwartungen mehr verbreitet sein, die bei der Konfrontation mit der Realität des kapitalistischen Industriebetriebs spontan Abwehrhaltung hervorrufen; aufgrund spezifischer Bedingungen (Isolation, Sprachbarrieren, begrenzte Arbeitsperspektive usw.) werden solche Reaktionsweisen jedoch nur im Sonderfall gesamtgesellschaftliche Bedeutung erlangen.[41]

Steuert somit die kapitalistische Entwicklung in der Bundesrepublik nicht eindeutig auf einen Punkt hin, an dem die Arbeitermassen aus sich heraus – gleichsam automatisch – die Produktionsverhältnisse problematisieren, so wird die Vermittlung neuer Bezugsschemata um so mehr zur Hauptfrage gesellschaftskritischer Aktivität. Auch der westdeutsche Kapitalismus entwickelt sich nicht widerspruchsfrei. Seine Widersprüche sind für die Arbeiter jedoch weniger evident und müssen daher durch politische Praxis an die Oberfläche gebracht werden. Und eben dieser Aufgabe haben sich die traditionellen Organisationen der Arbeiterbewegung – die klassischen Vermittlungsinstanzen für sozialistische Gesellschaftsinterpretationen – in den letzten Jahren mehr und mehr entzogen.[42] Durch den Verzicht auf umfassende theoretische Analyse der Gesellschaft und gesamtgesellschaftliche Deutung des sozialen Geschehens, durch die Unfähigkeit, der kapitalistischen Entwicklung eine sozialistische Alternative entgegenzustellen, haben die Organisationen der westdeutschen Arbeiterbewegung wesentlich dazu beigetragen, daß die auf Anpassung drängenden Momente des Arbeiterbewußtseins besonderes Gewicht bekommen konnten. Hier liegt auch eine weitere wichtige Differenz zu Italien: während die linken Parteien und die Gewerkschaften dort durchaus stimulierend auf die Entwicklung neuer Forderungen und neuer Aktionen wirken können, stellt die ins Gefüge der Gesellschaft stark integrierte westdeutsche Arbeiterbewegung als ganze ein oft eher retardierendes Element dar, wenngleich von Teilgruppen der SPD und der Gewerkschaften auch bei uns nicht unwichtige Mobilisierungseffekte ausgehen.

Sind die italienischen Ereignisse somit für die westdeutsche Situation bedeutungslos? Bei aller Skepsis gegenüber allzu schnellen Generalisierungen ist diese Frage zu verneinen. Die Erfahrungen, die Ende der sechziger Jahre in Italien gemacht werden konnten, entziehen sich zwar der schlichten Übertragung auf Länder des vollentwickelten Kapitalismus und damit auch auf die Bundesrepublik. Sie geben jedoch Anlaß, zwei vielleicht triviale, vielfach aber verschüttete Einsichten wieder deutlich auszusprechen: daß 1. die Arbeiter Klassenbewußtsein nur ausbilden, wenn sie der kapitalistischen Realität Ansprüche entgegensetzen, die auf die konkreten Probleme ihrer Lebenssituation direkt bezogen sind und die der Logik des Kapitalverwertungsprozesses so sehr widersprechen, daß sie vom System nicht integriert werden können; und daß 2. das Klassenhandeln nur dann eine langfristige Perspektive gewinnt, wenn politische Gruppen existieren, die solche Ansprüche präzisieren und weiterentwickeln und die das Konfliktpotential, welches sich aus dem notwendigen Abblocken dieser Ansprüche entwickelt, in kollektiv politische Aktion umsetzen helfen.

Strategische Überlegungen zu einer systemverändernden Praxis haben jene Konfliktzonen herauszuarbeiten, die durch die jeweils aktuelle Entwicklung des Systems vorgezeichnet sind. Der Kapitalismus befindet sich in Ländern wie der Bundesrepublik heute in einer Phase, die seine Überwindung objektiv notwendig und möglich erscheinen läßt – notwendig, weil das System Entwicklungspotenzen schafft, welche es in immer geringerem Umfang tatsächlich nutzen kann; möglich, weil die Widersprüche, welche durch die kapitalistische Entwicklung hervorgerufen werden, der

Arbeiterklasse bzw. wichtigen Teilen davon trotz allen entgegenwirkenden Kräften immer noch die Chance vermitteln, die Gesellschaft in ihrer bestehenden Form zu problematisieren, Entwicklungsalternativen zu formulieren und für deren Realisierung einzutreten. Die Annahme freilich, daß Notwendigkeit und Möglichkeit des Sozialismus aus dem ökonomischen Zusammenbruch des Systems resultieren, kann heute nicht mehr überzeugen. Der ökonomische Prozeß verläuft unter kapitalistischen Bedingungen gewiß nicht krisenfrei und setzt dadurch periodisch ein gewisses Konfliktpotential frei. Aber die ökonomische Krise – verstanden als Situation des Verfalls profitabler Anlagemöglichkeiten für Kapital – ist nicht nur eine problematische Voraussetzung für die Transformation des Systems, weil durch sie die Kampfkraft der Arbeiterklasse eher geschwächt denn gestärkt wird. Sie scheint vor allem nicht mehr katastrophische Formen annehmen zu müssen: die krisendämpfenden Möglichkeiten des kapitalistischen Staates sind – wie die neuere Entwicklung gezeigt hat – groß genug, um extreme Ausschläge zu verhindern.[43] Die Widersprüche, von denen heute eher langfristig mobilisierende Wirkungen ausgehen könnten, sind andere: sie lassen sich als wachsende Irrationalität des Systems auf einen Nenner bringen und sollen hier exemplarisch konkretisiert werden:

1. *Der Widerspruch zwischen Entwicklungspotential und tatsächlicher Entwicklung*:

Die Länder des entwickelten Kapitalismus verfügen über ein breites ökonomisches Fundament und immense wissenschaftlich-technische Kapazitäten, können aber die von ihnen selbst geschaffenen Potenzen nicht voll ausschöpfen. Die fortdauernde Inhumanität industrieller Arbeit ist hierfür ein Beleg. Sie erklärt sich nicht aus produktionstechnischen Notwendigkeiten. Längst sind die Möglichkeiten zum Abbau restriktiver Arbeitselemente objektiv gegeben: die ökonomischen Ressourcen, die das Gesetz der Knappheit relativieren, und entfaltete Natur- und Sozialwissenschaften, die zur Entwicklung einer Produktionstechnik eingesetzt werden könnten, welche sich am Bedürfnis nach autonomer und kreativer Arbeit orientiert. Unter kapitalistischen Bedingungen können diese Möglichkeiten jedoch nicht genutzt werden: vom Kapitalverwertungsinteresse angeleitet, orientiert das System die weitere Entwicklung von Technik und Wissenschaft primär am Gesichtspunkt der Profitabilität; es nimmt damit die restriktive Arbeitssituation in Kauf, solange sich die Maßnahmen, die diese Arbeitsfolgen auslösen, durch das Rentabilitätsprinzip legitimieren lassen, und es realisiert Maßnahmen zur Verbesserung der Arbeitssituation bestenfalls insoweit, als es dem Profitinteresse nicht abträglich erscheint.[44] Die Reihe der Beispiele für den Widerspruch zwischen Entwicklungspotential und realer Entwicklung ließe sich ohne Schwierigkeiten verlängern: Bildung, Gesundheitsvorsorge, Wohnen, Verkehr, Umweltschutz, Arbeitsmarkt – dies alles sind Bereiche, deren Entwicklung nur in jenem schmalen Sektor forciert wird, der zur Sicherung optimaler Verwertungsbedingungen erforderlich ist und in denen daher – gemessen an den Bedürfnissen der Bevölkerung – enorme Entwicklungsdefizite bestehen, die die schroffe Diskrepanz zwischen Wirklichkeit und Möglichkeit anzeigen. Stets sind es die Arbeiter, die unter diesen Mangelsituationen besonders leiden. »Strukturschwächen des Gesamtsystems oder – was dasselbe ist – Defekte in den wichtigsten gesellschaftlichen Institutionen treffen die sozioökonomisch schwächsten Teile der Bevölkerung, die abhängig Tätigen, am härtesten und unausweichlichsten.

Und das nicht nur in einem Rollenaspekt ihrer jeweiligen Beteiligung, sondern in ihrer ganzen Existenz, weil sie keine Substituierungsmöglichkeiten zur Verfügung haben und sich bei ihnen folglich die Defekte der Institutionen der ›öffentlichen Wohlfahrt‹ als Reduzierung der Lebenschancen kumulieren.«[45]

2. *Der Widerspruch zwischen Bildungsnormen und Arbeitsrealität*:

Da die ökonomische Entwicklung im fortgeschrittenen Kapitalismus primär auf die Produktion von relativem Mehrwert und damit auf die intensive Entwicklung der Produktivkräfte der Arbeit gerichtet ist, kann das System nicht umhin, dem Bildungssektor – wie auch immer begrenzt – gewisse Entfaltungsmöglichkeiten zu eröffnen: Technisch hochentwickelte Prozesse erhöhen, auch wenn sie die konkreten Anforderungen an Kenntnisse und Fähigkeiten nicht durchgängig anheben, insgesamt das Niveau der von den Arbeitern verlangten Grundqualifikationen und schaffen einen, allerdings begrenzten, Bedarf an hochqualifizierten Spezialisten, die die Entwicklung, Planung, Produktion und Instandhaltung der komplexen technischen Apparaturen übernehmen können. Die Expansion des allgemeinen Bildungssystems und die Einrichtung spezieller Ausbildungsprozesse für

Wissenschaftler, Ingenieure, Techniker und Facharbeiter sind Ausdruck dieser Veränderungen. Damit entstehen jedoch große gesellschaftliche Bildungs- und Wissenschaftseinrichtungen, die sich zwar der Instrumentalisierung durch das Kapital nicht entziehen können, die dem Verwertungsprozeß aber dennoch eher peripher zugeordnet bleiben. »Die nur von den gesellschaftlichen Bildungs- und Wissenschaftseinrichtungen zu leistende Vorbildung der Arbeiter, Angestellten und Manager nimmt dem Betrieb – je länger diese Vorbildung dauert, desto mehr – eine Machtquelle und fördert den Einbruch von nicht spezifisch privatwirtschaftlichen [...] Elementen in den Betrieb.«[46] Dies in einem doppelten Sinn: weil die längerfristige Teilnahme an Prozessen, die von der eigentlichen Produktion gesondert und primär auf die Vermittlung von Kenntnissen und Fähigkeiten gerichtet sind, ohnehin das Bedürfnis nach Selbständigkeit verstärkt, und weil die Ausbildungsgänge, die zu anspruchsvollen Berufsabschlüssen hinführen, mit der Vermittlung umfassender Qualifikationen auch die Erwartung stützen, das erworbene Qualifikationspotential tatsächlich nutzen zu können. Beim Übergang in den Betrieb werden diese Bedürfnisse und Erwartungen notwendigerweise enttäuscht. Mit dem Betriebseintritt erfährt der Arbeiter, sofern er überhaupt einen Arbeitsplatz findet, die Gesellschaft in einer ihm bisher unbekannten Dimension: als kapitalistischen Produktionsprozeß. Dieses neue Erfahrungsfeld setzt neue Leistungsansprüche: es fordert nicht nur die Übernahme produktiver Funktionen, sondern zugleich die Beschränkung auf jene Qualifikationen und Eigenschaften, die für den konkreten Produktionsablauf wichtig sind. Der Betrieb nutzt, was verwertet werden kann, und verzichtet auf all das, was der Verwertung nicht (oder noch nicht) zugänglich ist. Diese Beschränkung der Arbeitertätigkeiten auf Teilverrichtungen ist sowohl durch die Einseitigkeit des jeweils vorherrschenden Produktionsprogramms als auch durch das Interesse bedingt, den Herrschaftsanspruch des Kapitals abzusichern. Der Widerspruch zwischen den in der Ausbildungssituation entwickelten Wertmustern und den Bedingungen der Arbeitsrealität, der sich aus dieser Grundkonstellation erklärt, läßt zunächst die jungen Arbeiter zu einer relativ leicht mobilisierbaren Gruppe werden (freilich nur in der Übergangszeit, in der die innerbetriebliche Disziplinierung die Wirksamkeit der Bildungsnormen noch nicht verdrängen konnte). Bei Teilgruppen kann sich aus der Kollision von Bildungsnormen und Arbeitsrealität auch zu einem späteren Zeitpunkt ein Konfliktpotential entwikkeln, dann nämlich, wenn sich (wie heute z. B. bei den Instandhaltungskadern) die in der Ausbildung vermittelten hohen Arbeitserwartungen in einer Situation verstärkten Rationalisierungsdrucks endgültig als illusorisch erweisen.[47]

3. *Der Widerspruch zwischen Konsum- und Arbeitsnormen*: Die Arbeiterklasse ist heute nicht nur in ihrer Funktion als Produzent, sondern auch in der als Käufer von Waren systemnotwendig geworden: angesichts der großen Realisierungsschwierigkeiten, vor denen das System in seiner monopolistischen Phase steht, stellt ihre Kaufkraft ein entscheidendes Element der Güternachfrage dar. In der Übernahme der Konsumentenrolle und der daraus resultierenden integrativen Tendenz zur Verlagerung der Orientierung und Interessen aus der Sphäre der Produktion in die der Reproduktion ist gleichzeitig aber auch ein Konflikt angelegt, der das System langfristig treffen könnte. Der erzwungene Verzicht auf die Realisierung des Lustprinzips definiert gleichsam die historische Rolle der Arbeiterklasse. Durch Disziplinierung wurde den Arbeitern ein in sich konsistentes Normengefüge aufgezwungen, charakterisiert durch Begriffe wie Verzicht, Leistungsbereitschaft und Disziplin. Dieses Normensystem ist durch die neuere Entwicklung des kapitalistischen Systems selbst rissig geworden. Zwar verlangt der kapitalistisch organisierte Produktionsprozeß nach wie vor die Preisgabe des Anspruchs auf selbstbestimmte Arbeit, zwar läßt die betriebliche Situation vieler Arbeiter ein Denken im Begriff der Arbeitsfreude weiter irreal erscheinen und fordert rigide Leistungsabgabe. Mit diesem Normensystem kontrastieren aber die Verhaltenszumutungen aus der Sphäre des Konsums. Hier wird aktuelle Bedürfnisbefriedigung versprochen, werden Wahlmöglichkeiten offeriert, Selbstentfaltung und Freiheit suggeriert und leisure-Mentalität gefordert. Durch die Realisationsprobleme des Systems ausgelöst, werden die Arbeiter so partiell zur Übernahme neuer Normen angehalten, die sich in das für die Arbeitssituation weiterhin notwendige alte Normensystem kaum werden integrieren lassen. Dieser Prozeß hat heute sicher noch nicht den Punkt erreicht, an dem eher lustbetonte Konsumnormen die asketischen Arbeitsnormen problematisieren oder der Widerspruch zwischen beiden das Normensystem insgesamt in Frage stellt. Zu offenkundig manipulativ

sind die Appelle der Konsuminteressenten, zu realistisch ist die Bescheidung der meisten Arbeiter auf ihre objektiven Möglichkeiten, als daß sie die Offerte neuer Lebensgestaltung annähmen. Aber in den jüngeren Arbeitergenerationen zeichnet sich der Widerspruch zwischen Konsumnormen und Arbeitsrealität bereits heute ab. »Während heute die älteren Generationen die Verzichtgewohnheiten der Mangelgesellschaft oft noch tief verinnerlicht haben, werden den jüngeren der Reichtum der Gesellschaft und die Erfüllung ihrer Wünsche eher erkennbar. Der asketische Leistungszwang wird in dem Maße sinnlos, in dem Bedürfnisbefriedigung nicht erst nach jahrelangem enthaltsamem Streben, sondern auch schon hier und jetzt erreichbar wird [. . .] Hier liegt die Chance einer Remobilisierung nichtkapitalistischer kultureller Wertvorstellungen auf höherer historischer Stufe. Der kapitalistischen Überproduktion von Waren entspricht eine Überproduktion von Bedürfnissen. Wer Waren verkaufen will, kann nicht Askese predigen.«[48]

Diese beispielhafte Beschreibung strategisch wichtiger Konfliktzonen bleibt abstrakt. Aber diese Abstraktheit ist nicht zufällig, sondern entspricht den gesellschaftlichen Sachverhalten, um die es hier geht. Die Widersprüchlichkeiten der gesellschaftlichen Entwicklung treten nur undeutlich und gebrochen an die Oberfläche, weil sich der entfaltete Kapitalismus durch die ihm eigene Dynamik zumindest als das »kleinere Übel« darstellen und damit die vorhandenen Probleme verdecken kann. Diesen Mythos abzubauen und die Perspektive besserer Verhältnisse zu eröffnen ist heute vordringliche Aufgabe gesellschaftskritischer politischer Praxis.

Erfolgreich könnte hierbei der Weg der exemplarischen Mobilisierung sein. Mit der Abstraktheit der Problemsituationen korreliert nämlich die Unmöglichkeit, diese unmittelbar in Forderungen umzusetzen, welche die Arbeiterklasse insgesamt als ihre eigenen verstehen und aufgreifen kann. Wichtig sind heute vor allem jene Gruppen, die durch ihr Lebensschicksal mit den beschriebenen Konflikten stärker als andere konfrontiert sind: Handwerker (vor allem Instandhalter), die erfahren, wie ihre Arbeit durch betriebliche Rationalisierung entwertet wird; repetitive Teilarbeiter, die trotz denkbarer Alternativen an restriktive Arbeit gebunden bleiben; junge Facharbeiter, die an der Schwelle zwischen Ausbildung und Erwerbstätigkeit die Rigidität des kapitalistischen Betriebs erkennen; Jungarbeiter, die sich in einer Periode relativer Freiheit an die Subkultur binden und die Arbeitsnormen als besonders restriktiv erleben; Jugendliche, die überhaupt keine Arbeit mehr finden.

Als ersten Schritt gilt es genauer auszumachen, wie sich solchen Gruppen die Problemsituationen konkret darstellen. Auf dieser Grundlage können Alternativen entwickelt werden, welche die Zielgruppen als adäquate Problemlösungen verstehen, die das System aber eben deshalb nicht einlösen kann. In dieser exemplarischen Konfrontation von Systemrealität und systemtranszendierender Alternative liegt langfristig die Chance einer allgemeineren Mobilisierung: daß wachsende Gruppen der Arbeiterklasse ihre eigene Situation und deren Bestimmungsfaktoren klarer sehen, der gesellschaftlichen Entwicklung eigene Forderungen entgegensetzen, den Kampf dafür aufnehmen und in diesem Kampf ihr Bewußtsein weiterentwickeln. »Es ist wahr, daß das Proletariat in sich den Tod der Bourgeoisie trägt; es ist wahr, daß das kapitalistische System von strukturellen Widersprüchen zerrüttet wird; aber dieses impliziert nicht notwendigerweise die Existenz eines Klassenbewußtseins oder eines Klassenkampfes. Damit es überhaupt Bewußtsein und Kampf gibt, muß sich jemand schlagen. In anderen Worten: Im kapitalistischen System ist der Klassenkampf virtuell überall möglich, aber real existiert er nur da, wo man ihn wirklich führt.«[49]

Anmerkungen

1 Köln/Hagen 1949.

2 *Wandlungen der deutschen Familie in der Gegenwart*, Stuttgart 1954. Zur Entwicklung der Schelskyschen These vgl. die einschlägigen Beiträge in der Aufsatzsammlung: Schelsky, *Auf der Suche nach Wirklichkeit*, Düsseldorf/Köln 1965.

3 E. Mandel, *Die deutsche Wirtschaftskrise – Lehren der Rezession* 1966/67, Frankfurt/Main 1969, S. 6.

4 H. Popitz u. a., *Das Gesellschaftsbild des Arbeiters*, Tübingen 1957.

5 Kern/Schumann, *Industriearbeit und Arbeiterbewußtsein*; Schumann u. a., *Am Beispiel der Septemberstreiks*, Frankfurt 1971.

6 F. Deppe, *Das Bewußtsein der Arbeiter – Studien zur politischen Soziologie des Arbeiterbewußtseins*, Köln 1971, S. 19.

7 Die genannten Schwächen zu erkennen und sie tatsächlich zu überwinden ist allerdings zweierlei: Gerade die kritische empirische Sozialforschung verfügt bei uns

über einen nur begrenzten Manövrierspielraum. Sie ist daher immer wieder zu einer gewissen Rücksichtnahme auf die praktischen Zwänge angehalten, denen die Untersuchungstätigkeit heute ausgesetzt ist. Dieser Kompromiß scheint uns aber angesichts des großen empirischen Defizits der Sozialwissenschaften unabweisbar, solange sich die empirische Arbeit noch theoretische und politische Relevanz bewahren kann.

8 Die Feststellung, die Sozialforschung sei zu einer verläßlichen Bestimmung des Arbeiterverhaltens nicht in der Lage gewesen, gilt u. E. allgemein. Auch der Versuch von S. Mallet (*La nouvelle classe ouvrière,* Paris 1963), mit den technischen Kadern eine neue, die Kämpfe stimulierende und tragende Fraktion der Arbeiterklasse zu bestimmen, wurde durch die Entwicklung wohl eher falsifiziert als bestätigt: »Obwohl die während des Streiks in Frankreich im Mai 1969 mobilisierten Schichten der neuen Arbeiterklasse ein hohes Bewußtsein von den betrieblich-organisatorischen Erfordernissen eines technologisch fortgeschrittenen Produktionsprozesses manifestierten und damit die These, daß nur materielle Verelendung Elemente antikapitalistischen Bewußtseins hervorbringen, zumindest im Bereich der Produktion eindeutig widerlegten, erwies sich die Schicht der traditionellen Facharbeiter nach wie vor als treibende Kraft der Streikbewegung. [. . .] Bildeten die gewerkschaftlich organisierten Industriearbeiter das Rückgrat der Streikbewegung, so fungierten die jugendlichen Arbeiter als Avantgarde in den unmittelbaren Aktionen. Ihre durch Entlassung und Arbeitslosigkeit bedrohte Stellung im Produktionsprozeß, ihre niedrigen Löhne und ihre oft mangelnde Ausbildung führten, vermittelt durch die Erfahrung extremen Konsumverzichts und sozialer Unmündigkeit, zu Ansätzen revolutionärer Spontaneität, die wiederum eine Diskrepanz zwischen praktischem Engagement und durchdachten Perspektiven für einen langfristigen Kampf aufbrechen ließ.« F. Deppe u. a., *Die neue Arbeiterklasse – Technische Intelligenz und Gewerkschaften im organisierten Kapitalismus*, Frankfurt/Main 1970, S. 29. Zur Situation in Italien vgl. die folgenden Ausführungen.

9 Vgl. Schumann u. a., *Am Beispiel der Septemberstreiks*, a.a.O.

10 Die folgende Darstellung bezieht sich auf die Verhältnisse in Italien Anfang der 70er Jahre, die zu wenig in ihrer historischen Besonderheit gesehen werden; vgl. S. 176 ff. (1978)

11 Durch Streik verlorene Arbeitstage je 1000 Beschäftigte (Durchschnitt 1968/70 bzw. 1967/69): Italien 1166, USA 573, England 302, Belgien 178, Frankreich 149, Schweden 10, BRD 5. *Süddeutsche Zeitung* vom 8.7.1971.

12 G. Bianchi. R. Aglieta, P. Merli-Brandini, *Les délégués ouvriers, Nouvelles formes de représentation ouvrière,* in: *Sociologie du Travail* 2/1971, S. 185.

13 M. Bosquet, *Révolution à l'italienne*, in: *Le Nouvel Observateur* 344/1971, S. 37.

14 So auch E. Taliani (*Erfahrungen mit Werkstattdelegierten und Basiskomitees in Italien*, Manuskript 1971), der seine Angaben auf umfangreiche Sekundärmaterialien und eigene Erhebungen im Raum Turin und Pisa stützt. In Nord- und Mittelitalien finden sich Delegierte auch in kleineren und mittleren Betrieben; die süditalienische Industrie wird jedoch kaum erfaßt.

15 Eine Befragung von Delegierten in der Metall- und Textilindustrie (G. Bianchi u. a., a.a.O., S. 187 ff.), deren Repräsentativität jedoch zweifelhaft sein dürfte, bringt folgende Ergebnisse: Unter den Delegierten sind 90% Gewerkschaftsmitglieder; 50% sind mit den Gewerkschaften in ihrer bestehenden Form einverstanden, 45% unterstützen die Gewerkschaften, fordern jedoch eine stärkere Orientierung an ihren ursprünglichen Aufgaben, 5% plädieren für neue Arbeiterorganisationen;

50% unterstützen die Linksparteien, 38% die regierende Koalition, 12% außerparlamentarische Linksgruppen; 30% sind Mitglied einer Partei; 60% stützen ihre Arbeit nur auf die Basis, 40% auf die Basis und die Gewerkschaften.

16 Freilich ist anzumerken, daß die weitere Entwicklung des Delegiertensystems heute (Juli 1971) noch nicht eindeutig abzusehen ist. – In den folgenden Jahren sind die Delegierten ziemlich schnell in die Organisationsstruktur der Gewerkschaften integriert worden, so daß die Doppelstruktur der »neuen« Basisorganisationen und »alten« Gewerkschaften als Übergangserscheinung verstanden werden muß. Durchweg hat dies die zeitweilige Radikalisierung der unteren gewerkschaftlichen Ebenen und der Gewerkschaften in Italien überhaupt gefördert. (1978)

17 Eine ausführliche Zusammenstellung der Forderung bringt Taliani (a.a.O), der jedoch rein additiv verfährt und deshalb konventionelle und neue Kampfziele nicht voneinander absetzt.

18 Diese Forderung tritt in unterschiedlichen Varianten auf (gleiche Lohnerhöhungen für alle, Wegfall der Leistungsprämien, Abschaffung der Lohngruppen, Abschaffung der Akkordarbeit usw.).

19 Konkreter Ausdruck sind Forderungen wie Abschaffung der Fließbandarbeit, Selbstbestimmung der Bandgeschwindigkeit, Abschaffung schädlicher Arbeit usw. Diese Forderungen hatten einen solch starken Mobilisierungseffekt, daß Fiat den Gewerkschaften anbot, sämtliche Autofirmen von Weltgeltung auf Kosten des Werkes zu besuchen und deren Fertigungsmethoden zu studieren. Personalmanager N. Cuttica: »Weder in den USA noch in Westeuropa, noch im neuen Autowerk von Togliattigrad gibt es andere Produktionsmethoden als bei uns.« (*Frankfurter Rundschau* vom 18.5.71)

20 L. Castellina, *Die Delegiertenbewegung*, in: *politikon* 32/1970, S. 17.

21 Anteil der Landwirtschaft am Bruttosozialprodukt in Italien: 1950 35%, 1968 12,4%. Zum Vergleich die Anteilswerte anderer Industriestaaten 1968: Frankreich 7,6%, BRD 4,6%, Großbritannien 3,5%. Alle ökonomischen Daten zur Situation in Italien (vgl. Fußnoten 22, 27) sind, soweit nichts anderes vermerkt, der sehr informativen Studie von D. Albers, W. Goldschmidt und P. Oehlke über die Klassenkämpfe in Westeuropa entnommen. (Hamburg 1971)

22 Veränderung der italienischen Beschäftigten 1959 bis 1968 nach Sektoren (in 1000): Landwirtschaft − 2600; Industrie + 714; Dienstleistungen + 786; insgesamt − 1000.

23 Anteil der Arbeitslosen an den zivilen Erwerbspersonen (in %)

	1963	1966	1969
Italien	2,5	3,9	3,4
Frankreich	1,4	2,4	1,8
BRD	0,7	0,6	0,7

Statistisches Amt der Europäischen Gemeinschaft, *Allgemeine Statistik* 12/1970, S. 18.

24 Albers u. a., a.a.O.

25 Entwicklung der Industriebeschäftigten, der Bruttoanlageinvestitionen und des Bruttosozialprodukts in Italien (1963 = 100).

Jahr	Industrie-beschäftigte	Brutto-anlage-investitionen	Brutto-sozial-produkt
1963	100,0	100,0	100,0
1964	100,1	93,6	102,9
1965	96,8	85,5	106,6
1966	95,4	89,0	112,9
1967	97,4	99,5	120,6
1968	98,7	107,1	127,9
1969	100,8	116,9	134,2

Statistisches Amt der Europäischen Gemeinschaften, *Allgemeine Statistik* 12/1970, S. 18, 23; zum Vergleich die Entwicklung in der BRD Anm. 36.

26 Zu den Arbeitsbedingungen bei Pirelli: Aniello Coppala, abgedruckt in: *Guerra al capitale – Ein exemplarischer Streik bei Pirelli*, in: *politikon* 29/1969, S. 16 f. Bei Fiat: L. Castellina, *Bericht über Fiat*, in: *Rotbuch* 23, S. 82.

27 Von 1955 bis 1965 zogen zwei Millionen Menschen von Süditalien in den industrialisierten Norden. 1969 sah die Bilanz der Binnenwanderung folgendermaßen aus: Norditalien + 121 272; Zentralitalien + 29 900, Süditalien – 143 253. Die Zuwanderer aus dem Süden verfügen meist über keine Berufsausbildung und eine nur schlechte Schulausbildung; ihre Arbeitsmöglichkeiten sind daher auf die Übernahme unqualifizierter Tätigkeiten beschränkt.

28 Bianchi u. a., a.a.O., S. 182 f.

29 M. Vester, *Solidarisierung als historischer Lernprozeß – Zukunftsperspektiven systemverändernder Praxis im neueren Kapitalismus,* in: D. Krebs (Hg.), *Die hedonistische Linke*, Neuwied 1971. Vgl. auch Vesters Studie: *Die Entstehung des Proletariats als Lernprozeß – Zur Soziologie der Arbeiterbewegung*, Frankfurt/Main 1970.

30 Bosquet, a.a.O., S. 36 f.

31 Castellina, *Bericht über Fiat*, a.a.O., S. 38.

32 Auch der folgende Passus kann die Entwicklung der letzten Jahre nicht berücksichtigen. (1978)

33 Veränderung der Erwerbstätigen 1959 bis 1969 nach Wirtschaftsbereichen (in 100): Land- und Forstwirtschaft – 1287; produzierendes Gewerbe + 718; Handel und Verkehr + 362; sonstige Wirtschaftsbereiche + 1223; insgesamt + 1016. Bundesministerium für Wirtschaft (BMWi), *Leistung in Zahlen* 1969, 1970, S. 17.

34 Vgl. Anm. 23.

35 Anteil der Ausländer an der Gesamtzahl der abhängig Beschäftigten: 1950 0,8%; 1963 3,7%; 1967 4,7%; 1969 7,1%. BMWi, a.a.O., S. 18.

36 Entwicklung der Industriebeschäftigten, der Bruttoanlageinvestitionen und des Bruttosozialprodukts in der BRD (1963 = 100)

Jahr	Industrie-beschäftigte	Brutto-anlage-investitionen	Brutto-sozial-produkt
1963	100,0	100,0	100,0
1964	100,4	111,9	106,7
1965	101,9	117,0	112,6
1966	101,1	118,1	115,9
1967	95,5	108,2	115,5
1968	96,2	116,7	123,8
1969	99,7	130,7	133,7

Statistisches Amt der Europäischen Gemeinschaften, *Allgemeine Statistik* 12/1970, S. 18, 23. Die Unterschiede, die hinsichtlich der Investitionstätigkeit zu Italien bestehen, sind eindeutig; vgl. Anm. 25.

37 Diese Entwicklung kann hier nicht im einzelnen dargestellt werden; vgl. Kern/Schumann, *Industriearbeit und Arbeiterbewußtsein*, S. 186 ff.

38 Vgl. Kern/Schumann, a.a.O., S. 247 ff., 287 ff.

39 Kern/Schumann, a.a.O., S. 153.

40 Kern/Schumann, a.a.O., S. 209 f.

41 Die Bedeutung der Randgruppen (Industrieneulinge, Ausländer, auch Frauen) wurde an dieser Stelle unterschätzt. Tatsächlich war die Entwicklung in der BRD lange Jahre dadurch gekennzeichnet, daß – im Zusammenhang mit einem stark expandierenden Produktionsvolumen – die negativen Folgen der Rationalisierung auf neu rekrutierte Randgruppen konzentriert wurden, während beträchtliche Teile der Stammbelegschaften auf privilegiertere Positionen (qualifizierte Angelernten-Arbeitsplätze, Instandhaltung, Arbeitsvorbereitung, Vorgesetztenpositionen usw.) überwechselten. Dies und nicht allein die stärkere Anpassung der deutschen Arbeiter an Bedingungen des durchrationalisierten Betriebs entschärfte den Konfliktdruck in den nach wie vor großen Sektoren unqualifizierter Arbeit. Vgl. in diesem Band: S. 154 f. (1978)

42 Zur Entwicklung der Gewerkschaften in der BRD vgl. Th. Pirker, *Die blinde Macht – Die Gewerkschaftsbewegung in Westdeutschland*, 2 Bde., München 1960; E. Schmidt, *Die verhinderte Neuordnung* 1945-1952, Frankfurt/Main 1970; ders., *Ordnungsfaktor oder Gegenmacht – Die politische Rolle der Gewerkschaften*, Frankfurt/Main 1971.

43 Dies würde man heute – nach der krisenhaften Entwicklung der letzten Jahre und der relativ konstanten Quote hoher Arbeitslosigkeit – differenzierter darstellen müssen. Der Grundgedanke dieser Passage scheint sich aber selbst in der Regelung des aktuellen Problems der Arbeitslosigkeit zu bestätigen. Ein Teil der Konflikte und Probleme, die aus der Arbeitslosigkeit entstehen könnten, lassen sich in der BRD abfangen – teils durch Verlagerung des Arbeitsplatzrisikos auf wenig artikulationsfähige Gruppen (Ausländer, Frauen, Jugendliche, auch Bewohner strukturschwacher Regionen), teils durch Entschärfung der sozialen Folgen der Arbeitslosigkeit mit den Mitteln staatlicher Sozialpolitik. Gleichwohl bleibt die westdeutsche Gesellschaft in ihren beschäftigungspolitischen Maßnahmen hinter ihren Möglich-

keiten zurück. Vgl. zum letzten Punkt in diesem Band: S. 224 ff. (1978)

44 Vgl. in diesem Band: S. 16 ff.

45 M. Baethge, *Ausbildung und Herrschaft – Unternehmerinteressen in der Bildungspolitik*, Frankfurt/Main 1970, S. 13 f.

46 M. Baethge, a.a.O., S. 78.

47 Zu den Rationalisierungsprozessen im Instandhaltungssektor vgl. Kern/Schumann, a.a.O., S. 190 ff.

48 Vester, *Solidarisierung als historischer Lernprozeß*, a.a.O., S. 154.

49 J.-P. Sartre, in: *Partei und Klasse, Diskussion zwischen Sartre und Il Manifesto*, Merve-Verlag Berlin 1970, S. 35.

Die Septemberstreiks 1969. Neue Momente im Streikverhalten der Arbeiter*

Die Einstellung unserer Gesellschaft zum Streik ist die der Tolerierung des kleineren Übels. Zwar verhält sie sich ihrem kapitalistischen Charakter entsprechend gegenüber Streiks nach wie vor restriktiv: Streiks beeinträchtigen stets zumindest die unmittelbaren Interessen der Unternehmer, denn Streik bedeutet kollektive Zurückhaltung der Arbeitskraft durch die Arbeitenden, das heißt direkte Störung der Produktion und damit der Kapitalverwertung. Gleichzeitig verzichtet die Gesellschaft heute jedoch auf totale Streikrepression. Sie ist bereit, den Streik als Kampfmaßnahme der Arbeitenden zu akzeptieren, wenn auch nur insoweit, als er die gesamtgesellschaftliche Machtkonstellation nicht nachhaltig gefährdet. Dieses Verhalten entspricht der für die organisierte Phase des Kapitalismus charakteristischen Strategie der Risikovermeidung: Nicht mehr rigorose Ausnutzung der aktuell gegebenen Machtpositionen zur unmittelbaren Durchsetzung der Kapitalinteressen steht im Vordergrund, sondern Stabilisierung des gegebenen Systems und damit Sicherung langfristiger, kalkulierbarer Verwertungschancen. Die Arbeitenden und ihre Organisationen gewinnen unter diesen Umständen einen gewissen Verhaltensspielraum, sie erhalten Möglichkeiten, ihre Interessen zu artikulieren und durchzusetzen. Dieser Spielraum ist freilich eng umgrenzt. Sein Sinn liegt in der Konfliktminimierung durch Überführung des an die Produktionsverhältnisse gebundenen Konfliktpotentials in systemverträgliche Bahnen. Die Arbeitenden sollen für den ihnen eingeräumten Aktionsradius eine Gegenleistung erbringen: die Anerkennung der vorgegebenen Spielregeln, den Verzicht auf systemtranszendierende Aktivitäten. »Wenn sie [die Macht der Arbeiter] nicht das Maß dessen übersteigt, was der Kapitalismus für tolerierbar hält, ist jeglicher Machtanspruch der Arbeiter von den Fallen der Institutionalisierung bedroht: die kapitalistische Macht akzeptiert ihn und beschränkt durch Ver-

* Zuerst als Einleitung zu: M. Schumann u. a., *Am Beispiel der Septemberstreiks*, Frankfurt 1971, S. 1 ff.

trag seine Ausweitung; ein vertragliches Gleichgewicht der Mächte wird aufgebaut, das das kapitalistische System um so besser sichert, je stärker sich der institutionelle Charakter der Arbeitsorganisation offenbart.«[1]

Die rechtliche Beurteilung, die der Streik in der Bundesrepublik erfährt, läßt diese Mechanismen klar erkennen. Die mit dem Streik zusammenhängenden Probleme sind gesetzlich nicht geregelt.[2] Sowohl die Konstruktion eines grundrechtlichen Schutzes für Arbeitskampfmaßnahmen als auch die Ausgestaltung des Streikrechts im einzelnen blieben daher der Rechtsprechung überlassen, die den Streik unter Rückgriff auf Art. 9 III Grundgesetz (Recht der Vereinigungsfreiheit zur Wahrung und Förderung der Arbeits- und Wirtschaftsbedingungen) sowie die »gesamte historische Entwicklung« und die »allgemeine rechtliche Überzeugung« als Rechtens erklärt.[3] Die Rechtsprechung knüpft die Zulässigkeit des Streiks jedoch an die Einhaltung einschränkender Bedingungen: 1. der Streik muß von einer Gewerkschaft geführt werden; ein nicht von einer Gewerkschaft begonnener oder wenigstens später übernommener Streik ist unzulässig (»wilder« Streik); 2. die Erwartung für deren Erfüllung der Streik geführt wird, muß tarifvertraglich festlegbar sein (sie muß sich in einer allgemeinen und generellen Rechtsnorm ausdrücken lassen und darf inhaltlich die im Tarifvertragsgesetz gezogenen Grenzen nicht überschreiten); 3. der Streik muß sich im Rahmen bereits festgelegter tarifvertraglicher Verpflichtungen halten (Friedenspflicht im Falle geregelter Angelegenheiten bis zum Ablauf des Tarifvertrags); 4. der Streik muß ultima ratio sein (insbesondere muß die Möglichkeit einer rechtlichen Klärung der Streitfrage geprüft sein); 5. die Handlungen während des Streiks dürfen nicht gegen strafrechtliche Vorschriften verstoßen.[4] Nur wenn diese Voraussetzungen gegeben sind, wird der Streik heute als »sozialadäquat« bezeichnet, das bedeutet in der Sprache H. C. Nipperdeys: vereinbar mit der »geschichtlich gewordenen sozialethischen Ordnung des Gemeinschaftslebens«.[5]

Die Erwägungen, die die Rechtsprechung bei der Festlegung dieser Regeln anstellte, werden vor allem dort deutlich, wo die Unzulässigkeit des »wilden«, spontanen Streiks begründet wird: »Der Große Senat des Bundesarbeitsgerichts hat bereits (1955) betont, daß Arbeitskämpfe im allgemeinen unerwünscht sind [. . .]. Zur Begründung hat er u. a. auf die mit ihnen zwangsläufig verbundenen volkswirtschaftlichen Schäden hingewiesen. Daraus ergibt sich, und das ist die vor allem entscheidende und schon für sich allein durchschlagende Erwägung gegenüber einer rechtlichen Anerkennung oder auch nur Tolerierung des wilden Streiks, daß die Zulassung von Arbeitskämpfen nur in einem bestimmten Rahmen verantwortet werden kann. Dabei ist es wichtig, beim Ausbruch eines Streiks zu Kontrollzwecken Stellen einzuschalten, die wegen ihrer Stellung im Arbeitsleben, ihrer Bedeutung in wirtschaftlicher Hinsicht und ihrem Wissen auf dem Gebiet des Arbeitskampfrechts die Gewähr dafür bieten, daß nur in wirklich begründeten Fällen gestreikt wird, und daß im Fall eines Streiks die im Allgemeininteresse erforderlichen Kampfregeln eingehalten werden. Als solche Stellen kommen auf Arbeitnehmerseite bei ihrer gesellschaftlichen Stellung nur die Gewerkschaften in Frage. Wegen des auch beim Arbeitskampf und damit beim Streik zu beachtenden Ordnungsmomentes ist ein wilder Streik um betriebliche Fragen schlechterdings unzulässig. Die Stellung der Gewerkschaften kann nicht ersetzt werden; [. . .] Das Mittel des Streiks ist eine scharfe Waffe. Das verbietet es, das Streikrecht Personen oder Gruppen anzuvertrauen, bei denen nicht die Gewähr dafür besteht, daß sie nur in dem vertretbaren Umfang davon Gebrauch machen werden. Eine solche Gewähr ist bei den einzelnen Arbeitnehmern, den Mitgliedern der Belegschaften als solchen oder nichtgewerkschaftlichen Gruppen von Arbeitnehmern nicht gegeben.«[6]

Diese Rechtsprechung ist Ausdruck der realen Machtverhältnisse, die sich in Westdeutschland in den frühen fünfziger Jahren herausbildeten und in der nachfolgenden Zeit verfestigten. Der Kapitalismus hatte sich reorganisiert; die Arbeiterbewegung war in das Gefüge der Gesellschaft integriert; innerhalb der Arbeiterschaft zeigte sich verstärkt eine Tendenz zur Assimilation an Betrieb und Gesellschaft, zur mehr oder weniger kritiklosen Hinnahme des Bestehenden. »[. . .] Arbeitsrecht und Arbeitsrechtsprechung liefern immer nur den je gegebenen Machtverhältnissen das politisch-rechtliche Korsett. Die bedeutsamen sozialen Konflikte werden nicht im Gerichtssaal ausgetragen. Vielmehr ließen sich zahlreiche Arbeitsgerichtsurteile als nachträgliche Siegerehrungen charakterisieren.«[7] Erst einmal fixiert, leistete die Streikrechtsprechung allerdings selbst einen Beitrag zur Stabilisierung der Machtkonstellation, auf deren Hintergrund sie sich entwickelt hatte. Unter Androhung massiver staatlicher Eingriffe zwang sie die Gewerkschaften, ihr Streikverhalten vollständig an die gerichtlich sanktionierten Regeln anzupassen. Durch die Inkriminierung des gewerkschaftlich nicht gebilligten Streiks wurde gleichzeitig ein Druck auf die Arbeitenden ausgeübt, der die selbständige Verwirklichung von Arbeitskampfmaßnahmen verhindern sollte. Die extrem niedrige Streikquote, die sich in der Bundesrepublik vor allem nach 1958 beobachten läßt, ist ein eindeutiger Indikator für das wirksame Zusammenspiel dieser Faktoren (vgl. Tab. 1).

Tab. 1: Entwicklung der Streikquote in der Bundesrepublik
– durch Streiks verlorene Arbeitstage pro 1000 Beschäftigte –

Jahr	Streikquote	Jahr	Streikquote
1949	20	1960	2
1950	28	1961	3
1951	102	1962	21
1952	30	1963	41
1953	97	1964	1
1954	99	1965	2
1955	50	1966	1
1956	15	1967	18
1957	135	1968	1
1958	43	1969	11
1959	3		

Quelle: Errechnet aus Angaben des Statistischen Bundesamts (die Angaben berücksichtigen nicht die sog. Bagatellstreiks: »Streiks mit einer Beteiligung von weniger als 10 Arbeitern oder einer Streikdauer von weniger als 1 Tag, wenn nicht insgesamt damit mehr als 100 Arbeitstage verlorengingen.«).

Freilich: Die Interessen der Arbeitenden und die der Unternehmer sind und bleiben Gegensätze; der Wunsch nach sozialem Fortschritt, nach leistungsgerechterer Entlohnung, nach sinnvollerer Arbeit, nach Kontrolle und Selbstorganisation durch die Produzenten widerspricht zwangsläufig den Zielen der Kapitalverwertung, für die Profitabilität vor Humanität rangiert. Klassenkampf bleibt so ein konstantes Faktum der industriell-kapitalistischen Gesellschaft – variabel sind lediglich seine Erscheinungsformen und die Intensität und gesellschaftspolitische

Reichweite der stattfindenden Kämpfe. Über die Art und Weise, wie der Konflikt zutage tritt, entscheidet dabei die konkrete Machtverteilung zwischen den beiden Gruppen: kurze, schnell überwindbare Arbeitskämpfe sind Zeichen einer ungefährdeten Herrschaftsposition des Kapitals – militante, nur schwer regelbare Auseinandersetzungen zeigen eine Machtveränderung zugunsten der Arbeitenden an. Das friedliche Bild, das die westdeutschen Betriebe dem außenstehenden Betrachter lange Zeit boten, ist Beleg für die Stabilität des Kapitalismus in dieser Periode.

Gewiß wäre es aber falsch, diesen Zustand als tatsächliche Befriedung interpretieren zu wollen. »Niemand lasse sich in seiner Meinungsbildung von der Streikstatistik beeinflussen. [. . .] Diese Zahlen täuschen leicht über die wirkliche Bedeutung des Arbeitskampfes und seine politische wie rechtliche Problematik hinweg.«[8] Konfliktverdünnung war eins der Merkmale der industriellen Wirklichkeit der Bundesrepublik, nicht aber Konfliktlosigkeit: Arbeitskämpfe – Leistungszurückhaltung (»Bremsen«), Arbeit nach Vorschrift, Boykotte und auch spontane Streiks – blieben trotz allem immer noch an der Tagesordnung. Aber es handelte sich durchweg um kurze Auseinandersetzungen, die ihre Anlässe meist in der konkreten betrieblichen Situation fanden und die überdies auf einzelne Werke bzw. Werksteile beschränkt blieben. Gesellschaftspolitische Bedeutung konnten diese Aktionen nicht gewinnen: Die gesellschaftliche Machtverteilung war noch unverändert und wurde durch die Arbeitskämpfe selbst auch nicht beeinflußt.

Die Ereignisse des September 1969 haben diesen Rahmen gesprengt. Sie stellen in mehrfacher Hinsicht ein Novum dar. Vier wichtige Gesichtspunkte lassen sich in diesem Zusammenhang nennen:

1. Ins Auge fällt zunächst der rein quantitative Unterschied. Die Septemberstreiks waren spontane Streiks in einem für die Bundesrepublik bisher unbekannten Ausmaß. Der Streik der Belegschaft der Hoesch AG am 2. September 1969 löste sofort Folgestreiks aus, zunächst und in steigendem Umfang in der Stahlbranche, mit einer kurzen Verzögerung dann auch im Bergbau und in der Metallverarbeitung. Diese drei Branchen bildeten den Schwerpunkt der Streikbewegung; die später nachfolgenden Arbeitskämpfe in der Textilindustrie und in der öffentlichen Versorgung spielten nur noch eine geringe Rolle (vgl. Tab. 2 und

Tab. 2: Zahl und branchenmäßige Verteilung der zum September 1969 bestreikten Betriebe

Streiktage	Zahl der bestreikten Betriebe						
	Eisen-schaffende Industrie	Steinkohlen-bergbau und Kraftwerke	Metallver-arbeitende Industrie	Textil-industrie	Öffentliche Versorgung (ohne Kraft-werke)	Sonstige	Insgesamt
2.9.	1						1
3.9.	2						2
4.9.	3						3
5.9.	9	1	3				13
6.9.	7	1	1				9
7.9.	5	1	1				7
8.9.	11	1	3			1	15
9.9.	12	3	3		1		18
10.9.	2	2	3				7
11.9.	3	2	2				7
12.9.	2	2	2				6
13.9.	2		2				4
14.9.			2				2
15.9.		1	3	2			6
16.9.		1	2	3			6
17.9.			2		1		3
18.9.			2		6		8
19.9.			1		6		7
29.9.			1				1
30.9.			1				1

Quelle: Zusammengestellt nach Angaben in: IMSF, *Die Septemberstreiks 1969*, Frankfurt/Main 1969, S. 39 ff. Die Angaben vermitteln ein nur grobes Bild. Sie stützen sich auf die gewiß nicht lückenlose Presseberichterstattung; zudem lassen sich einige Streiks wegen ungenauer Informationen überhaupt nicht einstufen.

Tab. 3: Zahl der durch Streik ausgefallenen Arbeitstage im 3. Quartal 1969

– nach Wirtschaftsgruppen –

Wirtschaftsgruppe	ausgefallene Arbeitstage
Eisenschaffende Industrie	77.603
Steinkohlenbergbau	49.823
Metallverarbeitung	95.960
Textilindustrie	1.784
Öffentliche Versorgung (einschließlich Elektrizitätsversorgung)	2.774
Sonstige	124
Insgesamt	228.068

Quelle: Interne Statistik der Bundesanstalt für Arbeit (auf der Grundlage der Meldungen der Arbeitgeber an die Arbeitsverwaltung).

3). Die Auseinandersetzungen durchstießen also deutlich die Grenzen des einzelnen Betriebs und auch der einzelnen Branche. Die Streikwelle war überdies relativ lang: Sie begann am 2. September und lief erst nach 18 Tagen am 19. September aus.[9] Diese beiden Faktoren – Überbetrieblichkeit und lange Dauer – ließen die Zahl der durch die Streiks ausgefallenen Arbeitstage auf etwa 230 000 Tage ansteigen[10], womit der Herbst 1969 zu den streikintensivsten Perioden der sechziger Jahre gehörte (vgl. Tab. 4).[11] Schon allein dieser vergleichsweise große Umfang der spontanen Arbeitskämpfe im September 1969 führte zu der Frage, ob diese Streiks nicht eine Veränderung der sozialen Situation der Bundesrepublik signalisieren.

2. In dieselbe Richtung scheinen die Inhalte der Streikbewegung zu weisen, wenn man sie genauer durchleuchtet. Zwar blieben die unmittelbaren Anlässe und die konkreten Ziele auch dieser Arbeitsniederlegungen durchaus in dem Rahmen, der bereits früher spontane Streiks kennzeichnete: Meist ging es den Arbeitern um die Behebung benennbarer Mißstände, hier vor allem um die Beseitigung inner- oder zwischenbetrieblicher Lohndisproportionalitäten trotz ähnlicher Grundbedingungen.[12] Derartige Faktoren, die eine besondere Unzufriedenheit stimulieren, sind jedoch in der einen oder anderen Form in den Betrieben

Tab. 4: Die Entwicklung des Streiks in der Bundesrepublik 1960-1970
– Anzahl der ausgefallenen Arbeitstage in 1000[1] –

Jahr	1960				1961				1962			
Quartal	1	2	3	4	1	2	3	4	1	2	3	4
ausgefallene Arbeitstage	27,8	2,2	2,9	4,8	5,7	17,6	4,6	19,5	12,0	295,1	79,1	48,8
Jahr	1963				1964				1965			
Quartal	1	2	3	4	1	2	3	4	1	2	3	4
ausgefallene Arbeitstage	28,3	867,1	0,4	0,2	6,1	8,7	0,5	1,3	1,0	20,8	20,4	–
Jahr	1966				1967				1968			
Quartal	1	2	3	4	1	2	3	4	1	2	3	4
ausgefallene Arbeitstage	13,8	13,8	0,4	12,2	0,7	18,7	302,4	72,8	1,1	5,8	3,1	15,0
Jahr	1969				1970							
Quartal	1	2	3	4	1	2						
ausgefallene Arbeitstage	3,0	1,5	228,1	16,8	2,0	11,0						

1 Arbeitstage, die durch reine Aussperrungen ausfielen, bleiben unberücksichtigt. Im Unterschied zur Jahresstatistik des Statistischen Bundesamts sind aber auch die sog. Bagatellstreiks erfaßt.

Quelle: Interne Statistik der Bundesanstalt für Arbeit (auf der Grundlage der Meldungen der Arbeitgeber an die Arbeitsverwaltung).

immer gegeben. Sie allein erklären deshalb nicht, warum es gerade im September 1969 zu einer ganzen Welle spontaner Streiks kommen konnte. Liegt die Erklärung in der Differenz zwischen der Lohn- und der Profitentwicklung seit Mitte 1967 und darin, daß diese Entwicklung den Arbeitern bewußt geworden war?[13] Manches spricht dafür, daß die Arbeiter nach den Erfahrungen in der Rezession und im Wiederaufschwung tatsächlich stärker als zuvor an der Rechtmäßigkeit der gegebenen Produktionsverfassung, vor allem an der ihrer Verteilungsmechanismen, zu zweifeln begannen und daß diese Zweifel ihre Streikbereitschaft wesentlich förderten. Es klingt durchaus plausibel, wenn es in der Studie »Die Septemberstreiks 1969« heißt: »Die Lohndifferenzen waren sozusagen das am leichtesten erkennbare und daher schwächste Kettenglied des Profitsystems. Sie konnten zum eigentlichen Vehikel einer erfolgreichen Streikbewegung werden, weil sie den Grundsatz ›Gleicher Lohn für gleiche Arbeit‹ offenkundig verletzten und so hochgradig mobilisierende Wirkung auf die Arbeiter hatten.«[14] Kommt in den Septemberstreiks aber zum Ausdruck, daß die Ungerechtigkeit des überkommenen Systems der Einkommens- bzw. Gewinnzuweisung deutlicher ins Bewußtsein der Arbeiter gerückt war und so die kritische Aktion stimulierte, so gewinnen sie eine neue politische Dimension: Sie sind Zeichen eines distanzierteren Verhältnisses der Arbeiter zur Gesellschaft und ihrer größeren Bereitschaft zum gesellschaftsverändernden Kampf.

3. Daß diese Interpretation, die in den Septemberstreiks Ereignisse mit neuen politischen Akzenten vermutet, nicht einfach von der Hand zu weisen ist, wird durch ein drittes Moment deutlich: die besondere Kampfform. Die Septemberstreiks waren massenhafte spontane Streiks, und das impliziert: relativ große Arbeitskämpfe gegen die Legalität. Den Arbeitern mußte dies bewußt sein: Die Gewerkschaften haben während der Streiks ihren eigenen Quietismus nicht selten durch Verweis aufs Legale, auf die »Verbindlichkeit« der Friedenspflicht, zu rechtfertigen versucht[15], vor allem waren es aber die Arbeitgeber, die die »Rechtswidrigkeit« der Aktionen betonten und auf die möglichen Folgen dieses Umstands für die Arbeiter selbst hinwiesen.[16] Wenn die Arbeiter dennoch ihren Ausstand weiterführten, ja sogar ausweiteten, so drückt sich darin eine größere Gleichgültigkeit gegenüber den geltenden Spielregeln aus. Und gerade dies ist von

erheblichem Gewicht: Die bewußte Abkehr vom Legalismus deutet an, daß die politische Auseinandersetzung einen tendenziell gesellschaftskritischen Akzent gewonnen hatte. Wenn das Inkriminierte machbar erscheint, mußte das Einverständnis mit dem System, das das Legale vom Illegalen scheidet, brüchig geworden sein.

4. Auffällig an den Septemberstreiks ist schließlich auch das Streikverhalten der Arbeiter. Jeder Streik, der mehr ist als ein nur kurz aufflackernder Protest, braucht ein organisatorisches Gerippe: Die Streikenden müssen als Gruppe zu einer Meinungsbildung fähig sein, die wechselnden Streikbedingungen Rechnung trägt; sie brauchen überdies eine Vertretung nach außen, gegenüber dem Gegner und der Öffentlichkeit. Bei normalen Streiks erfüllen die Gewerkschaften diese Funktionen. Im Fall spontaner Arbeitsniederlegungen sind die Streikenden jedoch auf sich selbst bzw. auf ihre betrieblichen Interessenvertretungen verwiesen. Im September 1969 wurden die organisatorischen Voraussetzungen für die einzelnen Betriebsstreiks allem Anschein nach auch durch Präsenz der Streikenden innerhalb der Betriebe, durch Aufenthalt am Arbeitsplatz erreicht. Sicher ist es kaum zu vertreten, die bloße Anwesenheit der Streikenden im Betrieb schon als »faktische Betriebsbesetzung« zu bezeichnen.[17] Zu schwach war das militante Element in den Septemberstreiks[18]; zu selten waren die Versuche, die Präsenz im Betrieb mit der faktischen Aneignung der Produktionsmittel zu verbinden[19]; zu sehr stand das einfache Erfordernis der Information und Koordination im Vordergrund. Zudem bildeten bei den Septemberstreiks in der Mehrzahl der Fälle die etablierten Instanzen des Betriebsrates und der Vertrauensleute das organisatorische Gerippe, das die Aktionen ermöglichte. Ansätze einer Selbstorganisation der Belegschaften im engeren Sinne waren selten. Dennoch drückt bereits die Präsenz der Streikenden in den Betrieben eine stärkere Bereitschaft und Möglichkeit des einzelnen Arbeiters zur aktiven Mitarbeit und autonomen politischen Praxis aus.

Trotz all dieser Besonderheiten scheint es aber von vornherein geraten, die Streiks im September 1969 im richtigen Rahmen zu sehen. Sie sind ein Novum auf dem Hintergrund der Arbeitskampfpraxis der Bundesrepublik, und sie verdienen deshalb Interesse. Es dürfte aber an der Realität weit vorbeiführen, wenn in manchen Kommentaren von rechts wie von links – gewiß mit unterschiedlichen Erwartungen – der Versuch gemacht wurde, diese Streiks in die Nähe der Streikbewegung in England oder gar der Ereignisse in Frankreich 1968 und in Italien 1968/1969 zu rücken. Allein schon die Differenzen im Streikumfang sind gravierend: Die vielleicht 150 000 deutschen Arbeiter, die an den Septemberstreiks beteiligt waren[20], nehmen sich im internationalen Vergleich recht dürftig aus.[21] Wichtiger jedoch erscheinen die qualitativen Unterschiede: Vor allem die Streiks in Frankreich und Italien waren zu einem Gutteil bewußt geführte politische Kämpfe gegen die bestehende Ordnung[23], sie wurden von den Arbeitern wenigstens punktuell mit großer Härte gegen die Unternehmer (aktive Betriebsbesetzung, u. U. auch Maschinenzerstörungen) und auch gegen die Staatsgewalt (militante Auseinandersetzungen mit der Polizei) ausgetragen; und sie zeichneten sich – was wohl am schwersten wiegt – durch ein hohes Maß an Autonomie der Arbeiter aus, ein Umstand, der sich in der zeitweiligen Kontrolle und Organisation der Produktion durch die Arbeitenden ebenso niederschlägt, wie in Ansätzen einer überregional koordinierenden politischen Kampforganisation neuen Typs.

Von all dem war im September 1969 in Deutschland nichts oder nur wenig zu spüren. Dennoch: Die Septemberstreiks passen aus den genannten Gründen nicht zum bisherigen Verlauf des industriellen Konflikts in der Bundesrepublik. Signalisieren sie den Beginn einer neuen Phase in den Auseinandersetzungen zwischen Kapital und Arbeit?

Anmerkungen

1 A. Gorz, *Weder Bolschewik noch Gewerkschafter*, in: *Les Temps Modernes*, nach einem Abdruck in: *politikon*, Nr. 30, 1970, S. 19 (vgl. auch *Klassenanalyse*, Berlin 1970, S. 74.)

2 Von einigen Länderverfassungen wird hier abgesehen.

3 BAG AP Nr. 1 zu Art. 9 GG Arbeitskampf (Beschluß des Großen Senats vom 28.1.1955).

4 Vgl. zu den einzelnen Voraussetzungen H. C. Nipperdey in Hueck-Nipperdey, *Lehrbuch des Arbeitsrechts*, Bd. 2, 6. Aufl., Berlin/Frankfurt 1957, S. 641 ff. – An den Grundzügen der Streikrechtsprechung hat sich zwischenzeitlich nichts

Entscheidendes geändert; vgl. W. Däubler *Das Arbeitsrecht*, Reinbek 1976, S. 126 f. (1978)

5 A.a.O. Nipperdey kann hier als legitimierter Interpret des BAG zitiert werden, denn die grundlegenden Entscheidungen sind zu seiner Präsidentenzeit gefällt worden.

6 BAG AP Nr. 32 zu Art. 9 GG Arbeitskampf (Urteil vom 20.12.1963).

7 H. Matthöfer, *Streiks und streikähnliche Formen des Kampfes der Arbeitnehmer im Kapitalismus*, in: D. Schneider (Hrsg.), *Zur Theorie und Praxis des Streiks*, Frankfurt 1971, S. 159.

8 R. Wiethölter, *Rechtswissenschaft*, Frankfurt/Main 1968, S. 301.

9 Wenn man die Kurzstreiks in den Howaldtwerken – Deutsche Werft AG Kiel am 29. und 30. September nicht berücksichtigt.

10 Diese Angabe orientiert sich an der internen Statistik der Bundesanstalt für Arbeit; sie kann nicht als ganz exakt gelten, weil sich diese Statistik 1. auf das ganze dritte Quartal des Jahres 1969 bezieht und 2. nur diejenigen Streiks abdeckt, die die Arbeitgeber der Arbeitsverwaltung gemeldet haben. Dennoch erscheint uns diese Angabe genauer als die des Instituts für Marxistische Studien und Forschungen, das 532 308 Streiktage aufführt (*Die Septemberstreiks 1969*, Frankfurt/Main 1969, S. 45, 47): das IMSF stützt sich 1. nur auf Presseberichte; es legt 2. der Berechnung der Streiktage die Beteiligung auf dem Höchststand des Streiks zugrunde; es rechnet 3. angebrochene Streiktage voll (a.a.O., S. 38). Daß die Angabe, mit der wir arbeiten, wenigstens die Größenordnung richtig angibt, wird auch durch eine interne Statistik der IG Metall bestätigt, die für ihren Arbeitsbereich 117 096 verlorene Arbeitstage aufführt.

11 Nur in drei anderen Quartalen war die Streikintensität höher: im 2. Quartal 1962 durch die Tarifauseinandersetzung in der niedersächsischen Papierindustrie; im 1. Quartal 1963 durch die Tarifauseinandersetzung in der baden-württembergischen Metallindustrie; im 3. Quartal 1967 durch die Tarifauseinandersetzung im nordrhein-westfälischen Baugewerbe – allesamt »legale« Streiks.

12 Bei der Hoesch AG: Disproportionalitäten Westfalenhütte/Dortmund Hörder Hüttenunion; im Bergbau: Disproportionalitäten Saarbergbau/Ruhrbergbau; bei den Howaldtwerken Deutsche Werft AG: Disproportionalitäten Kiel/Hamburg usw.

13 So argumentiert u. a. das IMSF, a.a.O., S. 238 f. und passim.

14 IMSF, a.a.O., S. 239.

15 Als Beispiel ein Auszug aus einem Schreiben der IG Bergbau und Energie, Bezirk Saar, an die streikenden Arbeiter: »Kollegen! [. . .] Wir müssen Euch daran erinnern, daß für uns die Friedenspflicht besteht. So sehr wir Verständnis für die Haltung der Bergleute haben und wissen, daß Ihr alle glaubt, daß Ihr durch den Streik unsere Verhandlungsposition stärkt, bitten wir Euch alle, anzufahren. Vertraut Eurer Gewerkschaft. Stärkt ihr den Rücken durch dieses Vertrauen.« (zit. nach dem Abdruck in: IMSF, a.a.O., S. 62 Anhang). Vgl. u. a. das Interview mit IG Metall-Vorstandsmitglied W. Michels in: *Der Spiegel*, Nr 38, 1969, S. 33 und O. Brenner, in: *Der Gewerkschafter*, Nr. 10, 1969, S. 364.

16 So heißt es in einem Flugblatt des Arbeitgeberverbands der Metallindustrie Schleswig-Holstein an die streikenden Kieler Arbeiter: »Dieser Streik ist gesetzwidrig, er findet gegen den erklärten Willen der Gewerkschaft und des Betriebsrates statt. Dieser Streik gefährdet die Sicherheit der Arbeitsplätze. Dieser Streik öffnet – auch gegen den Willen der Streikenden – radikalen politischen Kräften Tür und Tor. Wenn dieses Beispiel Schule macht, sind schwerste Schäden für die schleswig-

holsteinische Wirtschaft und damit für die gesamte Bevölkerung nicht zu vermeiden.« (zit. nach dem Abdruck in: IMSF, a.a.O., S. 81 Anhang). Vgl. im übrigen den Tenor der Streikberichterstattung der Arbeitgeber und arbeitgebernahen Presse.

17 IMSF, a.a.O., S. 245.

18 Nur wenige Fälle einer aktiven Betriebsbesetzung sind bekannt: 1. Bei der Hoesch AG besetzten streikende Arbeiter während einer Demonstration die Hauptverwaltung, blockierten das Treppenhaus und schlugen 5 Minuten lang mit den Arbeitshelmen gegen das Treppengeländer (vgl. *Ruhr-Nachrichten* vom 3.9.1969; *Der Spiegel*, Nr. 37, 1969, S. 96). 2. Bei den Saarbergwerken in Saarbrücken drangen die Streikenden in die Hauptverwaltung ein und besetzten zeitweise die Flure (vgl. *Süddeutsche Zeitung* und *Frankfurter Rundschau* vom 12.9.1969). 3. Bei der Westfälischen Metallindustrie Hueck & Co. Lippstadt »stürmten« demonstrierende Arbeiter die geschlossenen Werkstore und setzten ihre Demonstration innerhalb des Werks fort (vgl. IMSF, a.a.O., S. 127).

19 Nur zwei Beispiele einer Übernahme von Produktionsmitteln können genannt werden: 1. In der Bremer Hütte der Klöckner Werke AG blockierten Streikende den Zugang zu einem Mischer, um ihn erst bei Streikende wieder freizugeben (vgl. *FAZ*, vom 10.9.1969 und IMSF, a.a.O., S. 165 f.). 2. In den Neunkircher Eisenwerken AG besetzten die Arbeiter – um eine Explosionsgefahr auszuschließen – die Hochöfen und fuhren sie leer (vgl. *Saarbrücker Zeitung* vom 8.9.1969 und IMSF, a.a.O., S. 135).

20 Angabe nach IMSF, a.a.O., S. 35.

21 Zum Vergleich nur der Hinweis, daß in Frankreich im Mai 1968 10 Mio. Arbeiter in den Streik traten.

22 Der Politisierungsgrad in England ist wohl trotz der hohen Streikquote noch gering; vgl. H. Hüppauf, *Fordstreik, Anti-Streik-Gesetze und der Mythos der Militanz*, in: Schneider (Hrsg.), a.a.O., S. 249 ff.

23 Vgl. E. Mandel, *Die Lehren vom Mai 1968*, in: A. Glucksmann u. a., *Revolution Frankreich 1968*, Frankfurt/Main 1969, S. 133 ff.; zur Entwicklung in Italien vgl. in diesem Band S. 84 ff., 176 ff.

Die Bedeutung der Arbeitsbedingungen in den Streiks 1973*

Ende Februar/Anfang März 1973 treten 400 Arbeiter des Profilwalzwerks der Mannesmann-Hütte Huckingen in einen zehntägigen, gewerkschaftlich nicht organisierten Streik. Ihre Forderung richtet sich auf Verbesserung der Lohngruppeneinstufungen (zumindest Lohngruppe 10 für alle Arbeiter) und wird mit verschärften Arbeitsbelastungen infolge starker Produktionssteigerungen (höheres Arbeitstempo; größere Staub-, Lärm- und Hitzebelastung) begründet. Die Auseinandersetzungen sind hart. Die Streikenden besetzen zeitweilig das Verwaltungsgebäude; Versuche der Geschäftsleitung, mit Streikbrechern und Vorgesetzten die Produktion wieder aufzunehmen, werden zweimal durch Besetzung der Walzenrollgänge verhindert. Der Vorstand des Unternehmens ist bemüht, die Streikfront der Arbeiter aufzubrechen (Kooperationsangebot an Arbeitswillige – Verbot für Streikende, den Betrieb zu betreten); er benutzt die Ankündigung des Abbruchs der Verhandlungen mit dem Betriebsrat als Druckmittel und droht schließlich mit handfesten rechtlichen Sanktionen (Schadensersatzforderungen gegen die Streikenden; Geld- bzw. Haftstrafen bei Nichtbeachtung des Verbots, das Werk zu betreten). Die IG Metall greift nur vermittelnd in die Auseinandersetzung ein, wobei sie die Arbeiter zur unverzüglichen Arbeitsaufnahme auffordert. Dennoch wird der Arbeitskampf bis zu einer Vereinbarung fortgeführt, die den Ausgangsforderungen der Arbeiter Rechnung trägt (u. a. Höhergruppierung der meisten Arbeitsplätze um eine, teilweise zwei Lohnstufen).

Im Herbst 1973 streiken die Metallarbeiter in Nordwürttemberg/Nordbaden für eine Verbesserung ihres Manteltarifvertrags. Die IG Metall, Kontrahent in dieser tariflichen Auseinandersetzung, fordert unter anderem: Erholzeiten von 6 bzw. 12 Minuten pro Stunde; individuelle Verdienstsicherung von 140 Prozent der tariflichen Akkordleistung bei Akkord- bzw. Prämienarbeitern;

* Zuerst in: O. Jacobi (Hrsg.), *Gewerkschaften und Klassenkampf – Kritisches Jahrbuch 1974*, Frankfurt 1974, S. 25 ff.

Verbot von Taktzeiten unter 1,5 Minuten; Verdienstgarantie und besserer Kündigungsschutz für ältere Arbeiter. Diese gewerkschaftlichen Forderungen können sich auf die vorhandenen Interessen der Arbeiter stützen. Gerade in weiten Teilen der verarbeitenden Industrie, in der die Voraussetzungen für eine Intensivierung der Arbeit besonders günstig sind, wurden in den letzten Jahren verstärkt Maßnahmen mit dem Ziel durchgeführt, die Effizienz des Arbeitsprozesses zu steigern. Diese Erfahrungen mit arbeitsintensivierenden Rationalisierungen schaffen unter den Arbeitern eine breite Resonanz für Forderungen, die eine Einflußnahme auf die Arbeitsbedingungen beinhalten. Ausdruck für die Bereitschaft, derartige Forderungen zu stellen, sind die vielen Warnstreiks, an denen sich hunderttausend, d. h. ein Viertel der betroffenen Arbeiter beteiligen, sowie das Ergebnis der Urabstimmung, bei der 88,8 Prozent der Gewerkschaftsmitglieder für einen Streik zur Durchsetzung der Forderungen stimmen. Der Streik selbst wird als Schwerpunktstreik bei Daimler-Benz und Bosch geführt. Ohne Ausweitung der Auseinandersetzung kommt nach fünf Tagen eine Vereinbarung zustande. Sie enthält für die Arbeiter eine Reihe von Verbesserungen: Erholzeiten von fünf Minuten pro Stunde; bessere Verdienstabsicherung und erhöhten Kündigungsschutz im Alter; größere Transparenz bei der Ermittlung der Leistungsnormen. Hinsichtlich einiger Forderungen allerdings, die eher auf eine Veränderung der kapitalistischen Arbeitsorganisation hin angelegt waren (Einschränkung des Leistungsprinzips durch individuelle Verdienstgarantie; Einschränkung der Möglichkeiten der Unternehmer zu beliebiger Vereinfachung der Arbeit durch das Verbot extrem kurzer Taktzeiten), bringt die Vereinbarung keine substantiellen Veränderungen.

Keiner der beiden Streikfälle ist im engeren Sinne repräsentativ für die Arbeitskämpfe des Jahres 1973. So kann der Kampf der Profilwalzer von Mannesmann kaum als exemplarisch für die Welle spontaner Streiks gelten, mit denen zahlreiche Arbeiter (insgesamt 275 000 Streikbeteiligte) in erster Linie ihre durch geringe Tarifabschlüsse, steigende Preise und progressive Lohnsteuer gefährdete Realeinkommensposition verbessern wollten. Ebensowenig ist der Manteltarifkampf in Nordwürttemberg-Nordbaden charakteristisch für die gewerkschaftlich organisierten Tarifauseinandersetzungen, die nach wie vor in erster Linie um den gesellschaftlichen Mindestpreis der Ware Arbeitskraft geführt werden. Beide Formen und Ebenen der Auseinandersetzung sparen die betrieblichen Bedingungen der Anwendung der Arbeitskraft (im folgenden: Arbeitsbedingungen) in einem immer noch beträchtlichen Umfang aus. Und dennoch signalisieren die skizzierten Streiks – wie im übrigen auch einige andere Arbeitskämpfe im Jahre 1973[1] – eine tendenzielle Verschiebung der Interessen und des Kampfverhaltens der westdeutschen Arbeiter: Ihr wachsendes Interesse an einer Kontrolle und Verbesserung der Arbeitsbedingungen (und damit im Ansatz auch der Arbeitsinhalte) sowie ihren zunehmenden Widerstand gegen wichtige Prinzipien der kapitalistischen Arbeitsorganisation. Im folgenden wird versucht, die Ursachen dieser Tendenz zu diskutieren, um dann nach ihrer Bedeutung für die Entwicklung des politischen Bewußtseins und Verhaltens der Arbeiter zu fragen; daran werden sich einige Überlegungen zur Organisationsform von Auseinandersetzungen um die Arbeitsbedingungen anschließen.

Kapitalbewegung und Arbeitererfahrungen. Zu den Ursachen des stärkeren Interesses an den Arbeitsbedingungen

Der westdeutsche Kapitalismus stand seit Anfang der fünfziger Jahre unter dem Druck angespannter Arbeitsmarktverhältnisse. Das Interesse an profitabler Kapitalverwertung nahm unter diesen Umständen stärker die Form der relativen Mehrwertproduktion durch Verbesserungen der technisch-organisatorischen Voraussetzungen der Arbeit an. Vor allem nach 1960 kam in der westdeutschen Industrie ein Prozeß des rapiden technischen Wandels in Gang, der statistisch durch einen erheblichen Zuwachs des Sachkapitalbestandes (Anstieg der Kapitalintensität von 1960 bis 1965: 36,8 Prozent) indiziert wird.[2] Die Arbeitsfolgen dieser Veränderungen bestanden allerdings – entgegen einem auch in der Arbeiterklasse lange Zeit vorhandenen Glauben, der von einer positiven Beziehung zwischen technischem »Fortschritt« und der Qualität beruflicher Arbeit ausging – nicht in der weitgehenden Aufhebung restriktiver Formen industrieller Arbeit. Zwar ergaben sich in Teilbereichen durchaus Arbeitsverbesserungen; oft blieben aber einfache und stark belastende Tätigkeiten erhalten oder wurden neu geschaffen, so daß insgesamt eine Tendenz zur Polarisierung der Tätigkeitsanforderungen sichtbar wurde.[3] Industriearbeit blieb geprägt von unqualifizierter und belastender Tätigkeit.

Der Sachverhalt, daß über den technischen Wandel im großen und ganzen die Qualifikation industrieller Arbeit nicht erhöht und die Belastung nicht reduziert wurden, ist Folgeerscheinung der Interessenlage, aus der heraus kapitalistische Unternehmen technische Neuerungen durchführen. Die Profitkalkulation, der letztlich die technischen Veränderungen unterworfen sind, zielt insbesondere auf eine Verringerung der absoluten und relativen Lohnkosten. Unter anderen Faktoren ist in dieser Hinsicht auch die Arbeitsplatzstruktur und hier vor allem die Qualifikationsstruktur wichtig. Große Qualifikationsanforderungen begründen einerseits hohe Ausbildungskosten und damit hohe Lohnkosten, andererseits lassen sie den Arbeitern Kenntnisse und Dispositionschancen, die ihnen Möglichkeiten zur Leistungszurückhaltung bieten. Aus dieser Konstellation ergeben sich eine Schranke gegen Qualifikationserhöhungen und eine Tendenz zur Beibehaltung einfacher, restriktiver Arbeitsformen. Mit entsprechenden Konstruktionen neuer technischer Einrichtungen, vor allem in Form möglichst einfacher Instrumentierung, wie mit Hilfe arbeitsorganisatorischer Rationalisierung, die nach der Einführung technischer Neuerungen die Arbeit vereinfachen, wird dieser angestrebte Effekt erzielt.[4]

Blieben somit viele Industriearbeiter dem Zwang restriktiver Arbeit unterworfen, so verschärfte sich ihre Situation in der Mitte der 60er Jahre oft noch durch neue Faktoren. Die Gewinnerwartungen, die die Unternehmen mit den technischen Veränderungen verknüpft hatten, ließen sich längerfristig nicht realisieren. Die zahlreichen Neuanlagen, im Interesse der Verbesserung der Profitsituation eingeführt, schufen unter der Hand Kapazitäten, die im Vergleich zum möglichen Produktionswachstum zu groß waren; zudem verschlechterte sich die internationale Konkurrenzfähigkeit des westdeutschen Kapitals, was die Absatzchancen in verschiedenen Bereichen einschränkte. Beide Momente ließen die Kapazitätsauslastung absinken (Rückgang des Auslastungsgrades in der Investitionsgüterindustrie z. B. von 94,6 Prozent 1960 auf 88,9 Prozent 1965) und verringerten damit die Rentabilität des Kapitaleinsatzes. Ausdruck dieser verschlechterten Verwertungsbedingungen, die durch größere Lohnzugeständnisse – angesichts der Arbeitskräfteknappheit unumgänglich – zusätzlich beeinträchtigt wurden, war eine abnehmende Profitrate (Rückgang der Bruttorendite in der Industrie zwischen 1960 und 1965 um 12 Prozent).[5] Die Gegenbewegung des Kapitals, als deren Beginn die Rezession 1966/67 anzusehen ist, zielte auf Verbesserung der Exportmöglichkeiten und Verminderung der Lohnzuwächse, insbesondere aber auf die effektivere Nutzung des technischen Wandels ab. Vor allem wurden die Bemühungen um nicht-technische Rationalisierungen erheblich verstärkt, weil hierdurch die Arbeitsleistung auf der Basis der vorhandenen Produktionstechnik gesteigert werden konnte.

Diese Versuche möglichst weitgehender Ausnutzung aller verfügbaren Rationalisierungsreserven ließen den Intensitätsgrad der Arbeit ansteigen.[6] Mit Mitteln wie strafferer Arbeitsplanung, höheren Leistungsnormen, wirksameren Kontroll- und Disziplinierungsverfahren wurden die Arbeiter zu stärkerer Anspannung ihrer Arbeitskraft gezwungen. Ein charakteristisches Beispiel liefern die Systeme vorbestimmter Zeiten (MTM = *Methods-Time-Measurement*, WF = *Work Factor* u. ä.), die in einer wachsenden Zahl von Betrieben zur Anwendung kommen. Sie ermöglichen nicht nur eine genauere Arbeitsanalyse, sondern – auf deren Grundlage – auch eine rationellere Gestaltung des Arbeitsprozesses. »Die Ausschaltung sogenannter überflüssiger Bewegungen und relativ einfache Veränderungen an den Bedienungsvorrichtungen der Maschinen, um einen optimalen Bewegungsablauf zu ermöglichen, steigern nach Einschätzung von Arbeitswissenschaftlern die Arbeitsproduktivität zwischen 25 und 40 Prozent. Dieser enorme Rationalisierungseffekt beruht hier nicht auf neuen Technologien, sondern alleine auf der Verdichtung und Intensivierung der Arbeit.«[7] Für die betroffenen Arbeiter bedeuten solche Veränderungen, deren Verbreiterungsgrad und genaue Ausprägung allerdings noch genauer zu untersuchen wäre, eine Verschärfung der Belastungssituation bei einer schon vorher oft stark beanspruchenden Tätigkeit. Es kann unter diesen Umständen davon ausgegangen werden, daß gerade in den letzten Jahren Restriktivität und Intensivierung im Arbeitsprozeß zu den zentralen und in ihrer Bedeutung wachsenden Erfahrungen westdeutscher Industriearbeiter gehören.

Solche Erfahrungen dürften innerhalb der Arbeiterklasse Konfliktpotentiale freisetzen, die sich stärker als bisher auf die Arbeitsbedingungen beziehen. Zunächst ist dabei an die unteren Arbeiterschichten zu denken, deren Arbeitssituation – ohnehin durch Partikularisierung und hohe Belastungen gekennzeichnet – sich weiter verschlechtert hat.

Zwar ist bekannt, daß die Konfrontation mit dieser Art Arbeit nicht notwendig Kritik und Widerstand gegen die Arbeitssituation hervorruft. Dauerhaft an stark restriktive Tätigkeit gebunden, tendieren die Arbeiter im Interesse der Aufrechterhaltung ihres psychischen Gleichgewichts vielmehr dazu, ihre Ansprüche an die Arbeit einzuschränken. Der Inhalt der Tätigkeit – der konkrete Charakter der Arbeit, die mit ihr verknüpften Dispositionschancen und Qualifikationen – treten als Beurteilungskriterium in den Hintergrund. Demgegenüber stützt sich das Urteil stärker auf die abstrakte Seite der Arbeit: auf das Verhältnis zwischen Belastung und Entlohnung, zwischen physisch-psychischem Aufwand und finanziellem Ertrag, und soweit sich dieses Verhältnis günstig entwickelt, wird auch bei stark restriktiver Tätigkeit die Kritik an der Arbeit zurückgedrängt.[8]

Bis Mitte der 60er Jahre waren die Bedingungen für eine derartige Entwicklung günstig. Die kontinuierliche wirtschaftliche Expansion bot in dieser Zeit genug Möglichkeiten, negative Arbeitsbelastungen durch finanzielle Zugeständnisse zu kompensieren. Inzwischen hat sich aber der Manövrierspielraum des westdeutschen Kapitalismus wesentlich verringert – eine Entwicklung, der gerade für die Einstellung der unteren Arbeiterschichten zur Arbeit große Bedeutung zukommt. Je größer die wirtschaftlichen Wachstums- und Stabilitätsprobleme wurden, je mehr die Entwicklung der Arbeitseinkommen unter den Einfluß der krisenhaften wirtschaftlichen Entwicklung geriet, je mehr insbesondere zurückhaltende Lohnpolitik zu einem entscheidenden Mittel der Verbesserung und Sicherung der Verwertungsbedingungen wurde, desto weniger konnte speziell den ökonomischen Erwartungen der Arbeiter mit stark belastender Tätigkeit Rechnung getragen werden. Damit wurde die Funktion des Lohns als kompensierendem, mit Arbeitsstreß gleichsam aussöhnendem Faktor stärker eingeschränkt. Dies gilt heute um so mehr, als im selben Zuge, infolge der stark steigenden Arbeitsbelastungen, die finanziellen Forderungen der Arbeiter zunehmen mußten, wenn nicht sogar das Interesse an materieller Kompensation wegen objektiver Unerträglichkeit der Arbeit verlorenging.

Die Konsequenz muß in einer Umorientierung der Interessen liegen. Wenn der Mechanismus, negative Arbeitsbelastungen auf finanziellem Wege auszugleichen, angesichts größerer wirtschaftlicher Schwierigkeiten auf engere Grenzen stößt oder wegen nicht mehr kompensierbarer Belastungsintensität sogar fragwürdig wird, werden sich die Erwartungen derjenigen, die stark belastende Arbeit ausführen müssen, mehr auf die Arbeit selbst richten. Ihr Interesse an Kontrolle und Verbesserung der Arbeitsbedingungen nimmt angesichts eingeschränkter (oder unsinniger) Kompensationsmöglichkeiten über den Lohn zu. Freilich ist diese Entwicklung noch weitgehend mit der Belastungsseite der Arbeit verhaftet und bedeutet nicht notwendig auch eine stärkere Berücksichtigung arbeitsinhaltlicher Fragen; wir werden aber sehen, daß ein solcher Schritt heute leichter möglich ist als früher.

Neben den unteren Arbeiterschichten sind neuerdings auch die qualifizierten Facharbeiter stärker von negativen Arbeitsveränderungen betroffen. Angesichts des Versuchs des Kapitals, die vorhandenen Rationalisierungsreserven besser auszuschöpfen, gelangt die Tätigkeit dieser Gruppe ebenfalls unter einen erheblichen Intensifikationsdruck. Exemplarisch hierfür ist die Rationalisierung des Instandhaltungsbereichs, die in den 60er Jahren in Gang kam. In der Form von Schematisierung und Systematisierung der Arbeit, Einführung von Vorgabezeiten, genauerer Erfolgskontrolle und ähnlichen Maßnahmen gelangen hier ebenfalls deutlich Prinzipien zur Anwendung, die sich aus dem Taylorismus ergeben. Die arbeitssoziologische Bedeutung dieser Entwicklung liegt in der Förderung restriktiver Arbeitselemente, in der Einführung von Belastungen und Einschränkungen, die bei der instandhaltenden Tätigkeit bislang weitgehend unbekannt waren.[9] Solche Erfahrungen, für die sich auch andere Beispiele anführen ließen,[10] führen auch im Bereich der qualifizierten Arbeit zu einer Verschärfung der Konfliktsituation.

Der Mechanismus, über den diese Konflikte zustande kommen, ist allerdings nur zum Teil mit dem bei den unteren Arbeiterschichten identisch. Gewiß, auch die qualifizierten Arbeiter sind Lohnarbeiter, und als solche ist für sie wie für andere Arbeiter das Verhältnis zwischen Arbeitsaufwand und Arbeitsertrag entscheidend. Insoweit dürften die Facharbeiter auf eine Situation, in der die Erfahrung steigender Arbeitsbelastungen und stagnierender

Löhne zusammenfällt, ebenfalls zu den bereits beschriebenen Reaktionen tendieren. In ihrem Fall kommt aber ein neues Moment hinzu. Für Arbeiter, die eine qualifizierte Ausbildung durchlaufen haben und ihre Kenntnisse und Fähigkeiten in ihrer bisherigen beruflichen Praxis einzubringen gewohnt waren, sind in einem gewissen Umfang auch arbeitsinhaltlich Erwartungen charakteristisch: Außer an der abstrakten orientieren sie sich stärker an der konkreten Seite ihrer Arbeit, vor allem an der Möglichkeit, bei der Arbeit individuelle Fähigkeiten anwenden und Initiativen entfalten zu können[11]. Auch diese Erwartungen geraten in Widerspruch zu der durch Rationalisierung und Intensifikation veränderten Arbeitssituation. Dadurch können die Konflikte, die durch diese Gruppen entstehen, neben den Bedingungen auch die Inhalte der Arbeit eher zum Gegenstand haben.[12]

Neue Forderungen und Arbeiterbewußtsein: Zur politischen Bedeutung des stärkeren Interesses an den Arbeitsbedingungen

Forderungen nach Veränderung der Bedingungen und Inhalte industrieller Arbeit stoßen schnell auf objektive Widerstände. Zwar versucht das Kapital, diese Widerstände als wissenschaftlich-technische ›Sachzwänge‹ hinzustellen – ganz in der Art jenes Fiatmanagers, der streikenden Arbeitern entgegenhielt: »Weder in den USA noch in Westeuropa, noch im neuen Autowerk von Togliattigrad gibt es andere Produktionsmethoden als bei uns.«[13] Dennoch sind die entscheidenden Hemmnisse gegen arbeitsprozeßliche Verbesserungen Ausdruck der Produktionsverhältnisse und insofern sozialer Natur.

Die Bedeutung dieser Art Grenze liegt darin, daß sie im Rahmen der bestehenden gesellschaftlichen Verhältnisse prinzipiell nicht aufhebbar ist. Politische Konzepte, die auf durchgreifenden Abbau in kleinste Teile zerlegter und belastender Arbeit innerhalb dieses Systems hoffen, müssen daher immer unrealistisch sein. Freilich wird damit nicht die Möglichkeit bestritten, die Situation der Arbeiter auch innerhalb des Kapitalismus zu verbessern. Das Verhältnis zwischen Kapitalverwertung, Produktionstechnik und Arbeitsorganisation ist in einem gewissen Umfang durchaus elastisch – ein Umstand, der allein daran deutlich wird, daß einzelne Betriebe heute mit Unterstützung der Arbeitswissenschaften ernsthaft die Möglichkeit arbeitsprozeßlicher Verbesserungen prüfen, mit deren Hilfe vor allem der Widerstand der Arbeiter gegen die bestehenden Formen industrieller Arbeit auf ein für das Kapital tolerierbares Maß reduziert werden soll.[14] Auch kann es nicht darum gehen, das begrenzte, aber vorhandene systemimmanente Veränderungspotential von vornherein als unwichtig für die Interessen der Arbeiter zu bezeichnen. Gegenüber möglichen Einschränkungen stark beeinträchtigender, wenn nicht gar unerträglicher Lebensbedingungen wird für Arbeiter der Alles-oder-nichts-Standpunkt zur hohlen Alternative. Wichtig ist aber immer auch die Frage, inwieweit in konkreten Konflikten die Chancen für die gesellschaftliche Grundauseinandersetzung erweitert werden können; auf unser Problem bezogen: ob die stärkeren Bemühungen der Arbeiter, ihre Forderungen auf die Arbeitsbedingungen zu beziehen und solche Forderungen im Betrieb durchzusetzen, in längerfristiger Perspektive dazu beitragen können, das Machtverhältnis zwischen den Klassen zu verändern. Von einer positiven Antwort hängt letztlich auch die volle Durchsetzung eben dieser Forderungen ab. Damit steht insbesondere zur Diskussion, ob arbeitsbezogene Forderungen ein geeignetes Mittel darstellen zur »Schaffung immer höherer Grade von Bewußtsein und Organisation gegen die derzeitige kapitalistische Produktionsweise.«[15]

So wichtig diese Frage ist, so wenig sollte sie in Form einer schematischen Trennung von qualitativen und quantitativen Forderungen beantwortet werden. Weder eröffnet der Anspruch auf bessere Arbeitsbedingungen (und -inhalte) unmittelbar eine gesellschaftsverändernde Perspektive, noch bleiben Lohnforderungen per se systemimmanent. In beiden Fällen kommt es entscheidend auf den politischen Kontext an, vor allem darauf, ob die konkrete Forderung mit der Klassen- und Machtstruktur der Gesellschaft vermittelt und in einer Art und Weise verfolgt werden kann, die zur Stärkung des Bewußtseins der Arbeiter beiträgt. Im übrigen bestehen für die Arbeiter zwischen beiden Forderungsarten direkte Zusammenhänge. Einerseits muß für sie der Kampf um die materielle Reproduktion absolute Priorität haben, solange das materielle *Existenzminimum* der Arbeiterklasse noch tagtäglich gefährdet ist; andererseits erlangen – wie die

Verhältnisse 1973 deutlich zeigen – stärker arbeitsbezogene Forderungen besondere Bedeutung, wenn bei stagnierender Reallohnentwicklung *oberhalb* des materiellen Existenzminimums der Leistungszwang für die Arbeiter stark zunimmt – dann wird die belastungskompensierende Wirkung des Lohnes beeinträchtigt und der Kampf um die Arbeitsbedingungen gewinnt Plausibilität. Dieser »innere Zusammenhang der Forderung [nimmt] solchen Vorstellungen jegliche Grundlage, welche die Kampfinhalte von Streikbewegungen in qualitative, [...] potentiell revolutionäre auf der einen und quantitative, [...] das System stabilisierende Forderungen auf der anderen Seite auseinander dividieren wollen.«[16] Umgekehrt ist allerdings festzuhalten, daß gerade wegen dieser Zusammenhänge der Kampf der Arbeiter eine breitere politische Perspektive nur erhalten kann, wenn die Beschränkung der Forderungen auf Lohnforderungen aufgegeben und auch die Ebene der Arbeitsbedingungen und -inhalte einbezogen wird. Insofern markieren die Arbeitskämpfe des Jahres 1973 eine neue Phase in der Entwicklung der westdeutschen Klassenauseinandersetzungen, was im folgenden zu präzisieren sein wird.

Selbstverständlich hat es betriebliche Auseinandersetzungen um Arbeitsprobleme auch schon früher gegeben. Im Regelfall handelte es sich aber um sehr punktuelle Konflikte in der Form von Leistungszurückhaltung (»Bremsen«), Arbeit nach Vorschrift und betrieblichen Warnstreiks. Gleichwohl hat in den letzten Jahren, insbesondere 1973, eine Gewichtsverlagerung zugunsten arbeitsbezogener Forderungen stattgefunden, die nicht zu übersehen ist. Freilich wurden die Arbeitsbedingungen in vielen Fällen nur in indirekter Form und die Arbeitsinhalte meist überhaupt nicht thematisiert. Zur Verdeutlichung eine Übersicht über die Reichweite der für unseren Zusammenhang relevanten Forderungen aus dem letzten Jahr:

– *Lineare Lohnerhöhungen*: Bereits in den offiziellen Tarifrunden 1972/73 kam es in vielen Betrieben zu linearen Lohnforderungen, und in den spontanen Streiks wurden Festgeldforderungen zum häufigsten Streikziel.[17] Obwohl äußerlich auf die Lohnseite bezogen, lassen diese Forderungen auch einen Bezug zur Arbeitsorganisation erkennen. Der massenhaft vertretene Anspruch, die Löhne linear zu erhöhen, signalisiert, daß viele Arbeiter die Prinzipien kapitalistischer Arbeitsorganisation nicht mehr so widerspruchlos hinnehmen wie früher. Gleiche Lohnerhöhungen für alle – diese Forderung bedeutet Problematisierung des Leistungsprinzips, das die Einkommenshöhe an die individuelle Leistungsabgabe bindet. Sie ist ein erster Schritt der Ablehnung einer Produktionsorganisation, in der die Arbeit ausschließlich als Produktivkraft für das Kapital behandelt und die Einkommenszuweisung auf eine profitorientierte Kosten-Ertrags-Rechnung gestützt wird, statt auf die Lebensbedürfnisse der Produzenten ausgerichtet zu sein.

– *Kollektiver Übertritt in höhere Lohngruppen*: Diese Forderung wurde im Streik der Profilwalzer bei Mannesmann/Huckingen[18] und in einigen Frauenstreiks, die auf Aufhebung der Leichtlohngruppen abzielten,[19] gestellt. Sie erscheint hier erwähnenswert, weil sie die Wirksamkeit des Verfahrens differenzierter Lohngruppeneinstufung einzuschränken geeignet ist, mit dessen Hilfe die Unternehmer Fragmentierungs- und Dequalifizierungsprozesse vorantreiben und verfestigen sowie Arbeitsbelastungen steigern können. Die differenzierte Einstufung macht im wesentlichen die Höhe der Lohngruppe vom Umfang der Kenntnisse und Fähigkeiten des einzelnen Arbeiters abhängig, wobei nur die am Arbeitsplatz benutzten Qualifikationen berücksichtigt werden, nicht aber die im Arbeiter verfügbaren (aktuell ungenutzten) Verhaltensmöglichkeiten. Solange im Arbeitsprozeß vorwiegend qualifizierte Facharbeit gefordert wird, liegt dieses Verfahren durchaus im Interesse der Arbeiter, weil es unter diesen Umständen eine Sperre gegen Lohnkürzungen darstellt. Unter den Bedingungen industrieller Massenfertigung wird es jedoch zu einem Anreiz und Mittel der Dequalifizierung und Lohneinschränkung. Die Unternehmer können niedrige Löhne durch den Hinweis auf die jetzt niedrigen Qualifikationsanforderungen des Arbeitsplatzes legitimieren; höhere Lohnstufen erscheinen nur unter der Voraussetzung qualitativ anspruchsvollerer Arbeit berechtigt, wobei die Unternehmer selbst die Bedingungen arbeitsprozeßrechtlicher Veränderungen kontrollieren und in ihrem Interesse einsetzen.[20] Wenn sich die Arbeiter nunmehr durch Forderung kollektiver Übertritte in eine höhere Lohngruppe gegen die Art der Einstufung wenden, so kann dies – wie die Forderung nach linearer Lohnerhöhung – auch eine Kritik am kapitalistischen Leistungsprinzip sein; die Höhe der Lohngruppe und damit des Lohns soll sich nicht mehr nach der aktuell geforderten Individualleistung des Arbeiters richten. Zudem ist wichtig, daß mit dieser

Forderung der Praxis der Betriebe entgegengewirkt wird, über die Qualifikation die Lohnkosten zu reduzieren. Damit ist in rudimentärer Form eine Arbeitsorganisation gemeint, die an anderen als Profitgesichtspunkten ausgerichtet wird.

– *Forderungen mit unmittelbarem Bezug auf Bedingungen und Inhalte industrieller Arbeit*: Arbeitsinhaltliche Forderungen (z. B. Abbau unqualifizierter Arbeit, Erhöhung der Dispositionsmöglichkeiten der Arbeiter) wurden 1973 nur in Ausnahmefällen gestellt, und selbst Streikziele, die in offener und direkter Weise gegen bestehende Arbeitsbedingungen gerichtet sind (z. B. Abschaffung der leistungsabhängigen Entlohnung, Verminderung des Arbeitstempos), kamen noch vergleichsweise selten vor. Allerdings enthielten die Forderungen einiger spontaner Streiks – vor allem bei Ford[21] – solche Elemente, und vor allem zielte dann der Manteltarifkampf in Nordwürttemberg/Nordbaden stärker auf Bedingungen und Inhalte der Arbeit ab.[22] Die Tatsache aber, daß solche Forderungen – wie begrenzt auch immer – überhaupt zum Gegenstand von Kämpfen werden konnten (und daß sie es angesichts der dargestellten Ansätze auch in anderen Fällen durchaus hätten werden können), läßt sich als Zeichen für Veränderungen im Arbeiterbewußtsein verstehen: als Ausdruck für die stärkere Einsicht der Lohnabhängigen, daß die kapitalistische Organisation der Arbeit kein unveränderliches Datum darstellt, dem sie sich passiv unterwerfen müssen und gegen das sie sich nur mit der Forderung nach finanziellem Ausgleich für die erlittene Arbeitsmühe wenden können. Hier könnte von einem möglichen Ausgangspunkt zur grundsätzlichen Problematisierung jener überkommenen Arbeitsstrukturen gesprochen werden, die das System bisher als Ausdruck wissenschaftlich-technischer Rationalität darstellen und damit gegenüber Kritik absichern konnte. Zerfällt dieser Schein unaufhebbarer Determiniertheit und stellt sich der politische Kern der kapitalistischen Arbeitsorganisation deutlicher heraus, so müßte die Arbeitsorganisation direkt zum Objekt politischer Kämpfe der Arbeiter werden.[23]

Um Mißverständnisse zu vermeiden: diese Tendenz hat sich bis heute gewiß noch nicht durchgesetzt. Zu zaghaft und indirekt sind noch die Angriffe der Arbeiter auf die Arbeitsorganisation; zu sehr verfehlen die Gewerkschaften noch immer die notwendige Aufgabe, als Klassenorganisationen die betrieblichen Auseinandersetzungen aufzugreifen und weiterzuentwickeln. Aber die Möglichkeiten einer Klassenbewegung mit gesellschaftsverändernder Perspektive erscheinen größer als vor einigen Jahren. Das stärkere Engagement für Forderungen, in denen die Bedingungen und Inhalte industrieller Arbeit mehr oder weniger direkt eine Rolle spielen, stellt dabei eine wichtige Etappe dar. Denn gerade die Erfahrungen, die die Arbeiter im Kampf um die Durchsetzung dieser Forderungen machen, können zu einer Weiterentwicklung ihres politischen Bewußtseins und Verhaltens beitragen.

Vieles spricht dafür, daß sich die Fragen nach den Prinzipien der Organisation industrieller Arbeit, sobald sie zum Gegenstand von Auseinandersetzungen gemacht worden sind, nicht mehr so leicht absetzen lassen. Mit einiger Wahrscheinlichkeit werden die Unternehmer versuchen, den stärkeren Widerstand gegen die Arbeitsbedingungen – den sie selbst zunächst vor allem als Kostenfaktor in der Form zunehmender Fluktuationsraten und Fehlzeiten sowie steigender Streikausfalltage wahrnehmen – durch partielle Zugeständnisse zu unterlaufen.[24] Das entspräche jedenfalls der für die heutige Phase des Kapitalismus charakteristischen Strategie der Risikovermeidung, für die nicht mehr die rigorose Ausnutzung der aktuell gegebenen Machtpositionen, sondern die Sicherung langfristiger, kalkulierbarer Verwertungschancen im Vordergrund steht. Doch selbst diese elastische Haltung wäre für das Kapital ein nicht unproblematischer Weg. Ohne mögliche integrative Wirkungen zu unterschätzen, die allerdings dann gering sein dürften, wenn die Veränderungen dem Kapital im Kampf abgerungen worden sind und nicht als »freiwillige Sozialleistung« dargestellt werden können, liegt es nahe, daß solche Entwicklungen auf der Seite der Arbeiter weiterreichende schwerer erfüllbare Forderungen auslösen – wie in einigen baden-württembergischen Betrieben bereits geschehen, wo Arbeiter im Anschluß an die vereinbarte Pausenregelung ruhige Pausenräume in Arbeitsplatznähe mit Sitzgelegenheiten und fließendem Wasser und eine ganztägig geöffnete Kantine forderten.[25] Michel Bosquets Vermutung, »das, was die Arbeiter ›Arbeiterkontrolle‹ nennen [. . .] kann und muß die Arbeiter dahin führen, für ihre totale Befreiung zu kämpfen, wenn sie einmal von der Verdummung der Unterdrückung und dem Verdruß befreit sind«[26], ist gewiß eine überoptimistische Hoffnung, die die Begrenztheit der zu erwartenden Arbeitsveränderungen und die Wirksamkeit möglicher Gegenbewegungen unterschätzt. Sie enthält aber einen richtigen Kern, weil die Erfahrung, daß die Arbeitsbedingungen durch kollektiven Druck beeinflußt werden können, die Veränderbarkeit der Arbeitsorganisation demonstriert und insofern eine politisch nutzbare Basis dafür bildet, größere Forderungen an die Bedingungen und Inhalte der Arbeit zu richten und diese zu verfolgen.

Noch entscheidendere Lernimpulse als die Erfahrung der Veränderbarkeit der Arbeitsorganisation könnte allerdings die Erfahrung der im Kapitalismus notwendigen Begrenztheit solcher Veränderungen vermitteln. Der Reaktionsspielraum der Betriebe bei der Gestaltung der Arbeitsorganisation bewegt sich immer innerhalb der Grenzen des kapitalistischen Verwertungsprozesses. Dies schließt eine befriedigende Realisierung der Arbeiterforderungen aus. Insbesondere ist immer wieder damit zu rechnen, daß die Unternehmer Zugeständnisse auf der einen Seite durch Restriktionen auf einer anderen zurückzunehmen sich bemühen. Exemplarisch sind hier wiederum Konflikte in der baden-württembergischen Metallindustrie um die Einführung der durch das neue Abkommen gesicherten Erholungspausen. Viele Betriebe versuchten, die auf die Pausen anrechenbaren Arbeitsunterbrechungen sehr weit zu fassen, was den IGM-Sekretär Eisenmann – auf Daimler/Benz Mannheim bezogen – zu der Feststellung veranlaßte: »Es bleibt keine andere Möglichkeit, als daß sich die Kollegen ihr Recht aus dem Tarifvertrag durch organisierte Pausennahme verschaffen.«[27] Der sich bereits in solchen Beispielen abzeichnende Widerstand der Unternehmer wird um so stärker sein, je deutlicher die neuen Forderungen der Arbeiter die in ihnen angelegte Negation wichtiger Prinzipien der kapitalistischen Arbeitsorganisation zum Ausdruck bringen.

Die Frage stellt sich, wie die Arbeiter auf die Erfahrung reagieren, daß die in ihrer Sicht richtigen Forderungen an den entscheidenden Punkten auf den Widerstand und die Gegenmaßnahmen des Kapitals stoßen. Über diese unvermeidlichen Konflikte müßte die Organisation industrieller Arbeit klarer ins Blickfeld der Arbeiter rücken und der Eindruck sich verstärken, daß arbeitsprozeßliche Veränderungen, die die Arbeiter aus ihrer Situation heraus als vernünftig ansehen, eben deshalb innerhalb des bestehenden Systems nicht oder nicht voll durchgesetzt werden können. Dieser exemplarische Widerspruch zwischen einleuchtender Forderung und gegebenen Realisierungschancen stützt die politisch zentrale Erkenntnis, daß die wesentliche Schranke für die Durchsetzung der Arbeiterforderungen in der Macht- und Interessenstruktur des kapitalistischen Betriebs liegt. In dieser Einsicht liegt der Bruchpunkt, von dem ab der Kampf um die Arbeitsorganisation als antikapitalistischer Kampf geführt werden kann. Auch unter diesem Blickwinkel legen also einige Begleiterscheinungen der Streiks des Jahres 1973 den Schluß nahe, daß die Auseinandersetzung um die Organisation industrieller Arbeit – auch wenn sie heute von Teilen der Arbeiterbewegung selbst auf das Marschziel der systemimmanenten »Humanisierung der Arbeit« zugeschnitten wird – mehr auslösen könnte als nur eng in sich begrenzte Veränderungen.

Das gegen eine solche Perspektive häufig vorgetragene Bedenken, arbeitsbezogene Forderungen seien gruppenspezifische Forderungen und könnten als solche nur schwer verallgemeinert und in umfassendere Klassenauseinandersetzungen einbezogen werden, verliert unter den genannten Bedingungen an Bedeutung. In der Tat mußte bisher von in Teilgruppen der Arbeiterklasse recht unterschiedlichen Politisierungsbedingungen ausgegangen werden. Die Arbeitsfolgen der technischen Entwicklung hatten die verschiedenen Arbeitsbereiche, Berufe und Qualifikationsgruppen in so unterschiedlicher Weise erfaßt, daß von einer alle Arbeiter in gleicher Weise betreffenden *konkreten* Arbeitssituation nicht gesprochen werden konnte. Die Möglichkeiten für die Entwicklung eines kollektiven Lohnarbeiterbewußtseins waren unter diesen Bedingungen spürbar erschwert.[28] Infolge der aktuellen Veränderungen im Arbeitsprozeß zeichnet sich nun gerade hier eine Entwicklung ab, die dem Einfluß arbeitsplatzspezifischer Differenzen auf das Bewußtsein entgegenwirkt: Die Erfahrung der Arbeitsintensivierung wird – wie wir sahen – mehr und mehr zu einer allgemeinen, die entgegen einer verbreiteten Meinung eben nicht nur die unteren Arbeiterschichten erfaßt, sondern auch relevante Facharbeitergruppen. Dieser Tatbestand gruppenübergreifender Intensifikationserfahrungen – greifbar als stark steigende Leistungsansprüche und zunehmende Reglementierung an vielen Arbeitsplätzen unterschiedlichster Qualifikationsstufen – läßt die kollektive Seite des Arbeiterbewußtseins stärker in den Vordergrund treten. Der Ausbeutungscharakter des kapitalistischen Arbeitsprozesses und die Objektstellung des Lohnarbeiters in der Produktion drängen sich dem Bewußtsein der Arbeiter, der qualifizierten wie der einfachen, stärker auf. In dieser Situation gewinnt der Kampf um Verbesserung der Arbeitsbedingungen die Qualität einer insgesamt einsichtigen Auseinandersetzung, in der Fraktionierungen der Arbeiterklasse überwunden werden könnten. Die breite Basis, auf die sich arbeitsbezogene Forderungen im Manteltarifkampf der Metallindustrie Nordwürttembergs/Nordbadens – einer Industrie mit einem traditionell hohen Facharbeiteranteil – stützen konnte, bestärkt diese Vermutung.

Betriebliche und gewerkschaftliche Interessenvertretung. Zu den Ebenen des Kampfes um die Arbeitsbedingungen

Die westdeutschen Gewerkschaften sind auf einen Kampf um die Arbeitsorganisation denkbar schlecht vorbereitet. Im Schwerpunkt auf großflächige Lohnpolitik fixiert, spielten die arbeitsplatzspezifischen Fragen im Rahmen offizieller Gewerkschaftspraxis eine mindere Rolle. Die Tatsache, daß der 1973 abgeschlossene Manteltarifvertrag für die Metallindustrie in Baden-Württemberg ein Abkommen ablöste, über das 17 Jahre verhandelt worden war, spricht für sich. Der Arbeitsprozeß war kein Gegenstand, der als kampffähig galt. Bedeutete schon diese Ausrichtung der gewerkschaftlichen Politik auf die Lohnseite eine Vernachlässigung zentraler Aspekte der Lebensbedingungen der Beschäftigten, so wurde diese Tendenz zur Einschränkung noch verstärkt, je mehr dann auch noch die Lohnpolitik – nach der Aufgabe von Umverteilungsvorstellungen – von dem Ziel der Erweiterung der materiellen Reproduktionsbedingungen gelöst und den wirtschaftlichen Stabilitätsbedingungen des Systems unterworfen wurde.

Hinsichtlich der objektiven Hintergründe dieses Trends kann global auf die Ursache kooperativer Gewerkschaftspraxis verwiesen werden.[29] In unserem Zusammenhang ist entscheidender, daß die Gewerkschaften in dieser Form kaum in der Lage waren, auf die veränderten Forderungen der Arbeiter politisch angemessen zu reagieren. Die Tendenz eines erheblichen Teils des Funktionärskörpers, die Forderungen in den spontanen Streiks des letzten Jahres ausschließlich abwehrend zu behandeln,[30] ist hierfür genau so charakteristisch wie – um einen anders gelagerten Fall aufzugreifen – die Tatsache, daß die IG-Metall-Führung den alles in allem doch recht kompromißhaften Manteltarifabschluß in Baden-Württemberg gegenüber den Arbeitern als »Revolution in der sinnvollen Arbeitsgestaltung« darstellen konnte, ohne die Begrenztheit der Veränderungen auch nur zu erwähnen und auf die bei der betrieblichen Umsetzung zu erwartenden Gegenbewegungen der Unternehmen vorzubereiten.[31]

Angesichts solcher Unfähigkeit, die Konflikte um Arbeitsbedingungen aufzugreifen und ihnen eine Perspektive zu geben, muß sich der Gegensatz zwischen Gewerkschaftsführung und relevanten Teilen der Arbeiterklasse verschärfen. Wenn die neuen Forderungen tatsächlich Ausdruck des Versuchs der Arbeiter sind, ihre durch Lohneinschränkung und Arbeitsintensifikation veränderte Situation zu verbessern, kann die Erfahrung, daß die offizielle Gewerkschaftslinie dem nicht oder nicht genügend Rechnung trägt, nur das Vertrauen vieler Arbeiter in die gewerkschaftliche Vertretungspolitik gefährden. Die spontanen Streiks des Jahres 1973 sind auch Ausdruck einer Krise der traditionellen Gewerkschaftspraxis. Durch sie wird »praktisch eine Politik der Gewerkschaft kritisiert, welche die Bedingungen der Anwendung der Arbeitskraft dem einzelnen Kapitalisten überläßt«.[32]

Freilich ist damit zu rechnen, daß sich die Gewerkschaften längerfristig zur Anpassung ihrer Politik an die veränderten Arbeiterinteressen gezwungen sehen. Der Verselbständigung der Apparate sind strukturnotwendig Grenzen gesetzt. »Als freiwillige Mitgliederorganisationen müssen Gewerkschaften – seien sie noch so bürokratisch, zentralistisch und undemokratisch – dominante Interessen der Mitglieder vertreten. Andernfalls sind von den Mitgliedern negative Reaktionen (Ablehnung von Beitragserhöhungen, Abwahl von Funktionären, spontane Arbeitsniederlegungen, Austritte) zu erwarten, die die Funktionsfähigkeit gewerkschaftlicher Organisationen wie auch ihre Verpflichtungsfähigkeit gegenüber den Vertragskontrahenten beeinträchtigen.«[33] Der Manteltarifkampf der IG-Metall in Nordbaden/Nordwürttemberg kann als ein erstes Zeichen für eine Umorientierung der offiziellen Gewerkschaftspolitik auf eine stärkere Berücksichtigung der arbeitsbezogenen Interessen der Mitglieder verstanden werden. Wie auch immer begrenzt der offizielle Forderungskatalog gewesen und wie auch immer perspektivlos der Kampf geführt worden sein mag, es bleibt festzuhalten, daß hier zum erstenmal in der neueren Geschichte offizieller Tarifauseinandersetzungen jene alte gewerkschaftliche Defensivposition überschritten wurde, die Arbeitskämpfe bestenfalls als Mittel der Abwehr oder des Ausgleichs schlechterer Arbeitsbedingungen versteht, ohne dabei die kapitalistische Organisation der Arbeit zu problematisieren.

Die Gewerkschaftslinke müßte versuchen, diese Entwicklung zu beschleunigen. Dies nicht nur aus innerorganisatorischen Gründen: weil allein schon durch die Existenz dieser Entwicklung die Krise traditioneller Gewerkschaftspolitik dokumentiert und – über die in ihr enthaltenen Widersprüche – die Auseinandersetzung mit den sozialpartnerschaftlich orientierten Teilen des Gewerkschaftsapparats vorangetrieben werden kann. Für die Unterstützung dieses Prozesses spricht in erster Linie die Logik des Kampfes um die Arbeitsorganisation, die dazu zwingt, ihn auf zwei Ebenen zu führen: als inner- und als überbetrieblichen Kampf.

Die bisherigen Auseinandersetzungen um arbeitsbezogene Fragen hatten ihren Schwerpunkt im Betrieb, und es kann gewiß nicht darum gehen, diese Position heute aufzugeben. Gerade dem dargestellten Versuch des Kapitals, mögliche Zugeständnisse im Prozeß der *betrieblichen* Umsetzung wieder rückgängig zu machen, kann nur gegengesteuert werden, wenn sich die Arbeiterinteressen auf Betriebsebene organisieren. Insofern ist die Feststellung richtig, »daß verallgemeinerte, zentrale Kämpfe nur geführt werden können, wenn auch auf Betriebsebene die Auseinandersetzung mit dem Kapital um die je spezifischen Arbeits- und Entlohnungsbedingungen geführt werden kann.«[34] Aber auch im umgekehrten Sinn gibt es keinen Gegensatz zwischen zentralen gewerkschaftlichen und dezentralen betrieblichen Kämpfen.

Konflikte um die Arbeitsorganisation treiben, soweit sie ihre politische Potenz entfalten, über den Betriebsrahmen hinaus. Dieser Tatbestand kommt dadurch zustande, daß der Kampf für die Arbeitsplatzinteressen tendenziell die Systemfrage aufwirft und aus diesem Grund nur stabilisiert werden kann, wenn die Möglichkeit einer *gesellschaftlichen* Alternative einsichtig ist. Ohne die konkrete Vorstellung einer alternativen gesellschaftlichen Konzeption verlieren offensive Forderungen ihren Sinn. Eine Grundvoraussetzung für eine solche, auch die Arbeiter überzeugende Möglichkeit ist aber das Vorhandensein von Organisationen, welche die Auseinandersetzung auf gesellschaftlicher Ebene aufgreifen und führen. Fehlen Klassenorganisationen, die – auch und gerade in Phasen des politischen Rückschlags oder der Stagnation – den Zusammenhang zwischen den konkreten politischen Einzelerfahrungen und den objektiven Möglichkeiten gesellschaftlicher Emanzipation begreiflich machen können, besteht langfristig (insbesondere angesichts der in entwickelten kapitalistischen Gesellschaften immer noch gegebenen Kompensationsangebote) die Gefahr des partikularisierenden und individualisierenden Rückzugs.

Die Funktion einer allgemein orientierenden Klassenorganisation könnten unter diesen Bedingungen nur die Gewerkschaften übernehmen. Bei aller Kritik an der gegenwärtigen gewerkschaftlichen Praxis und bei aller Distanz gegenüber dem gewerkschaftlichen Apparat verstehen die Arbeiter die Gewerkschaften nach wie vor als »eigene« Organisationen, auf die nicht verzichtet werden kann. Die Einsicht in die Notwendigkeit kollektiver Interessenvertretung bleibt an die Gewerkschaften gebunden; auf sie richtet sich in erster Linie die Hoffnung auf Schutz vor dem Kapital und auf Verbesserung der Lebensverhältnisse. Ihre Basis hat diese Haltung in den durch den tradierten proletarischen Lebenszusammenhang vermittelten Erfahrungen der Arbeiterklasse. Durch sie kommt eine Bindung an die gewerkschaftliche Organisation zustande, die heute sicher nicht mehr so stark ist, daß nicht zur Not auch Kampfaktionen ohne Unterstützung durch den gewerkschaftlichen Apparat möglich wären, die aber doch stark genug bleibt, so daß die Frage neuer Organisationsformen für die meisten Arbeiter nicht aktuell ist. »[. . .] der Erfahrungszusammenhang des Arbeiters [ist] so sehr mit der Organisation verbunden, der er bisher angehörte, daß ihm nur ein geringer Bewegungsspielraum bleibt, neue Freunde zu gewinnen, den Ort zu wechseln, überhaupt den alten Kommunikationszusammenhang zu ersetzen. [. . .] Auf jeden Fall ist bei jeder möglichen Abspaltung von der Mutter-Organisation das Opfer bei ihm wesentlich größer als das, das ein Intellektueller bringt.«[35]

Hier zeichnet sich das Dilemma ab, daß zwar die Arbeiter ihre Interessen nur im Rahmen und über ihre Gewerkschaften politisieren können, die Gewerkschaften in ihrer bisherigen Form diesen Prozeß aber eher behindern als fördern. Die in dieser Lage notwendige Kritik und Auseinandersetzung mit der traditionellen Gewerkschaftspolitik kann sich heute auf eine neue Grundlage stützen: auf die veränderte Interessenlage der Arbeiter, wie sie sich in den jüngsten Streiks angedeutet hat. Die Erschütterungen, denen der Apparat durch diese Entwicklung ausgesetzt ist, gilt es zu verstärken. Ein erster Schritt in dieser Richtung ist es, die neuen Forderungen aus den Betrieben – lineare Lohnerhöhungen; Abschaffung der bisherigen Form der Lohngruppeneinstufug; Verbesserung der Arbeitsbedingungen – fest in der innergewerkschaftlichen Diskussion zu verankern.

Anmerkungen

1 Vgl. Redaktionskollektiv »express«, *Spontane Streiks 1973 – Krise der Gewerkschaftspolitik*, Offenbach 1974, insbes. die Übersicht S. 125 f.

2 M. Baethge u. a., *Produktion und Qualifikation*, Hannover 1974, S. 26-41.

3 H. Kern/M. Schumann, *Industriearbeit und Arbeiterbewußtsein*, insbes. S. 152.

4 Vgl. Baethge u. a., a.a.O., S. 65-80.

5 Ebd., S. 31 f., Tab. 5.

6 Vgl. Redaktionskollektiv Gewerkschaften, *Zur Intensifikation der Arbeit in der BRD*, in: *Probleme des Klassenkampfes* 4, S. 81 ff.; 5, S. 125 ff.

7 E. Teschner, *Neue Entlohnungsmethode*, in: Jacobi u. a. (Hrsg.), *Jahrbuch '74*, S. 209.

8 Vgl. Kern/Schumann, a.a.O., S. 207 ff.

9 Ebd., S. 201 ff.

10 Vgl. Baethge u. a., a.a.O., S. 69 ff.

11 Kern/Schumann, a.a.O., S. 221 ff.

12 Die Ursachen für das stärkere Interesse der Beschäftigten an den Arbeitsbedingungen sind in diesem Text zu eng gefaßt. Die genannten Momente spielten gewiß eine Rolle, wohl aber mehr als konkrete Erfahrungen, durch die eine kritische Grundhaltung gegenüber negativen Arbeitsbedingungen (fragmentierte Arbeit, Arbeitsbelastungen usw.) konkretisiert und verschärft wurde, die bei Arbeitern aus ihrem gesamten Erfahrungsbereich heraus angelegt ist. Vgl. in diesem Band S. 171 ff. (1978)

13 *Frankfurter Rundschau* vom 18.5.71.

14 Vgl. in diesem Band S. 29 ff.

15 M. Regini/E. Reynerie (*Akkordlohn, Qualifikation als Kampfinhalt italienischer Arbeiter*, München 1973, S. 156), die diesen Gesichtspunkt bei der Analyse der italienischen Erfahrung diskutieren.

16 Redaktionskollektiv Gewerkschaften, *Neue Momente in der Klassenbewegung*

1973 in der Metallindustrie in: *Probleme des Klassenkampfes* 10, S. 45 Anm. 19.

17 Vgl. Redaktionskollektiv »express«, a.a.O., S. 23; vgl. die Übersicht S. 125 ff.

18 Redaktionskollektiv »express«, a.a.O., S. 61 ff.; G. Höhne, *Wir gehen nach vorn!* (Erfahrungsbericht über die Arbeitskämpfe bei Mannesmann, Berlin 1974).

19 Vgl. die Streikdarstellung Pierburg/Neuss bei Jacobi u. a. (Hrsg.), *Jahrbuch '74*, S. 71 ff.

20 Siehe oben; vgl. auch Cella/Manghi, *Kritische Analyse des Qualifikationssystems*, in: CGIL/CISL, *Zur Geschichte und Theorie der italienischen Gewerkschaftsbewegung*, Bd. 2, insbes. S. 223.

21 Gruppe Arbeiterkampf, *Streik bei Ford Köln*, Erlangen 1973; Redaktionskollektiv »express«, a.a.O., S. 101 ff.

22 H. Kern, *Zum Streikergebnis Nordwürttemberg/Nordbaden*, in: *express*, 11/1973, S. 10.

23 In ähnlicher Weise bestimmen Regini/Reyneri, a.a.O., S. 67 ff., die neuen Forderungen der italienischen Arbeiterklasse.

24 In diesem Zusammenhang sind vor allem die Konzepte zur »Humanisierung der Arbeit« bedeutsam; vgl. S. 32 ff.

25 *Metall*, 6/1974.

26 M. Bosquet, *Les patrons decouvrent »l'usine-bagne«*, in: *Le Nouvel Observateur*, 384/1972, S. 73.

27 *Metall*, 3/1974; vgl. auch Berichte in *Metall*, 1/1974. Interessant sind in diesem Zusammenhang die Erläuterungen des Arbeitgeberverbands zum Lohnrahmentarifvertrag II, in denen den Betrieben viele Hinweise für eine enge Interpretation der Pausenvorschriften des Tarifvertrages gegeben werden.

28 Vgl. Kern/Schumann, a.a.O., S. 299 ff. und passim.

29 Vgl. W. Müller-Jentsch, *Bedingungen kooperativer und konfliktorischer Gewerkschaftspolitik*, in: *Leviathan* 2/1973, S. 223 ff. – Hier handelt es sich um eine Vorveröffentlichung zu der Studie: J. Bergmann u. a., *Gewerkschaften in der Bundesrepublik*, Frankfurt/Köln 1975 (vgl. insbes. S. 16 ff.). Die Studie, die im Text zu unkritisch zitiert wird, weist einige Schematismen auf (»kooperative« vs. »konfliktorische« Gewerkschaftspolitik, militante Basis vs. angepaßter Apparat), die die Realität der westdeutschen Gewerkschaftsbewegung nicht ganz treffen. Gewiß stellt die Frankfurter Gewerkschaftsstudie jedoch eine sehr verdienstvolle Arbeit dar, in der zentrale Momente der gewerkschaftlichen Entwicklung herausgearbeitet und analysiert werden. (1978)

30 Vgl. Redaktionskollektiv »express«, a.a.O., S. 37.

31 Vgl. Kern, a.a.O.

32 Redaktionskollektiv Gewerkschaften, *Neue Momente* . . ., S. 44.

33 Müller-Jentsch, a.a.O., S. 226.

34 Redaktionskollektiv Gewerkschaften, *Neue Momente* . . ., S. 51.

35 O. Negt/A. Kluge, *Öffentlichkeit und Erfahrung*, S. 114.

Rationalisierung und Besitzstandssicherung in der Metallindustrie

*Zum Streik in der süddeutschen Metallindustrie 1978**

Die Bedeutung der von der IG Druck und Papier und der IG Metall 1978 geführten Arbeitskämpfe zur Besitzstandssicherung und die Wirksamkeit der erzielten vertraglichen Vereinbarungen lassen sich nur abschätzen, wenn die komplexen Bedingungen und Verursachungszusammenhänge analysiert werden, die die Arbeitssituation und das Einkommen der Arbeitnehmer bestimmen. In der Öffentlichkeit sind vor allem die technischen Umwälzungen in der Druck- und der Uhrenindustrie, die mit einer breiten Anwendung elektronischer Verfahren in Zusammenhang stehen, als Ursachen für die plötzliche Präsenz des Absicherungsproblems diskutiert worden. So bedeutsam diese Fälle mit ihren existentiellen Auswirkungen für ganze Berufs- und Tätigkeitsgruppen auch sind, reichen sie doch allein nicht aus, die Bedeutung der Probleme zu erklären. Einerseits darf die Beachtung der sinnfälligen Auswirkungen einzelner, wenngleich weittragender technischer Neuentwicklungen die Einsicht in die breitflächigeren Arbeitsveränderungen nicht verstellen, die mit den vielfältigen Formen »schleichender« Rationalisierung zusammenhängen. Zum anderen muß der sozio-ökonomische Bedingungsrahmen beachtet werden, in dem sich die Rationalisierungsprozesse durchsetzen und durch dessen Form die Auswirkungen des technisch-organisatorischen Wandels mitbeeinflußt werden.

Wir werden uns im ersten Teil unserer Überlegungen, der die Entstehungsbedingungen der Absicherungsproblematik behandelt, um eine etwas genauere Kennzeichnung dieser Zusammenhänge bemühen. In einem zweiten Teil werden wir dann die Bedeutung der Forderungen zur Absicherung sowie des erzielten tarifvertraglichen Kompromisses diskutieren.

* Verfaßt gemeinsam mit Helmut Schauer; zuerst in: *Gewerkschaftliche Monatshefte* 5/1978, S. 272 ff.; 8/1978, S. 482 ff. Die Literaturverweise sind nachträglich eingefügt worden.

I.

1. Zum Rationalisierungspotential in der Metallindustrie

Die Rationalisierungsvorgänge in einer so differenzierten Branche wie der Metallverarbeitung sind zu vielfältig, als daß sie hier umfassend charakterisiert werden könnten. Doch ist es nach den vorliegenden Beobachtungen möglich, eine Reihe von Prozessen zu benennen, deren Bedeutung zunimmt und die insgesamt auf eine Neubestimmung des Rationalisierungspotentials in der Metallindustrie hinauslaufen dürften. Dabei sind folgende Tendenzen zu unterscheiden[1]:

a) Insbesondere in jenen Bereichen der Metallindustrie, in denen bereits in den letzten Jahrzehnten ein hohes fertigungstechnisches Niveau erreicht worden ist – Beispiele bieten die Fertigungen der Automobilindustrie, teilweise auch der elektrotechnischen Industrie –, setzen viele Betriebe heute ihr planerisches Potential vorzugsweise zur *Mechanisierung und Effektivierung vorhandener Einrichtungen* ein. Das führt zu Veränderungen von Fertigungstechnik und Arbeitsorganisation, in denen sich vorhandene technisch-organisatorische Kenntnisse und Möglichkeiten mit partiellen Neuerungen zu speziellen Problemlösungen verbinden. Diese Veränderungen lassen sich nicht auf *einen* innovatorischen Nenner bringen und erscheinen oft als begrenzte Umstellungen bekannter Art. Aber sicherlich haben diese alltäglichen, gewissermaßen schleichenden Änderungen, die sich zu einem großen Teil vorhandener Techniken bedienen, große Tragweiten für die Arbeitsanforderungen und die Zahl der verfügbaren Arbeitsplätze. Wichtig ist dabei, daß sich die auf eine effektivere Nutzung der vorhandenen Anlagen zielenden Rationalisierungsprozesse nicht auf den Bereich der Fertigung selbst beschränken, sondern immer stärker auch die der Produktion vor-, neben- und nachgelagerten Bereiche erfassen (Materialvorbereitung und -bereitstellung, Inspektion, Instandhaltung usw.), in denen sich bisher immer noch ein hoher Anteil qualifizierter Facharbeit gehalten hatte.

b) Bekanntlich ist es bisher auch in den Massenindustrien nicht gelungen, die Fertigungstechnik aller Bereiche auf ein halbwegs einheitliches Niveau anzuheben. Mechanisierungs- und Automatisierungssperren zeigten sich vor allem in den Montagebereichen, wo infolge der Art der anfallenden Arbeitsprozesse (vielfältige, variable Montageoperation) und der besonderen Marktnähe (Produktvarianten, Typenwechsel) der Einsatz starrer Spezialmaschinen für die Betriebe wenig attraktiv war. Lücken im Mechanisierungsniveau bleiben aber auch an anderen Stellen offen, so in der mechanischen Fertigung bei der Bedienung von Werkzeugmaschinen. Auf der Grundlage neuer Produkt- und Fertigungstechnologien zeichnen sich hier nun durchgreifende Veränderungen ab. Wichtig ist unter anderem die *Weiterentwicklung von elektronischen Bauelementen*, vor allem die Technik der integrierten Halbleiterschaltungen, durch die nicht nur die Konzeption elektrotechnischer Geräte wesentlich verändert wird, sondern ebenso die Art der Fertigung: Zahl und Vielfalt der Montageoperation gehen zurück, gleichzeitig eröffnen sich breitere Ansätze für eine Mechanisierung und Automatisierung. Wachsende Bedeutung gewinnt auch der Einsatz von Handhabungsautomaten (Industrieroboter) – eine neue Fertigungstechnologie, die zur Mechanisierung komplizierter Bewegungsabläufe geeignet ist und die sich durch leichte Umrüstbarkeit auszeichnet.[2] Die entwickelten und bekanntgewordenen Industrieroboter finden sich heute vorzugsweise in der Automobilindustrie, insbesondere in der Montage, der Lackiererei und bei der Bedienung von Preßwerken. Die fortschreitende Entwicklung und Anwendung dieser neuen Produkt- und Fertigungstechnologien wird die Beschäftigtenstruktur insbesondere in den arbeitsintensiven Bereichen der elektrotechnischen und der Automobilindustrie künftig stark verändern, wobei Arbeitsplatzverluste eine besondere Rolle spielen werden.

c) Schließlich gewinnen *spezielle Rationalisierungsverfahren in der Kleinserienfertigung* eine größere Bedeutung. Die großen Rationalisierungsschübe der 50er und 60er Jahre betrafen in erster Linie die Massenfertigung, insbesondere – und zwar in unterschiedlichen Ausprägungen – die Automobil- und die elektrotechnische Industrie. Weite Teile der Metallindustrie weisen jedoch durch die Spezialisierung der Produktion, die insbesondere im Maschinenbau vielfach nicht über Einzelaufträge oder Kleinserien hinauskommt, beträchtliche Sperren gegen die Techniken der industriellen Massenfertigung auf. In zunehmendem Maße sind nun aber in den letzten Jahren die Voraussetzungen für die Rationalisierung gerade in der Kleinserienfertigung verbessert worden. Teils sind in diesem Zusammenhang markt- und produktbezogene Veränderungen wichtig, teils auch fertigungstechnische Neuerungen. Zum ersten Komplex gehören Marktbereinigungen durch Kooperation und Verflechtung, ferner neue Produktkonzeptionen durch die konsequente Anwendung des Baukastenprinzips – beides Maßnahmen, durch die die Fertigungsserien vergrößert und damit die Möglichkeiten der Rationalisierung erweitert werden. Zu nennen ist aber auch die Entwicklung neuer Fertigungstechniken, die sich speziell für den Einsatz in der Kleinserienfertigung eignen. Hier ist etwa an die mit der NC-Technik und der elektronischen Meßsteuerung vordringende Selbststeuerung von Werkzeugmaschinen zu denken, deren Prozeßcharakter mit Magazinierung der Werkstücke und automatisierter Ein- und Ausgabe komplettiert wird. Die soziale Bedeutung gerade dieser Entwicklungen liegt vor allem darin, daß durch sie die Rationalisierungsmöglichkeiten in jenen Bereichen der Metallindustrie erweitert werden, in denen lange Zeit traditionelle Produktionsverfahren mit einem hohen Anteil qualifizierter Facharbeit vorherrschten.

2. *Rationalisierung und Arbeitsanforderungen*

Welche positiven oder negativen Folgen die skizzierten Rationalisierungsprozesse für die betroffenen Beschäftigten haben, wird sich pauschal nicht sagen lassen und hängt nicht allein von den technisch-organisatorischen Vorgängen selbst ab, sondern auch von vermittelnden Faktoren wie Beschäftigungs- und Arbeitsmarktlage, Personal- und Lohnpolitik der Unternehmen usw., die ihrerseits auf den Besitzstand der Beschäftigten einwirken. Die Kompliziertheit des Zusammenhangs zwischen technisch-organisatorischer Veränderung und der Situation der Beschäftigten wird deutlich, wenn wir uns die Haupttendenzen ins Gedächtnis rufen, nach denen sich in den vergangenen Prosperitätsjahren die Arbeitsanforderungen in ihren für die Leistungs- und Einkommenssituation der Beschäftigten relevanten Merkmalen entwikkelt haben:

a) Hinreichend gesichert sind die Ergebnisse der *Qualifikationsforschung*, die eine allgemeine Tendenz zur Polarisierung der fachlich-technischen Anforderungen feststellt.[3] Dabei schafft die Rationalisierung vordem handwerklich bestimmter Produktionsarbeiten einerseits – und zwar vor allem in den der Produktion vor-, neben- und nachgelagerten Bereichen – neue Arbeitsplätze, die hohes fachliches Können verlangen, aber keineswegs im Umfang der früheren Arbeitsplätze, während andererseits die Gruppe verbleibender Produktionsarbeiten oft auf das Niveau von Anlerntätigkeiten absinkt. Bei den Arbeitsplätzen im Bereich der Produktion ergibt sich im Zuge dieser Umschichtungen häufig eine Verschiebung von den fachlichen Qualifikationsanforderungen zu den »prozeßunabhängigen« Fähigkeiten, wie Verantwortungsbewußtsein, Pünktlichkeit, Sorgfalt im Umgang mit teuren Maschinen, Anlagen und Werkstoffen, wobei nicht zuletzt von diesen Anforderungen bei den arbeitsinhaltlich verarmten Tätigkeiten eine Erhöhung der physisch-nervlichen Belastungen ausgehen kann, deren Zunahme allgemein konstatiert wird.

b) Welche Bedeutung in der Metallindustrie die oft als allgemeine Tendenz festgestellte *Reduktion körperlicher Belastung* gewonnen hat, ist schwer zu sagen. Hier haben mit Ausnahme einzelner Bereiche (etwa der Gießereien und der Oberflächenbearbeitung) schon früher nicht so sehr kompakte Körperbelastungen, sondern solche durch einseitige, statisch-dynamische Muskelarbeit im Vordergrund gestanden. Durch die vertiefte Unterteilung vieler Arbeitsvollzüge in der Produktion in kurzzyklische Tätigkeiten und durch hohe Maschinenlaufgeschwindigkeiten dürften die einseitige Beanspruchung des muskulären Systems und damit diese Form körperlicher Belastung eher verstärkt worden sein.

c) Ähnlich ist, zumindest in den Großbetrieben, allein schon infolge der oft massierten räumlichen Konzentration, aber auch durch die Veränderungen der Fertigungstechnik und der effektivierten spanabhebenden und spanlosen Verformung, die *Belastung durch Umgebungseinflüsse* eher gewachsen.

Diese problematischen Entwicklungen haben zwar in den letzten Jahren zu den Forderungen nach menschengerechter Arbeitsgestaltung geführt, galten aber kaum als grundlegende existentielle Gefährdung des sozialen Besitzstandes der Betroffenen – eine auf den ersten Blick vielleicht merkwürdig erscheinende Reaktion, die sich freilich aus beschäftigungspolitischen Umständen erklärt.

Lange Zeit wurden die Effekte der Rationalisierung durch die

Effekte der Arbeitsmarktsituation gleichsam verdeckt. Insgesamt war in der Metallindustrie eine Ausweitung der Produktion und – trotz Rationalisierung – auch eine Ausweitung des Beschäftigungsvolumens zu verzeichnen, und diese Expansion fand vor allem auf der Basis des Zugangs von Ausländern und Frauen, also industriell weitgehend unqualifizierten Arbeitern und Arbeiterinnen, statt. Dadurch ergab sich die Möglichkeit, die negativen Folgen der Rationalisierung für die Stammbelegschaften in engen Grenzen zu halten; die durchschnittliche Verschlechterung der Arbeitsbedingungen, die sich im Zuge der Rationalisierung einstellte, traf in starkem Maße und einseitig die neu hinzugekommenen Arbeitskräfte, wo sie – verstärkt durch die bei diesen Gruppen ohnehin vorherrschenden relativ niedrigen Erwartungen und Ansprüche – wenig Widerstände auslösten. Auf diese Weise konnten, wohlgemerkt trotz einer in vielen Fällen arbeitsmäßig negativen Entwicklung, viele – vor allem jüngere Facharbeiter, aber auch andere qualifizierte Arbeitnehmer – auf die eine oder andere Weise individuell ihren beruflichen Status und ihre Eingruppierung auch dann halten oder gar verbessern, wenn die Arbeit, die sie bisher ausgeübt hatten, rationalisierungsbedingt vereinfacht wurde.[4] Abgesehen von einzelnen, meist regional oder sektoral eng begrenzten Fällen war es für die von technisch-organisatorischen Umstellungen betroffenen Arbeitnehmer im hohen Maße möglich, im Betrieb selbst oder durch Betriebswechsel einen zumutbaren Arbeitsplatz zu finden. In Grenzsituationen freilich, insbesondere im Fall älterer Facharbeiter, deren Arbeitsmöglichkeiten durch die Rationalisierung, insbesondere in den Fertigungsbereichen der Metallverarbeitung, erheblich eingeschränkt wurden, deuteten sich die negativen Effekte der Rationalisierung unmittelbarer an.

Hier wird nun deutlich, was sich in den letzten Jahren hauptsächlich verändert hat und was sich künftig noch verschärfen dürfte: Es sind dies gar nicht so sehr die Richtung und die Schärfe, in denen die Rationalisierungsprozesse die Arbeitsbedingungen verändern, obschon die geschilderten aktuellen Entwicklungen einige neue Momente aufweisen, die insbesondere in den gezielteren Eingriffen in überkommene »Bastionen« der Facharbeiter bestehen. Verändert hat sich vor allem der *ökonomische Rahmen*, innerhalb dessen die Rationalisierung wirksam wird: In dem Maße, in dem sie sich in einer Situation reduzierten, zum

Teil fehlenden Wachstums und struktureller Arbeitslosigkeit durchsetzt, entfällt auch die Möglichkeit, die Auswirkungen auf herkömmliche Art zu verdecken. Daraus ergibt sich, daß negative Effekte der Rationalisierung nunmehr verstärkt Belegschaftsgruppen treffen, die bisher weniger betroffen waren.

3. Die Bedeutung der Lohnsysteme

Auf der Lohnseite entsprach dem Mechanismus der »Verdekkung« in den vergangenen Jahren die arbeitsmarktbedingte relativ große Konzessionsbereitschaft der Unternehmen bei rationalisierungsbedingten Veränderungen. Dies scheint sich nicht nur in Übergangsregelungen bei Abgruppierung oder lohnmindernden Umsetzungen niedergeschlagen zu haben. Letzten Endes werden sich bei allen Formen der Grundlohndifferenzierung, die sich funktional an Arbeitsanforderungen orientieren, deren Änderungen auch im Lohn umsetzen – unabhängig davon, ob man nun vom summarischen oder analytischen System ausgeht.[5] Der Zuordnungspraxis bleiben aber *breite Spielräume*, die für das konfliktfreie Funktionieren der Lohnsysteme unerläßlich sind. So findet einmal eine betriebsbezogene Ausdeutung statt, die zu beträchtlichen Differenzen im Eingruppierungsniveau zwischen den Betrieben führen kann, wie sie sich kaum aus unterschiedlichen Anforderungen allein erklären lassen. Zum anderen kann sich – ohne daß dies den Beteiligten selbst bewußt werden muß – parallel zu allmählichen arbeitsprozeßlichen Änderungen eine Umdeutung von Einstufungskriterien vollziehen, die ja tarifvertraglich nur sehr formal formuliert werden können. Beispielsweise ist denkbar, daß Verschiebungen der Qualifikationsanforderungen von fachlichen Qualifikationen auf »prozeßunabhängige« Fähigkeiten auf diese Weise mitvollzogen wurden und sich deshalb mögliche Auswirkungen auf die Löhne verringerten.

Diese Spielräume bei der betrieblichen Umsetzung tarifvertraglicher Eingruppierungsregelungen werden durch übergreifende Interessen ausgefüllt, die sich nach den jeweiligen, stark durch die Beschäftigungs- und Arbeitsmarktlage bestimmten Kräfteverhältnissen artikulieren und durchsetzen. Unter den für die Arbeitnehmerinteressen günstigen Bedingungen der Prosperitätsjahre konnte die Eingruppierungspraxis also von »Lohnauftriebs«-Tendenzen profitieren, so daß sich der Zusammenhang mit negativen arbeitsprozeßlichen Entwicklungen lockern konnte. Die allgemeinen ökonomischen Bedingungen heute fördern aber umgekehrt die strikte Anwendung von Eingruppierungsregelungen in Lohngrößen, was eher zur Senkung des Lohnniveaus führen könnte.

Dies gilt um so mehr, als sich in den sechziger Jahren rigide leistungsbezogene Einkommenslegitimationen auf Kosten sozialer und personaler Statuskriterien wie Ausbildung, Erfahrung, Alter, Betriebszugehörigkeit usw. verstärkt haben. Tarifvertraglich hat sich diese Tendenz etwa in dem perfektionistischen System der *analytischen Arbeitsbewertung* besonders deutlich niedergeschlagen, das z. B. 1967 in der Metallindustrie von Nordwürttemberg/Nordbaden eingeführt wurde. Dieses System unterscheidet sich weniger durch die Merkmale, nach denen Arbeitsanforderungen in Lohngruppen umgesetzt werden, als vielmehr durch das detaillierte Verfahren, das bei enger Anwendung im Zusammenhang der geschilderten Rationalisierungsprozesse die Gefahr einer Erosion der Arbeitswerte aufwerfen kann. Die Wahrscheinlichkeit solcher verengter Auslegungen der Regeln der analytischen Arbeitsbewertung dürfte sich durch die veränderte Beschäftigungssituation in vielen Betrieben erhöht haben. Unter diesen Umständen kann die analytische Form der Arbeitsbewertung Probleme verschärfen, die durch die allgemein für die Metallindustrie geltende, ausschließlich leistungsbezogene Lohngruppen-Begründung aufgeworfen werden. Ein Sonderproblem ergibt sich bei der analytischen Arbeitsbewertung aus dem Umstand, daß mit ihrer Einführung zugleich das Ziel verfolgt wurde, besonders die niedrig eingestuften Arbeiten anzuheben, indem Belastungen durch den Arbeitsvollzug und die Arbeitsumwelt relativ gewichtig in die Bewertung einbezogen und quantitativ exakt festgeschrieben wurden. Wenn die heute dringend geforderten und teilweise gesetzlich vorgeschriebenen Belastungsreduktionen, insbesondere durch den Abbau belastender Umgebungseinflüsse, realisiert werden, kann es zu erheblichen Lohnminderungen kommen, die sich an niedrig qualifizierten Arbeitsplätzen besonders stark auswirken.

4. Die statistische Entwicklung der Eingruppierungen

Inwiefern sich diese Möglichkeiten tatsächlich durchsetzen, ist aufgrund der vorliegenden statistischen Informationen nicht exakt festzustellen. Systematische Kenntnisse über Individualfälle von Eingruppierungsänderungen fehlen ganz. Mit einigen Vorbehalten erlaubt jedoch die amtliche Statistik der Löhne und Gehälter, die seit 1962 die Eingruppierung der Beschäftigten nach Leistungsgruppen für Industriezweige und Branchen ausweist, eine gewisse Überprüfung der Entwicklung des Eingruppierungsniveaus.[6] Diese Kennziffern stützen die These, daß das durchschnittliche Eingruppierungsniveau der Investitionsgüterindustrie der Bundesrepublik und ihrer einzelnen Branchen bis in die jüngere Zeit von den arbeitsprozeßlichen Änderungen wenig berührt wurde. Im gewerblichen Bereich erweisen sich die Anteile der Arbeiter an den drei zusammengefaßten Leistungsgruppen – Facharbeiter (Leistungsgruppe 1), Angelernte (Leistungsgruppe 2), Ungelernte (Leistungsgruppe 3) – *langfristig* als relativ stabil. Jedenfalls zeigt sich in diesen freilich globalen Durchschnittsgrößen, die Einzelvorgänge ausgleichen, kein Trend, wonach sich etwa Dequalifizierungsprozesse der genannten Art auf die Eingruppierungsniveaus niedergeschlagen hätten. Wohl aber deutet sich *kurzfristig* in den zu beobachtenden Bewegungen der Eingruppierung nach Leistungsgruppen für diese eine gewisse Dominanz der Beschäftigungs- und Arbeitsmarktlage und der damit zusammenhängenden unternehmerischen Personalpolitik an. Durchweg nimmt die durchschnittliche Einstufung mit der Ausweitung der Beschäftigung bei ansteigender Konjunktur ab, sie steigt mit dem Rückgang der Anzahl beschäftigter Arbeiter in der Rezession. Hier wird auf der Lohnseite der Umstand sichtbar, daß die Beschäftigung gering qualifizierter Arbeiter stärkeren Schwankungen unterworfen ist; die Zahl der Facharbeiter hingegen nimmt bei steigender Beschäftigung weniger stark zu, bei sinkender geringer ab. Daher hat der anhaltend lange Rückgang der Anzahl der beschäftigten Arbeiter der Metallindustrie seit 1973 zu einem verhältnismäßig starken Anstieg der Einstufungsniveaus geführt. Insgesamt haben sich hier bei einem Rückgang des Beschäftigtenvolumens im gewerblichen Bereich um 12,1 Prozent folgende Verschiebungen der prozentualen Anteile der Leistungsgruppen ergeben:

	Leistungsgruppe 1	Leistungsgruppe 2	Leistungsgruppe 3
1973	44,4%	33,7%	21,9%
1977	48,2%	31,8%	20,0%

Soweit diese Feststellungen bis heute zutreffen, belegen sie den Anspruch der IG Metall, mit ihren Forderungen nach individueller und kollektiver Absicherung *vorgreifend* Besitzstandsgefährdungen auszuschließen; insofern handelt es sich im allgemeinen um die tarifvertragliche Festschreibung von Möglichkeiten und Praktiken der Einkommenssicherung, die sich in den Prosperitätsjahren herausgebildet haben. Mit langanhaltender, rückläufiger oder stagnierender Beschäftigung werden die Spielräume betrieblicher Lohn- und Personalpolitik enger, innerhalb vorgegebener konkurrenzbestimmter Rentabilitätskriterien die Interessen der Arbeitnehmer auf Besitzstandssicherung zu wahren; vielmehr wachsen der ökonomische Druck und die arbeitsmarktbedingte Möglichkeit, das Niveau der Eingruppierung im Zusammenhang mit Rationalisierungen tatsächlich auch zu senken.

Die Probleme der Lohnsicherung stellen sich dabei für die verschiedenen Branchen, Regionen, aber auch Beschäftigtengruppen unterschiedlich dar. Was die einzelnen Beschäftigtengruppen anlangt, ist keineswegs davon auszugehen, daß ausschließlich qualifizierte Arbeiter von den genannten Gefahren betroffen sind. Vielmehr deuten die vorliegenden Daten darauf hin, daß das Eingruppierungsniveau bei den gering qualifizierten, stark arbeitsmarktabhängigen und fluktuierenden Arbeitergruppen abzusinken beginnt. So hat bei den Arbeiterinnen der Metallindustrie die rückläufige Beschäftigung seit 1973 nicht mehr, wie in den Jahren zuvor, zu einem Anstieg, sondern zu einer leichten Senkung des Eingruppierungsniveaus geführt. Bemerkenswerterweise handelt es sich hier nicht um eine Entwicklung, die auf einzelne Branchen beschränkt bleibt. Nach und nach beginnt seit einigen Jahren bei teilweise unterschiedlichen Veränderungen der Anzahl beschäftigter Arbeiterinnen in den einzelnen Branchen der Investitionsgüterindustrie die Einstufung abzusinken, wobei freilich der Einschnitt in der Branche Feinmechanik/Optik/Uhren – offenkundig infolge der Krise in der Uhrenindustrie – besonders scharf ist (1975-1976: Arbeiterinnen insgesamt – 4,8 Prozent, Arbeiterinnen Leistungsgruppe 3 [= Ungelernte] + 5,1 Prozent). Es spricht einiges dafür, daß sich in diesen Daten

Eingruppierungsänderungen abzuzeichnen beginnen, die nicht auf die genannte Personengruppe beschränkt sind.

Auf dem Hintergrund der bisherigen Darstellung wird im folgenden die allgemeine Bedeutung der von der IG Metall mit ihren Forderungen zur Besitzstandssicherung eingeleiteten Politik sowie der Stellenwert des abgeschlossenen Kompromisses zu diskutieren sein. Ferner sind die betrieblichen Umsetzungsprobleme der vereinbarten Absicherungsverträge zu untersuchen.

II

In den Gewerkschaften selbst hat eine Diskussion des von der IG Metall zur Tarifrunde 1978 aufgestellten Konzepts zur Besitzstandssicherung bisher nur ansatzweise stattgefunden, obwohl bereits die grundsätzlichen Aspekte breiteste Erörterung verdienen, die in diesen Forderungen für die gewerkschaftliche Tarifpolitik enthalten sind.[7] Daher erscheint es uns sinnvoll, einige der grundlegenden und perspektivischen Fragen zu diskutieren, die hier für die Lohn- und Arbeitspolitik aufgeworfen werden.[8]

1. Absicherungskonzept und Entgeltbegründung

Die von der IG Metall in die vergangenen Tarifauseinandersetzungen eingebrachten Absicherungsforderungen zielen nicht nur unmittelbar auf den Schutz des erreichten materiellen Besitzstandes. Sie enthalten darüber hinaus grundlegende und neue Aspekte zur sozialen Begründung der Löhne und Gehälter, die für die gesamten Verfahren der Entgeltfindung und -differenzierung höchst folgenreich sein können. Insofern sollte mit der Besitzstandssicherung nach dem Konzept der IG Metall eine gewisse Entscheidung über grundlegende Fragen der Entgeltbegründung erreicht werden, und insofern dürfte dieses Konzept auch für die künftige Politik der Gewerkschaft auf diesem Gebiet seine Bedeutung behalten. Hierbei sind vor allem zwei Zielvorstellungen zu erkennen:

– Als Zuweisung von Lebenschancen soll die Einstufung der Individualeinkommen von den Wechselfällen der wirtschaftlichen und betrieblichen Entwicklung unabhängiger werden. Dem Anspruch der Arbeitnehmer auf Existenzsicherheit kommt Vorrang vor anderen Dispositionen zu. Auch die Industrie hat endlich Bedingungen für ein Arbeitsleben zu schaffen, das nicht im Abstieg endet. Im Gegensatz hierzu steht – um ein eklatantes Beispiel zu nennen – die abfallende Eingruppierung der Arbeiter der höheren Altersklassen. Problematisch sind in diesem Zusammenhang insbesondere die gegenwärtigen Verfahren der Entgelteinstufung, die sich als Arbeitsplatzbewertungen vorzugsweise an den momentanen Tätigkeitsanforderungen orientieren und die somit – vom Prinzip her gesehen – die Einkommen der Betroffenen an Bedingungen binden, die von deren persönlichen Umständen gar nicht beeinflußt werden. Das geforderte generelle Verbot der individuellen Abgruppierung hätte dies ausgeschlossen und der betrieblichen Praxis neue Einstufungsgrundsätze vorgegeben.

Die Differenzierung der Einkommen und ihre Verteilung stellen eine soziale und politische Entscheidung dar. Sie läßt sich daher nicht ausschließlich an individuell gerichteten Merkmalen orientieren. Schon bisher ist zwar die Auswahl und Anlage der Merkmale und Verfahren der Einstufung im Hinblick auf die erwünschten Lohn- und Gehaltsstrukturen erfolgt, die tatsächliche Einstufung kam aber – in extremer Weise bei der analytischen Arbeitsplatzbewertung – über schein-objektive Verknüpfungsmechanismen zwischen Arbeitsanforderungen und Lohngruppen zustande, die einer politischen Gestaltung im Wege stehen. Deshalb soll ein handhabbares Instrument geschaffen werden, das politische Korrekturen und Zuweisungen durch die jeweiligen Interessenparteien erlaubt. Die von der IG Metall angestrebte Festschreibung der betrieblichen Eingruppierungs-Niveaus ist als ein Schritt in dieser Richtung zu verstehen.

Diese Grundsätze stehen mit Vorstellungen im Zusammenhang, die in letzter Zeit von verschiedenen Seiten in den Gewerkschaften vorgetragen wurden. Gedacht wird etwa an eine wie im einzelnen auch immer ausgestaltete stärker personenbezogene Entgeltbegründung, an Lohn- und Gehaltsgruppen ohne definitive, einzelfallbezogene Merkmalsbeschreibung oder an einen sozial definierten Minimalentgelt-Sockel mit aufgesetzten, anforderungsbezogen differenzierten Zuschlägen. Es ist hier nicht der Ort, diese Überlegungen im einzelnen zu diskutieren. Alle zielen sie jedenfalls, so wie das bereits durch die Besitzstandssicherung angestrebt wurde, darauf ab, die Arbeitsbewertung durch ein sozial orientiertes Lohnsystem zu ersetzen.

Allerdings deutet sich in den gewerkschaftlichen Stellungnahmen zur Arbeitsplatzbewertung eine durchaus differenzierte Einstellung an. Problematisch erscheint vor allem die Einbeziehung von Arbeitsbelastungen in die Einkommensbegründung, weniger die der Qualifikationsanforderungen. Diese unterschiedliche Einschätzung ergibt sich vor allem aus der gewerkschaftlichen Politik der Verbesserung der Arbeitsbedingungen, die durch eine Entgeltbegründung, in der die Arbeitsbelastungen eine wesentliche Rolle spielen, eindeutig behindert wird und für die andererseits eine qualifikationsbezogene Einkommensdifferenzierung dann akzeptabel wird, wenn die Qualifikationsanforderungen (somit die Einkommen) als Folge einer Politik der humaneren Arbeitsgestaltung steigen.

2. Besitzstandssicherung und Arbeitsgestaltung

Die gewerkschaftlicherseits angestrebte Festschreibung der betrieblichen Eingruppierungs-Niveaus soll in diesem Zusammenhang nicht einfach die Einkommen gegenüber den Arbeitsanforderungen verselbständigen, vielmehr werden die Einstufungen selbst zu einer aktiven Bedingung für die Gestaltung der Qualifikationsanforderungen. Die Qualifikationen sollen durch das fixierte betriebliche Niveau der Löhne und Gehälter gewissermaßen mitgestützt werden.

Nun haben aber die Arbeitsentgelte nur indirekt als Kostenfaktor Einfluß auf die Arbeitsgestaltung. Im Einzelfall könnte die Fixierung der Qualifikationen in Lohnkosten einen gewissen Druck für die Unternehmen schaffen, diese auch in Anspruch zu nehmen. Allgemein schließt die finanzielle Absicherung lediglich solche Rationalisierungsmaßnahmen aus, deren ökonomische Effektivität durch die Senkung der Löhne und Gehälter der beschäftigten Arbeitnehmer zustandekommen soll. Selbstverständlich betrifft dies nicht die Lohnkosten insgesamt, die durch Einsparung von Arbeitskräften und produktivitätsteigernde Maßnahmen weiterhin reduziert werden können. Für die Arbeitsgestaltung dürfte die Festschreibung der Arbeitsentgelte lediglich die Bedeutung haben, daß Umstellungen auf ein niedrigeres technisches Niveau durch den Einsatz billiger Arbeitskräfte erschwert werden.

Wenn also von einer Lohnpolitik der Besitzstandssicherung nur ein begrenzter Einfluß auf die Arbeitsgestaltung ausgehen kann, dann ist angesichts der Gefahr massiver Dequalifikationsprozesse, die wir im ersten Teil dieses Aufsatzes skizziert haben, zu fragen, wie groß der qualifikationssichernde Effekt sein mag, der durch eine Politik der »Humanisierung des Arbeitslebens« erreicht werden könnte, die dem bisher eingeschlagenen Weg folgt.

In den letzten Jahren ist zwar in Verbindung mit dem Problem der Humanisierung eine Diskussion über qualifikationsfördernde Arbeitsgestaltung in Gang gekommen, ihre Bedeutung in der Praxis bleibt jedoch bisher eng begrenzt. Vor allem beschränken sich die populären Methoden der »Arbeitsbereicherung« fast gänzlich auf die Auflockerung von Jedermanns- und Anlerntätigkeiten; gelegentlich dienen sie sogar dazu, die Umstellung qualifizierter Arbeit auf ein minderwertigeres Niveau der Arbeitsinhalte zu erleichtern. Eine realitätsgerechte und weiterführende Diskussion über Möglichkeiten der Qualifikationserhaltung im Bereich der Facharbeiter und Angestellten, die durch die Rationalisierung besonders bedroht sind, ist bisher nicht sichtbar. Nicht selten werden recht krause Vorstellungen vorgetragen – sei es in der Form einer schlichten Verniedlichung der Probleme, sei es in der Form einfacher Widerstandsappelle, die auf die Zementierung herkömmlicher beruflicher Tätigkeiten hinauslaufen und als solche weder sinnvoll noch wirksam sind.

Immerhin sind nicht zuletzt durch die Arbeitskämpfe dieses Frühjahrs die Probleme des Verfalls traditioneller Arbeitsqualifikationen deutlicher ins allgemeine Bewußtsein gedrungen. Allerdings ist es immer noch nicht selbstverständlich, daß die Arbeit nicht mehr als quasi minderwertiger Teil der Lebenspraxis, als Mittel zum Zweck außerbetrieblicher Bedürfnisbefriedigung und damit als Bestandteil einer progressiven sozialen Entwicklung verstanden werden muß. Ohne hieraus entwickelte, politisch gesetzte Normen, die der privatwirtschaftlichen Arbeitsplanung vorgegeben werden und die die Erweiterung der einzelwirtschaftlichen Kalkulation um soziale, bedürfnisorientierte Gesichtspunkte erzwingen, wird keine Änderung möglich sein. Natürlich würde eine solche Politik, die sich an der Maxime qualifizierter, befriedigender Arbeit für alle orientiert, hohe Investitionen erforderlich machen. Aber solange die Humanisierung der Arbeit über den defensiven Arbeitsschutz hinaus kein Geld kosten darf, bleibt sie Deklamation. Im übrigen muß man – orientiert an *gesellschaftlichen* Produktivitätsvorstellungen – ohnehin davon ausgehen, daß zahlreiche Humanisierungsaufwendungen – ebenso wie der Verzicht auf einzelwirtschaftliche Produktivitätsteigerungen, sofern sie wegen negativer sozialer Folgen überbetrieblich höhere soziale Kosten nach sich ziehen würden – im gesamtgesellschaftlichen Maßstab keinen Produktivitätsverlust bedeuten müssen.[9]

In der Tarifpolitik sind in den letzten Jahren einige Ansätze zur Normierung qualifikationsfördernder Arbeitsgestaltung gemacht worden, in der Metallindustrie vor allem mit dem Lohnrahmentarifvertrag II für Nordwürttemberg/Nordbaden, der auch die qualitative Bereicherung repetitiver Teilarbeit anstrebt. Aber diese Ansätze reichen nicht aus und können als vereinzelte selbst nur begrenzt wirksam werden. Für eine durchgreifende gewerkschaftliche Politik der Qualifikations- und Besitzstandssicherung werden zweifellos neue konzeptionelle und praktische Wege gesucht und beschritten werden müssen.

3. Besitzstandssicherung und soziale Ungleichheit

In der Tarifauseinandersetzung sind die recht kurzfristig eingeführten Absicherungsforderungen auch bei den Arbeitnehmern schnell populär geworden, die nicht akut von Abgruppierungen betroffen oder bedroht sind. Die Forderung nach umfassender Besitzstandssicherung erscheint offenkundig als plausible gewerkschaftliche Teilantwort auf die allgemeine Unsicherheit über die wirtschaftliche und soziale Entwicklung. Von vielen Beschäftigten dürfte sie darüber hinaus aber auch auf alltägliche Erfahrungen mit formalisierten und funktionalisierten gesellschaftlichen Strukturen bezogen werden, die wenig Identifikationen erlauben und individuelle Bedürfnisse oft ausgrenzen. Insofern ist die Abgruppierung auch ein Symbol, durch das überhaupt Möglichkeiten des Herumgestoßenwerdens, der existentiellen Beeinträchtigung, der Abhängigkeit von undurchschaubaren, anonymen Apparaten angesprochen werden. Diese allgemeine Verunsicherung konkretisiert sich in besonders sinnfälliger Weise in Rationalisierungsmaßnahmen, technischen Neuerungen, Umstellungen usw., auf die die Betroffenen meist keinen Einfluß haben, über die sie oft kaum informiert sind, die sie aber ganz empfindlich betreffen können. Für den aufmerksamen Beobachter ist hier wiederum die in der jüngeren Vergangenheit deutlicher ausgeprägte Sensibilität der Arbeitnehmer zur Wahrnehmung sozialer Diskriminierung und Ungleichheit sichtbar geworden. Diese beschränkt sich durchaus nicht allein auf materielle Motive, sondern ergibt sich aus Bedürfnissen und Ansprüchen auf personelle Anerkennung, die freilich erst recht empfindlich eingeschränkt werden, wenn die materielle Unabhängigkeit und Stabilität bedroht erscheint.

Solche Bedürfnisse, die sich insgesamt auf ein »Leben mit aufrechtem Gang« beziehen, werden für die Gewerkschaften immer bedeutsamer, sofern sie als eigenständige gesellschaftliche Kraft weitreichende soziale Perspektiven entwickeln und durchsetzen wollen. Es sind vor allem die gewerblichen Arbeiter (und hier nicht zuletzt die gewerkschaftspolitisch wichtigen, von der Rationalisierung im Betrieb heute oft besonders betroffenen Facharbeiter), die die Besitzstandssicherung als ein Element des Abbaus ihrer überkommenen existentiellen Unterprivilegierung nicht nur gegenüber den Selbständigen, sondern auch den Beamten und den Angestellten verstehen, deren Berufsweg stärker durch sichernde Senioritätsprinzipien bestimmt wird. Für die Arbeiter sind hier ähnliche Motive wirksam, wie seinerzeit bei der Lohnfortzahlung im Krankheitsfall, die für sie den Abbau offenkundiger Deklassierung gegenüber anderen gesellschaftlichen Gruppen bedeutet hat.

Freilich wird auch für Teile der Angestellten die Lage unsicherer.[10] Obgleich für die meisten Angestellten die paternalistische Bindung an den Arbeitgeber und dessen Fürsorge lange schon der fernen und falschen Idylle des Privatkontors angehört, gibt es für sie immer noch Formen der Statussicherung, die allerdings durch die fortschreitende Formalisierung und Rationalisierung der Angestelltentätigkeiten mehr und mehr untergraben werden. Daher entspricht es der Tendenz der aktuellen Entwicklung, wenn die IG Metall die Einheit der Interessen von Arbeitern und Angestellten durch gemeinsame Forderungen demonstriert und gerade bei der Besitzstandssicherung ihre Absicht realisiert hat, die Tarifregelungen für Arbeiter und Angestellte zu vereinheitlichen. Damit sind die traditionellen, mindestens im sozialen Selbstverständnis der beiden Gruppen auch heute noch fortexistierenden Unterschiede der beruflichen Existenzsicherheit als hinfällig dargestellt und als auseinandertreibendes Moment ausgeschaltet worden. Im übrigen trägt gerade der gewerkschaftliche Anspruch auf Existenzsicherung für die Arbeiter und Angestellten der Industrie dazu bei, Aversionen etwa gegen die bessergestellten Staatsbediensteten abzubauen. Objektiv bedeutet er eine Orientierung an Prinzipien der Statussicherheit, auf die sich auch die Beschäftigten des öffentlichen Dienstes nicht mehr selbstverständlich verlassen können.

4. Der Stand der Besitzstandssicherung nach dem »Stuttgarter Modell«[11]

Durch die Arbeitskämpfe des Frühjahrs sind die gewerkschaftlichen Grundsätze in der Öffentlichkeit überhaupt erst präzisiert und bei den Betroffenen befestigt worden, was für die tägliche Praxis in den Betrieben an sich schon große Bedeutung hat.

Tarifvertraglich fixiert wurde ein Kompromiß, dessen Grundzüge einerseits durch die Konzeption der Arbeitgeber bestimmt werden, die nicht prinzipiell bereit waren, über die Verminderung der Abgruppierungsfälle durch personelle Einzelmaßnahmen und sozialpolitische Zugeständnisse zur Abmilderung von Verdiensteinbußen bei Abgruppierungen hinauszugehen. Andererseits sind in den Vertrag Elemente der Forderungen der IG Metall zur generellen Besitzstandssicherung eingegangen, wodurch dieser zu der jedenfalls für die Metallindustrie bislang weitestgehenden tariflichen Regelung zur Vermeidung, Einschränkung und Abmilderung von Abgruppierungen geworden ist. Obwohl die Gewerkschaft das generelle Verbot individueller Abgruppierung und die verlangte Absicherung der betrieblichen Einstufungs-Niveaus nicht durchsetzen konnte, sind die Einzelregelungen so weit auf die Spitze getrieben, daß sie einer aktiven betrieblichen Absicherungspolitik viele Ansatzpunkte bieten.

Der ausgeprägte Kompromißcharakter des Vertrags hat allerdings wieder einmal zu komplizierten Vorschriften geführt, deren Bedeutung durchaus unterschiedlich sein wird und kaum auf den ersten Blick präzise zu beurteilen ist. Anzunehmen ist, daß vielfältige Konflikte über die Auslegung und Handhabung der Bestimmungen entstehen, zumal die Interpretationen von den gegensätzlichen Grundpositionen ausgehen dürften. So muß einerseits damit gerechnet werden, daß unter Berufung auf den langfristigen, womöglich durch großzügige Handhabung der flexiblen Fristen ausgedehnten Verdienstausgleich (die »weiche Landung«) versucht wird, nun gerade Widerstände gegen Abgruppierungen aufzulösen. Andererseits wird ein solches, vorwiegend auf den Verdienstausgleich bei Abgruppierungen gerichtetes Verständnis des Vertrages für die Gewerkschaftsseite angesichts der beschriebenen Entwicklungen kaum annehmbar sein. Soweit Gewerkschaft und betriebliche Interessenvertretungen durch eine entsprechende Unterrichtung der Belegschaften das Verständnis des kollektiven Interesses an Sicherung der Eingruppierung, das sich durch die Tarifbewegung entwickelt hat, erhalten und fördern, ist insbesondere bei qualifizierten Arbeitnehmern mit einem Bewußtsein zu rechnen, das über das Interesse an zeitweiligem Verdienstausgleich hinausreicht.

Unter diesen Umständen dürfte dort, wo sich durch die abgeschwächt fortgeltende Arbeitsplatzbewertung ein Problemdruck ergibt, deutlicher als bisher die Frage verfolgt werden, wie in diesem Rahmen – sei es durch die Neuinterpretation von Qualifikationsanforderungen oder auch durch den betrieblichen Übergang vom analytischen zum summarischen System, das einen größeren Spielraum enthält – bewertungstechnisch die Eingruppierung stabilisiert werden kann.

Praktisches Kernstück der individuellen Absicherung ist der Anspruch, daß bei Wegfall oder Abgruppierung des alten Arbeitsplatzes eine gleichwertige und zumutbare Arbeit angeboten werden soll. Nun dürfte die Anwendung dieser Norm nur so lange realisierbar sein, als ein generelles Absinken des betrieblichen Einstufungsniveaus infolge durchgreifender technisch-organisatorischer Umstellungen verhindert werden kann. Im Hinblick auf das betriebliche Einstufungsniveau ist nicht die von der IG Metall verlangte Festschreibung, sondern nur der vierteljährliche Ausweis der vorgeschlagenen Sicherungskennzahl (Summe der Tariflöhne/-gehälter durch Anzahl der Arbeiter/Angestellten) und ein jährlich zu vollziehendes Beratungsrecht des Betriebsrats vereinbart worden. Hierdurch dürfte eine systematischere Beobachtung und Beeinflussung der Tendenzen, die sich aus den Einzelfällen der betrieblichen Einstufungspraxis ergeben, möglich sein und angeregt werden. Was die Beobachtung und Interpretation der Entwicklung der betrieblichen Sicherungskennzahl anlangt, sind bereits jetzt zwei Schwierigkeiten absehbar:

– Die Sicherungskennziffer, die als flexible Fixierung der Eingruppierungsniveaus gedacht war, reicht für sich allein zur Beurteilung der Entwicklung nicht aus. Mit wachsender Betriebsgröße und damit der statistischen Masse, die in die Kennziffer eingeht, werden auch erhebliche Änderungen von Eingruppierungen in *einzelnen* Betriebsbereichen verwischt, die sich ohnehin, beispielsweise auch durch die Polarisierung der Lohnstruktur, ausgleichen können; in der Sicherungskennziffer sind sie schwer wahrnehmbar (Veränderung von Pfennigen, ja Bruchteilen von Pfennigen in einer Stundenlohnziffer). Sicherlich wäre es daher sinnvoll, in größeren Unternehmungen nach Abteilungen zu differenzieren, weiterhin sollten Veränderungen der Anteile in den Lohn- und Gehaltsgruppen und qualitative Angaben über Einstufungsänderungen und Neueingruppierungen bei der Beurteilung herangezogen werden.

– Die Sicherungskennzahl signalisiert nicht nur langfristige Veränderungen der Arbeitsplatzstruktur, sie verändert sich auch mittelfristig, insbesondere dort, wo durch konjunkturbedingte Beschäftigungsmaßnahmen gering qualifizierte Tätigkeiten und Arbeitnehmer stärker ins Gewicht fallen werden. Regelmäßig ist die Qualifikation der Grundkapazität der Betriebe schon als Bedingung eines flexiblen Anpassungsverhaltens höher als die Qualifikation des an seiner Kapazitätsgrenze arbeitenden Betriebes. Bei der Beurteilung der Kennziffern wird daher zu beachten sein, welche wirtschaftliche Situation jeweils in sie eingeht.

Während die Sicherungskennzahl zur nachträglichen, mittelfristigen Kontrolle der betrieblichen Einstufungsentwicklung geeignet ist, bezieht sich die nach § 2 des Stuttgarter Vertrages vorgeschriebene Mitteilung betriebsbedingt drohender Abgruppierungen an den Betriebsrat entsprechend § 90 BetrVG auf das Planungsstadium, in dem noch keine definitiven Entscheidungen gefallen sind. Da diese Vorschrift sämtliche Maßnahmen betrifft, die zu Abgruppierungen führen können, dürfte es zunächst darum gehen, einen an den betrieblichen Bedingungen der Produktions- und Personalsteuerung und ihren institutionellen Gegebenheiten orientierten Verfahrenskatalog zu fixieren, der die in Frage kommenden Maßnahmen und den Zeitpunkt der rechtzeitigen Mitteilung bestimmt. Eine optimale Regelung wird allerdings wiederum davon abhängen, wieweit die betrieblichen Planungs- und Entscheidungsverfahren durchsichtig organisiert sind und beispielsweise eine systematische Personalplanung und -verwaltung existiert.

Durch die Verknüpfung der Lohnsicherung mit den Informations- und Beratungsrechten der Betriebsräte bei der Produktions- und Arbeitsplanung werden diese präzisiert. Die Folgen arbeitsgestaltender Maßnahmen für die Eingruppierung werden Bestandteil dieser Planungen selbst werden müssen, wenn drohende Abgruppierungen rechtzeitig erkannt und wirkungsvoll abgewehrt werden sollen. Eine Produktions- und Arbeitsplanung, die gewissermaßen »selbstvergessen«, ohne Rücksicht auf Arbeitsbedingungen und Entgelte der Betroffenen, ihre technischen und arbeitsorganisatorischen Lösungen sucht, wird weiter erschwert – jedenfalls dann, wenn die Betriebsräte nicht zugestehen, daß Eingruppierungen und Arbeitsbedingungen erst nachträglich, als späte Resultate von Planungsprozessen, feststellbar sind, sondern die mit dem Vertrag verbesserten Möglichkeiten nutzen, frühzeitig Planungs- und Kalkulationsansätze abzufragen, und eigene Vorstellungen entwickeln, die gezielte Anforderungen an die unternehmensseitige Planung darstellen.

Anmerkungen

1 Wir beziehen uns hier auf die ausführlichere Darstellung von Kern/Neumann, *Rationalisierung und Entwicklung der Arbeitsbedingungen in der Metallindustrie Baden-Württembergs*, S. 185 ff.

2 Vgl. R. Kasiske u. a., *Industrieroboter im Volkswagenwerk*, insbes. S. 21 ff.

3 Kern/Schumann, *Industriearbeit und Arbeiterbewußtsein*, S. 152. Vgl. insb. die auf ausführliche Branchenanalysen gestützten Schlußfolgerungen der Studie O. Mickler u. a., *Produktion und Qualifikation*, Teil II, S. 485 ff.

4 Vgl. F. Weltz u. a., *Facharbeiter im Industriebetrieb*, Frankfurt 1974, insb. S. 101.

5 Die Verfahren der summarischen und analytischen Arbeitsbewertung können hier nicht im einzelnen dargestellt werden. Vgl. z. B. Schmiede/Schudlich, *Die Entwicklung der Leistungsentlohnung in Deutschland*, S. 482 ff.

6 Die folgenden Angaben beziehen sich auf eigene Berechnungen nach folgenden statistischen Quellen: Statistisches Bundesamt, *Fachserie M: Preise, Löhne, Wirtschaftsrechnungen*, Reihe 15, *Arbeitnehmerverdienste in Industrie und Handel, 1. Arbeiterverdienste*, neuerdings: *Fachserie 16: Löhne und Gehälter*, Reihe 2.1, *Arbeiterverdienste in der Industrie.*

7 Zur Entwicklung der Tarifrunde und zu ihrem Ergebnis vgl. inzwischen: *Arbeitsmaterialien zum Tarifvertrag zur Sicherung der Eingruppierung und zur Verdienstsicherung bei Abgruppierung*, hrsg. von der IG Metall Bezirksleitung Stuttgart, Juli 1978.

8 In die folgenden Thesen sind Überlegungen eingegangen, die in dem SOFI-Forschungsprojekt *Tarifvertragliche Regelungen zur Verbesserung industrieller Arbeitsbedingungen* (H. Dabrowski, U. Neumann, H. Schauer, H.-J. Sperling) ausführlicher dargestellt und begründet werden. Der Projekt-Endbericht wird alsbald abgeschlossen und veröffentlicht.

9 Vgl. auch in diesem Band S. 201 ff., 217 ff.

10 M. Baethge u. a., *Entwicklungstendenzen von Ausbildungs- und Beschäftigungsstrukturen im Angestelltenbereich unter den Bedingungen eines erhöhten Angebots von Absolventen weiterführender Bildungseinrichtungen und fortschreitender Rationalisierung, Phase 1*, Soziologisches Forschungsinstitut Göttingen SOFI, 1978.

11 Im folgenden beziehen wir uns auf Einzelregelungen des Tarifvertrags zur Sicherung der Eingruppierung und zur Verdienstsicherung bei Abgruppierung für die Metallindustrie Nordwürttemberg/Nordbaden vom 3.4.1978; der Vertrag ist u. a. dokumentiert in: *Gewerkschaftliche Monatshefte* 5/1978, S. 303 ff.

III. Rationalisierungspolitik der Gewerkschaften

Der Kampf um die Arbeitsorganisation Unterschiedliche Wege gewerkschaftlicher Politik*

Beispiel I: »Humanisierung der Arbeit« in Schweden

Nach 1969 sind in einigen schwedischen Unternehmen arbeitsverändernde Projekte eingeführt worden, die sich selbst als Beitrag zur »Humanisierung der Arbeit« und zum Ausbau der »industriellen Demokratie« darstellen. Die quantitative und die qualitative Reichweite dieser Prozesse widersprechen einer solchen Charakterisierung: zu gering ist die Zahl der betroffenen Arbeiter, zu begrenzt sind die Arbeitsfolgen selbst der spektakulärsten Projekte. So werden bei Volvo, dem in dieser Hinsicht wohl experimentierfreudigsten Unternehmen in Schweden, grundlegende Maßnahmen wie die Einführung neuer Montageverfahren bestenfalls anläßlich neuerrichteter Produktionsanlagen getroffen. Selbst im vieldiskutierten Volvo-Werk Kalmar liegt der Haupteffekt der Veränderung auf der Erleichterung einer in ihrer qualitativen Substanz nur geringfügig modifizierten Arbeit. Gleichwohl verdient das schwedische Beispiel unter gewerkschaftspolitischen Gesichtspunkten Aufmerksamkeit, nämlich als Fall, an dem die Voraussetzungen und Grenzen privatwirtschaftlicher »Verbesserung« der Arbeit ebenso deutlich werden wie die Probleme einer Gewerkschaft, die den Kampf um die Arbeitsorganisation jahrelang vernachlässigt und die Gestaltung der Arbeit faktisch dem Kalkül der Unternehmer überlassen hat.

Die schwedischen Gewerkschaften sind traditionell auf eine Politik ausgerichtet, die ausschließlich auf Entwicklungsmöglichkeiten innerhalb des Kapitalismus setzt. Spätestens seit der Regierungsübernahme durch die Sozialdemokratische Arbeiterpartei (1932) praktizieren sie eine Reformpolitik, die Arne Geijer, der Präsident des schwedischen Gewerkschaftsbundes LO, wie folgt charakterisiert: »Damals [in den dreißiger Jahren] begann die Gewerkschaftsbewegung, deren Organisationsstruktur praktisch

* Zuerst in: O. Jacobi u. a. (Hrsg.), *Gewerkschaften und Klassenkampf. Kritisches Jahrbuch 1975*, Frankfurt 1975, S. 158 ff.

nahezu abgeschlossen war, mit ihren gezielten Bemühungen um Wirtschaftswachstum, Vollbeschäftigung und soziale Sicherheit für die gesamte Bevölkerung. Die Ziele und Methoden einer gemeinsamen Lohnpolitik [von Gewerkschaften und Unternehmern, H. K.] nahmen Gestalt an.«[1] Diese Programmatik festigte die wirtschaftsfriedliche Orientierung der schwedischen Gewerkschaften. Dafür ist sowohl das 1938 zwischen den Tarifparteien geschlossene Grundlagenabkommen (nebst zahlreichen Folgeabkommen) mit genauen Vereinbarungen über die Regeln der Kooperation und der Schlichtung bezeichnend, wie auch die vertragliche Sanktionierung der kapitalistischen Rationalisierungslogik in mehreren Verträgen. Typisch ist der Rationalisierungsvertrag von 1972, in dem es schlicht heißt: »Die Ergebnisse der Rationalisierungstätigkeit kommen [. . .] auf verschiedene Weise dem Lande, den Unternehmen und den Arbeitnehmern zugute. Es liegt deshalb im gemeinsamen Interesse, daß alle an der fortlaufenden Leistungssteigerung der Betriebe mitwirken und daß die Arbeitsmarktparteien in den Rationalisierungsfragen zusammenarbeiten und zur Leistungssteigerung im Wirtschaftsleben anregen.«[2]

Diese Ausrichtung bringt eine Vernachlässigung des Betriebs und der konkreten Arbeitsbedingungen in der gewerkschaftlichen Politik mit sich. Daß durch eine längere Beschränkung auf Fragen der Lohnhöhe, der Arbeitsplatzsicherheit und der sozialen Sicherung eine stark zentralisierte gewerkschaftliche Organisationsstruktur bei gleichzeitiger Schwäche der betrieblichen Gewerkschaftsorgane begünstigt wird, ist eine allgemeine Erfahrung, die auch die schwedischen Gewerkschaften bestätigen. Dagegen dürfte die Bereitschaft von Gewerkschaften, in betrieblichen Fragen dem Kapital ein Interpretationsvorrecht nicht nur faktisch zu überlassen, sondern auch noch vertraglich zu sichern, eine schwedische Besonderheit sein.

Diese Vorrechte der Unternehmer gehen auf einen Vertrag aus dem Jahr 1906 zurück, in dem die Gewerkschaften folgende Festlegung akzeptierten: »Unter Beachtung der übrigen Bestimmungen des Vertrags hat der Arbeitgeber das Recht, die Arbeit zu leiten und zu verteilen, nach freier Wahl Arbeiter anzustellen und zu entlassen sowie Arbeiter zu beschäftigen, ob sie organisiert sind oder nicht.« Diese im Prinzip noch heute gültige und inzwischen durch Rechtsprechung verfestigte Regelung sichert die unternehmerische Vorherrschaft in der Gestaltung der Arbeitsstrukturen und des Arbeitseinsatzes ab. »Das Recht, die Arbeit zu leiten, hat« – stellen die schwedischen Gewerkschaften selbst fest – »dem Arbeitgeber den Vorteil verschafft, daß sich bei Meinungsverschiedenheiten über die Auslegung eines Tarifvertrages seine Auffassung durchsetzt. Das bedeutet, daß der Arbeitgeber verlangen kann, daß die Arbeit nach seinen Bestimmungen durchgeführt werden soll, wenn keine andere Auslegung durch Verhandlungsvereinbarung oder gerichtlichen Entscheid festgelegt ist.«[3]

Mit diesen Bedingungen blieb den Unternehmern in Schweden ein ungewöhnlich starker Einfluß auf die Festlegung der Arbeitsbedingungen, dem eine erhebliche Schwäche der Gewerkschaften auf betrieblicher Ebene gegenübersteht. Drei Probleme des schwedischen Wegs der »Humanisierung der Arbeit« machen dies deutlich; sie zeigen gleichzeitig die Zwangslage, in die eine Gewerkschaft geraten kann, die sich der Frage der Arbeitsgestaltung nicht oder zum falschen Zeitpunkt annimmt.

Die Verfälschung der Triebkräfte

Wenn Ende der sechziger Jahre in einigen schwedischen Betrieben die Prinzipien der tayloristischen Arbeitsorganisation relativiert und Arbeitsformen eingeführt worden sind, die zu einer Verringerung der Arbeitsbelastungen und teilweise auch zu einer Anhebung der Arbeitsqualifikation führten, so gewiß nicht auf freiwilliger Basis. Hauptursachen waren ein verändertes Arbeiterverhalten und wachsende Probleme der Arbeitskräfterekrutierung, die in außergewöhnlich hohen Fluktuationsraten und Fehlzeiten zum Ausdruck kamen.

Für die Arbeiter der metallverarbeitenden Industrie wird berichtet: Fluktuation 1965: 45 Prozent, 1966: 42 Prozent mit fallender Tendenz; Fehlzeiten 1965: 9 Prozent, 1966: 9 Prozent mit steigender Tendenz.[4] Diese Personalprobleme gefährdeten in einem so starken Maße den Rationalisierungseffekt, auf den die schwedische Industrie gerade in den sechziger Jahren durch große technische und organisatorische Veränderungen abzielte, daß sich in führenden Unternehmen ein neuer »Managementstil« durchsetzte:[5] durch gezielte Einschränkung belastender und unqualifizierter Arbeit sollte die Attraktivität der Arbeitsplätze gesteigert werden.

Die schwedischen Gewerkschaften mußten diese Situation ungenutzt lassen: Von den konkreten Arbeitsplatzinteressen der Arbeiter abgehoben, verkannten sie die im veränderten Verhalten ihrer Mitglieder indirekt enthaltene Kritik an der bestehenden Arbeitsorganisation und konnten daher auch das darin liegende politische Potential weder nutzen noch deutlicher zum Ausdruck bringen. Die Veränderung der Arbeitsorganisation erschien in Schweden mehr als Beitrag »fortschrittlicher« Unternehmensleitungen zur »industriellen Demokratie« und nicht als Ergebnis der Verweigerungen der Arbeiter. Was in Wahrheit den Unternehmen durch die bewußte oder unbewußte Verweigerung der Arbeiter abgerungen wurde, blieb in seiner Konfliktdimension verstellt und ließ sich den Arbeitern gegenüber als wohlwollende unternehmerische Grundsatzentscheidung präsentieren. So konnte sich zum Beispiel Pehr G. Gyllenhammar, der wendige Volvo-Präsident, in seiner Rede zur Eröffnung des neuen Montagewerks Kalmar geradezu zum Sprachrohr des »wohlverstandenen« Arbeiterinteresses machen: »Die Ziele des Kalmar-Projektes lagen darin, den Arbeitern eine gewisse Identifikation mit dem von ihnen erzeugten Produkt zu verschaffen. Sie sollten nicht vom Produkt entfremdet sein, sondern – als Voraussetzung für Herstellungsqualität – sich frei mit ihm identifizieren. Die Menschen in der Fabrik sollten dazu in der Lage sein, miteinander zu kommunizieren, weil die moderne Technik am Fließband Isolation geschaffen hatte. [...] Wir wollten auch Gruppen einrichten, weil die Menschen in Gruppen oft besser arbeiten. Wir wollten mehr räumliche Freizügigkeit in dem Sinn schaffen, daß die Menschen nicht über den ganzen Tag hinweg an denselben Platz gebunden sind. Wir wollten dem einzelnen Arbeiter mehr Einfluß auf seine Arbeit und den Rhythmus im Tagesablauf geben. [...] Wir legten so Forderungen [...] fest, bevor wir mit den Planungen des Werkes [...] begannen.«[6]

Die Begrenztheit arbeitsgestaltender Maßnahmen

Auch wenn, wie in den sechziger Jahren in Schweden, die Unternehmer verstärkt die Erfahrung machen müssen, daß speziell die unqualifiziertesten und belastendsten Formen traditioneller Industriearbeit unter bestimmten Voraussetzungen Abwehrreaktionen der Arbeiter hervorrufen, ist zunächst nur mit sehr begrenzten Zugeständnissen zu rechnen: Ökonomische und politische Interessen – zum Beispiel niedrige Lohn- und Ausbildungskosten, ein stabiles betriebliches Herrschaftssystem – schränken die Veränderungen ein. Die Wirksamkeit dieser Schranken läßt sich auch an den schwedischen Versuchen neuer Arbeitsgestaltung deutlich nachweisen[7]:

– An dem durch Kostenüberlegungen motivierten Verzicht vieler Unternehmen auf einen Eingriff in das bestehende technische System: Wenn überhaupt, so fand der Gesichtspunkt neuer Arbeitsgestaltung nur im Zusammenhang mit dem Aufbau neuer Anlagen Eingang in die technische Planung. Bei bereits installierten Anlagen kam es bestenfalls zu Arbeitsveränderungen durch Arbeitsplatzwechsel (job rotation); die hier erzielbaren qualitativen Effekte sind aber gering.

– An der eher politisch begründeten Reserve der Unternehmen gegenüber einer Verlagerung anordnender Funktionen: Durch Übertragung solcher Funktionen (Arbeitsverteilung, Programmplanung, Festlegung der Arbeitsmethoden usw.) an die Arbeiter ließe sich auch ohne technische Veränderungen eine wesentliche Arbeitsanreicherung erzielen. Die Widerstände gegen diese Möglichkeit waren aber groß, weil eine allgemeine Erschütterung der Betriebshierarchie befürchtet wurde.

– An der auf Kostengründe rückführbaren Tendenz der Unternehmen, auch im Fall von Neuplanungen die vorhandenen technischen Möglichkeiten zur qualitativen Veränderung der Arbeit nicht auszuschöpfen: Dadurch wurde auch in jenen Betrieben, in denen eine Aufgabenanreicherung durch Neugestaltung der Arbeitsplätze wenigstens im Ansatz verwirklicht wurde, der qualitative Effekt sehr stark beschnitten.

Gerade eine solche Situation, in der die Unternehmer zur Neugestaltung der Arbeit gezwungen sind, diesen Prozeß jedoch aus ihrer Interessenlage heraus in engen Grenzen halten müssen, bietet dem gewerkschaftlichen Kampf günstige Ansatzpunkte. Einerseits wird die Veränderbarkeit der Arbeitsstrukturen demonstriert: das übliche Rechtfertigungsargument der Unternehmer, das Arbeitssystem sei Ausdruck wissenschaftlich-technischer »Sachzwänge« und insoweit nicht anfechtbar, wird durch die betriebliche Praxis selbst widerlegt. Auf dieser Erfahrungsbasis kann eine gewerkschaftliche Politik offensiver Arbeitsveränderungen, die sich auf die zutage getretene Unzufriedenheit der

Arbeiter bezieht, auf größere Überzeugungskraft rechnen. Je stärker jedoch die Arbeiter und ihre Organisationen Druck auf die Arbeitsorganisation ausüben, desto eher wird sich die in dieser Situation ohnehin gegebene Konzessionsbereitschaft des Kapitals in reale Arbeitsverbesserungen ummünzen lassen. Andererseits besteht unter diesen Bedingungen auch die Chance, die gesellschaftlichen Ursachen restriktiver Arbeitsorganisation deutlicher sichtbar zu machen. Da die Unternehmen unabweisbare Arbeitsveränderungen immer wieder zu begrenzen suchen, wird die Aufmerksamkeit leichter auf die Macht- und Interessenstruktur der kapitalistischen Produktion gelenkt, die durchgreifenderen Veränderungen entgegensteht.

Diese Chance einer politischen Wendung besteht freilich nur in einer Praxis konsequenter politischer Konfrontation: indem die gewerkschaftlichen Forderungen den Interessenhorizont der Beschäftigten voll ausschöpfen und dabei gezielt auch Punkte aufgreifen, die die Konzessionsfähigkeit der Unternehmen überschreiten. Der Widerspruch zwischen Forderungen und Realisierungschancen verweist auf die politische Dimension der »Humanisierung der Arbeit«, daß nämlich substantielle Veränderungen im Arbeiterinteresse an Veränderungen im Machtverhältnis zwischen den Klassen gebunden sind.

In Schweden haben die Gewerkschaften schon den Konzessionsspielraum der Unternehmensleitungen nicht gezielt genutzt, um die Reichweite arbeitsgestaltender Maßnahmen auszudehnen. In den meisten Betrieben beschränkt sich die gewerkschaftliche Rolle bei Arbeitsveränderungen auf die Beteiligung an projektbegleitenden »referensgruppen«, die nicht mehr als die Möglichkeit boten, sich beratend zum Projekt zu äußern. Auf Volvo-Kalmar bezogen wurde beispielsweise von einem Gewerkschaftsvorsitzenden nachträglich festgestellt: »Gewiß wurde man eingeladen, die Veränderungen und die Entwicklung zu diskutieren, aber die Umstellung geschieht ganz nach den Bedingungen des Arbeitgebers.«[8] Von einer politischen Strukturierung der Veränderungsprozesse durch die Gewerkschaften ist erst recht nicht zu sprechen. Zu mehr als einer gewissen Skepsis über die Ergebnisse der Veränderungen sind die schwedischen Gewerkschaften kaum gekommen. So muß man den Hinweis, daß »eine schlechte Arbeit nicht besser wird, wenn man mehrere schlechte Arbeiten machen muß« (so ein Gewerkschaftsvorsitzender in bezug auf Volvo)[9], oder die Feststellung, daß das Unternehmen vielleicht nur bereit sei, »den Beschäftigten ein Gefühl von Einfluß anstelle wirklichen Einflusses« zu gewähren (so ein Gewerkschaftsvertreter in bezug auf Atlas Copco)[10], schon als Lernprozeß bezeichnen, dem sich angesichts der alles in allem mageren Ergebnisse neuer Arbeitsgestaltung auch schwedische Gewerkschaftsfunktionäre immer weniger entziehen konnten.

Die Stagnation des Veränderungsprozesses

Nicht nur unter diesen Gesichtspunkten erwies sich die Hoffnung der schwedischen Gewerkschaften auf die unternehmerische »Humanisierung der Arbeit« als trügerisch. Die weitere Entwicklung zeigte, daß die Bereitschaft der Unternehmensleitung, mit neuen Formen der Arbeitsgestaltung zu experimentieren, oft auch zeitlich begrenzt war. In einigen Unternehmen ist inzwischen ein Zug zur Zurücknahme früherer Arbeitsveränderungen zu erkennen – so bei Atlas Copco, einem Umstellungsfall, der bei uns noch herumgereicht wurde, als man ihn im Werk selbst bereits demontierte.[11] Im übrigen wird heute die weitere Ausbreitung neuer Formen der Arbeitsgestaltung in Schweden allgemein skeptischer beurteilt als vor einigen Jahren (so das Ergebnis eigener Expertenbefragungen).

Die veränderte ökonomische Konstellation macht diese Entwicklung verständlich. In Schweden ist der wirtschaftliche Wachstumsprozeß seit einigen Jahren durch deutliche Tiefpunkte gekennzeichnet (1967/68, 1971). In ihrer Folge wuchs die Arbeitsplatzunsicherheit (die Arbeitslosenquote stieg von 1,8 Prozent im Jahre 1967 auf 2,7 Prozent im Jahre 1972[12]).

Gleichzeitig gehen die Personalprobleme zurück, die die Veränderungsbereitschaft der Unternehmen begründet hatten, was an einem konjunkturell bedingten Rückgang der Fluktuationsraten abzulesen ist (Arbeiter der metallverarbeitenden Industrie: 1965 45 Prozent, 1968 25 Prozent, 1969 37 Prozent, 1973 25 Prozent), bei der Entwicklung der Absentismusrate (Fehlzeiten) allerdings nicht so deutlich durchschlägt (weiter steigende Tendenz mit einer Abschwächung in den Rezessionsjahren). Damit vermindert sich aber auch der Druck auf die Unternehmen, durch Verbesserung der Arbeitsbedingungen möglichen Verweigerungen der Arbeiter entgegenzutreten. Der Rückgriff auf die traditionellen Rationalisierungsmethoden ist wieder leichter möglich, was in vielen Fällen zu einer neuerlichen Verschlechterung der Arbeitsbedingungen führen dürfte.

Für die schwedischen Gewerkschaften brachten diese neuen Bedingungen handfeste Schwierigkeiten, auf die sie durch die Versäumnisse der früheren Jahre kaum anders als hilflos reagieren konnten:

– Einerseits verliert ihre bisherige Reformpolitik an Glaubwürdigkeit. Aus einer gewerkschaftlichen Stellungnahme zur Lohnpolitik: »[. . .] die Gewerkschaften haben eine harte Stabilitätspolitik gefordert, weil sie in einer solchen Politik eine Voraussetzung dafür gesehen haben, erfolgreich das Hauptziel der Lohnpolitik angehen zu können: die Sicherung eines fairen Anteils am wachsenden Nationaleinkommen und das Erreichen einer rationalen Lohnstruktur. Erfahrungen – bis jetzt nur unvollständig analysiert – scheinen zu zeigen, daß diese Versuche in einer inflationären Wirtschaft weniger erfolgreich sind, die auf der einen Seite die Profite zu Lasten der Reallöhne begünstigt und auf der anderen Seite den Gewerkschaften die Kontrolle der Löhne erschwert.«[13] Die Erfahrungen mit der größeren Krisenanfälligkeit auch des schwedischen Kapitalismus schlagen sich in einer solchen Äußerung deutlich nieder. Unter Bedingungen der Rezession wird eine Politik, die einseitig auf Vollbeschäftigung, Reallohnsteigerungen und bessere Sozialleistungen abzielt, notwendig fragwürdig. Gleichzeitig besteht die Gefahr, daß die Nichterfüllung der Reformversprechungen eine verstärkte Unzufriedenheit der Arbeiter mit der gewerkschaftlichen Organisation hervorruft – eine Entwicklung, die unter den schwedischen Bedingungen langfristig wohl eher zu einer größeren Apathie der Mitglieder denn zu spontanen Abwehrkämpfen führen dürfte.[14]

– Sozusagen als Versuch, dieser Entwicklung gegenzusteuern, ist andererseits eine Umakzentuierung der gewerkschaftlichen Programmatik und Politik festzustellen: der Stellenwert der bisherigen politischen Schwerpunkte wird geringer, die Frage der Veränderung der Arbeitsstrukturen kommt nun auch auf gewerkschaftlicher Seite stärker ins Spiel. Ein Anzeichen ist bereits das Programm des schwedischen Gewerkschaftsbundes von 1971, das – unter dem Thema »Betriebsdemokratie« – eine gezielte Verbesserung der Arbeitssituation fordert. Arne Geijer in einer Rede über Wirtschaftsdemokratie: »Immer mehr Probleme entstehen den Gewerkschaften durch Rationalisierung und Strukturveränderungen in der Industrie. Denken wir zum Beispiel an die Unsicherheit, die durch Betriebsschließungen und Kurzarbeit verursacht wird; rechtzeitige Information, die Besorgnisse zerstreuen und zum gewissen Grade die Härte von Entlassungen mildern könnte, steht den Betriebsausschüssen [innerbetriebliche Beratungsgremien unter Beteiligung der Gewerkschaften und des Managements, H. K.] ganz einfach nicht zur Verfügung. Bedenklich ist auch die ständige Erhöhung der Leistungsnormen, die oft das zulässige Maß überschreitet und sich damit besonders zum Schaden älterer und körperbehinderter Arbeitnehmer auswirkt. Andererseits wird die Routinearbeit immer langweiliger und monotoner, so daß Schulabgänger immer weniger Lust haben, in der Industrie zu arbeiten, um so mehr, als sich gleichzeitig die Arbeitsumwelt dauernd verschlechtert und Gesundheitsgefährdungen zunehmen.«[15]

Ob den schwedischen Gewerkschaften dieser späte Schwenk tatsächlich gelingen kann, ist aber mehr als zweifelhaft. Zwar ist gerade in Rezessionsphasen, in denen der Leistungsdruck in den Betrieben zunimmt, objektiv eine stärkere gewerkschaftliche Kontrolle der Arbeitsbedingungen geboten. Die Grundlagen dafür müssen jedoch unter anderen Bedingungen vorbereitet werden: wenn nämlich durch die relative Stärke der Beschäftigten am Arbeitsmarkt die subjektiven und objektiven Voraussetzungen zum Ausbau der gewerkschaftlichen Vertretungsmacht im Betrieb günstig sind. Gewerkschaften, die es unter Bedingungen eines hohen Beschäftigungsstandes versäumen, in den Betrieben einen hohen Standard an Arbeitsbedingungen zu verfestigen, und die nicht gleichzeitig die Veränderung der Arbeitsbedingungen als Interessenproblem behandeln, um auf unternehmerische Versuche des Rückschritts vorzubereiten, stehen in der Krise mit dem Rücken an der Wand. Vor allem wird es auf seiten der Arbeiter an Kampfbereitschaft mangeln, an die gerade jetzt angesichts der Stärkung der Unternehmer besondere Anforderungen zu stellen wären; denn warum sollten die Arbeiter, die in besseren Zeiten den Kampf um die Arbeitsbedingungen nicht haben lernen können, unter sehr viel schlechteren Verhältnissen nun plötzlich die Frage der Arbeitsorganisation offensiver angehen? In Schweden wird man aus diesem Grund damit rechnen müssen, daß die nun aufkommende gewerkschaftliche Forderung nach mehr betrieblichem Einfluß nicht zu einer besseren Kontrolle der Arbeitsbedingungen »von unten« führen wird, sondern sich eher in »Ersatzregelungen« Geltung verschafft, die für die realen betrieblichen Machtverhältnisse nur begrenzte Bedeutung besitzen. Formelle Mitbestimmungsregelungen nach westdeutschem Muster, über das Parlament durchgesetzt, könnten sich als Ersatzlösung anbieten.

Beispiel II: »Kampf um die Arbeitsorganisation« in Italien

Die wirtschaftliche Entwicklung in Italien ist durch einen strukturellen Arbeitskräfteüberschuß geprägt.[16] Überdurchschnittliche Arbeitslosigkeit und erzwungene Auswanderung sind die Folgen. Dieser Tatbestand erklärt die spezifische Ausrichtung der italienischen Industrie auf überwiegend arbeitsintensive Fertigungen mit hohem Rationalisierungsgrad. Einerseits konnten Produktionsbereiche zu Schwerpunkten der industriellen Entwicklung werden, wie die Automobilindustrie (u. a. Fiat), die Schreibmaschinen- und Tischrechnerindustrie (u. a. Olivetti), die Industrie für elektrische Haushaltsgeräte. Andererseits besteht ein hoher Rationalisierungsgrad durch konsequente Anwendung des Taylorismus: Die Tendenz tayloristischer Rationalisierung war in den italienischen Industriebetrieben ebenso beständig wie der Zustrom unqualifizierter Arbeitskräfte aus dem Süden.

Unter diesen Umständen sind die neuen Formen der Arbeitsgestaltung von der italienischen Gesamtindustrie zunächst kaum ernsthaft in Betracht gezogen worden. Wenn es gleichwohl nach 1968 in wichtigen italienischen Unternehmen – vor allem bei Olivetti und teilweise auch bei Fiat – zu Ansätzen veränderter Arbeitsgestaltung gekommen ist, so auf Grund der vorantreibenden Wirkung der Forderungen und Kämpfe der Arbeiter: In Italien ist den Unternehmen das Problem veränderter Arbeitsorganisation durch die Arbeiterbewegung aufgezwungen worden. Besondere Bedingungen, so vor allem eine zeitweilige relative Vollbeschäftigung in den Industriezentren des Nordens (nicht Folge ausgeschöpfter Arbeitskraftreserven, sondern Ausdruck des durch eine mangelhafte Infrastruktur begrenzten Fassungsvermögens der Ballungszentren[17], aber auch spezifische Produktionsbedingungen einzelner Unternehmen – so bei Olivetti Veränderungen des Marktes und der Produkte – haben die Entwicklung beeinflußt. Sie erklären jedoch eher die regionale (Norditalien) und betriebliche (z. B. Olivetti, Fiat) Schwerpunktbildung im gewerkschaftlichen Kampf um die Arbeitsorganisation, weniger den Kampf selbst. Vor allem ist hier auf die Tradition und das politische Selbstverständnis der italienischen Gewerkschaften zu verweisen.

Insgesamt hat sich die italienische Gewerkschaftsbewegung offengehalten für eine klassenbewußte Praxis, in der die Frage der betrieblichen Situation der Beschäftigten eine wesentliche Rolle spielen konnte. Verschiedentliche Angebote, vor allem nach der Regierungsübernahme durch die Mitte-Links-Koalition, an die Gewerkschaften, auf gesamtwirtschaftlicher und Einzelunternehmens-Ebene in Mitverantwortung zu treten, scheiterten; zu sehr war die Klassentradition der italienischen Arbeiterbewegung lebendig geblieben. Diese grundsätzliche Ablehnung jeder Form von Mitbestimmung ist ein wichtiges Merkmal, das den italienischen Gewerkschaften den Charakter militanter Klassenorganisationen verlieh, die den Kampf gegen die traditionelle Arbeitsorganisation aufnahmen und stimulierten, sobald sich hierfür in den Betrieben die Möglichkeit ergab.[18] Dabei ist hervorzuheben, daß dies nicht nur für den kommunistisch-sozialistischen Gewerkschaftsverband CGIL gilt. Unter dem Einfluß betrieblicher Kämpfe der unteren Arbeiterschichten in den späten sechziger Jahren gab die CGIL ihr defensives Konzept auf, das darin bestand, für die in dieser Organisation relativ stark repräsentierten Facharbeiter wenigstens eine lohnmäßige Berücksichtigung ihres hohen Qualifikationspotentials zu verlangen, und orientierte sich stärker auf die Kontrolle und Veränderung der Arbeitsinhalte. Auch die katholisch orientierte CISL – der zweitgrößte Gewerkschaftsverband – bewegte sich auf diesen Punkt hin, indem sie die zunächst an der katholischen Soziallehre orientierte Auffassung, Industriearbeit müsse und könne »humaner« gestaltet werden, mehr und mehr in die konkrete Forderung nach Veränderung umsetzte, zu deren Verwirklichung auch diese Gewerkschaft immer häufiger auf das Mittel des Massenkampfes zurückgriff.[19]

Eine besondere Bedeutung fiel in diesem politischen Formierungsprozeß der Turiner Gewerkschaftsbewegung zu, die über eine besonders lebendige Klassentradition verfügt.[20] Hieraus erklärt sich, daß einige Zentren des Kampfes um die Arbeitsorganisation (insbesondere Olivetti und Fiat) in dieser Region liegen.

Es kann hier nicht darum gehen, die neuere Arbeitskampfentwicklung in Italien und die Bedeutung der Arbeitsbedingungen in diesem Prozeß umfassend darzustellen. So muß auf die Untersuchung der wichtigen Rolle der unqualifizierten Arbeiter und ihrer Interessen verzichtet werden. Es sollen hier vielmehr einige wenige Punkte hervorgehoben werden[21], die im Zusammenhang mit dem Ergebnis des schwedischen Beispiels Rückschlüsse auf organisatorische und taktische Voraussetzungen des gewerkschaftlichen Kampfs um die Arbeitsbedingungen versprechen.

Das Prinzip der Kontrolle und Rückkoppelung

In Zeiten, in denen das Kapital in Bedrängnis gerät, ist mit elastischen Ausweichbewegungen zu rechnen. Den Arbeiterorganisationen wird ein gewisser Aktionsradius geöffnet, der einen Spielraum für begrenzte Interessenvertretung absteckt. Zugleich ist er aber so stark mit dem Entscheidungssystem der Betriebe verknüpft, daß die Belegschaftsvertreter die Verantwortung für notwendig kompromißhafte Entscheidungen mittragen müssen, ohne deren Kompromißcharakter gegenüber den Arbeitern noch problematisieren zu können: die »Falle der Institutionalisierung«.[22]

Es ist ein auffälliges Merkmal der italienischen Gewerkschaften, daß sie im Kampf um die Arbeitsorganisation diese Gefahr der Selbstbindung oft unterlaufen konnten. Am Beispiel der Entwicklung der gewerkschaftlichen Forderungen bei Olivetti und der in diesem Unternehmen erfolgten Tarifabschlüsse[23] lassen sich die entsprechenden Vorkehrungen verdeutlichen:

– Die Gewerkschaften forderten in allgemeiner Form qualifiziertere Arbeit und berufliche Verbesserungen, ohne dabei konkrete Veränderungsmodelle vorzuschlagen. So heißt es im Forderungskatalog 1971: »Zur Förderung der beruflichen Weiterentwicklung aller Beschäftigten – mit dem Ziel einer realen beruflichen Verbesserung in Form qualifizierterer Arbeit und verbesserter Lohngruppeneinstufung – soll über folgende Fragen verhandelt werden, wobei die konkrete Anwendung in den einzelnen Bereichen des Konzerns jeweils spezifisch zu bestimmen ist: a) Wiederzusammensetzung der Arbeitsgänge, b) innerbetriebliche Mobilität, c) berufliche Fortbildung ...« Die Forderung, die dieses Verlangen besonders klar ausdrückte, war die nach kollektiver Höhergruppierung fest definierter Arbeitergruppen. Beispiel: »1. Faktische Abschaffung der 5. und 4. Lohngruppe (Ungelernte). 2. Lohngruppe 3 (Angelernte): a) Änderung der tarifvertraglichen Gruppenmerkmale; b) Festlegung der Zugehörigkeitsdauer zur Lohngruppe 3 für Arbeiter, die bei ihrer Einstellung in diese Lohngruppe eingestuft wurden und über die Wiederzusammensetzung von Arbeitsgängen bzw. innerbetriebliche Mobilität bzw. berufliche Fortbildung in höhere Lohngruppen aufrücken. 3. Lohngruppe 2 (Spezialarbeiter): a) Änderung der tarifvertraglichen Gruppenmerkmale; b) Festlegung der maximalen Zugehörigkeitsdauer mit dem Ziel von neuen theoretisch-praktischen Erkenntnissen oder mit dem Ziel von eventuellen Wiederzusammensetzungen der Arbeitsgänge.« Schließlich verlangten die Gewerkschaften für die Arbeiter Kontrolle über die Konsequenzen technischer und organisatorischer Maßnahmen (Lohngruppeneinstufung, Festlegung der Vorgabezeiten, Belegschaftsstärken, Qualifikationsniveau usw.). Forderungskatalog 1972: »Vorherige Verhandlung mit dem Fabrikrat [Versammlung der Delegierten, H. K.] über alle Konsequenzen, die die technologischen und organisatorischen Veränderungen in jedem Werk für die Arbeitsbedingungen und den Personalstand haben; außerdem ihre nachträgliche Überprüfung auf der Grundlage der Einschätzung der homogenen Gruppe [der jeweils betroffenen Arbeitsgruppe, H. K.]. Kriterien für die Verhandlungen über Personalbestand und Arbeitsbelastungen; außer dem schon durchgesetzten Recht, Zeiten und Arbeitsbelastungen auch in der Phase des Anfahrens zu diskutieren, wird verlangt, daß die endgültige Festlegung der Zeiten nur nach der Überprüfung mit den Delegierten der betroffenen Gruppe stattfinden kann. Davon unberührt bleibt das Recht, auch zu einem späteren Zeitpunkt Zeiten und Arbeitsbelastungen zu diskutieren. Bei Umsetzungen sind dem Fabrikrat vorher und namentlich die betroffenen Beschäftigten mitzuteilen [. . .] sowie ihr neuer Arbeitsplatz und ihre neue Tätigkeit, um zu sichern: daß ihnen bei ihrer neuen Tätigkeit eine berufliche Entwicklung garantiert ist, die zumindest derjenigen gleicht, die ihnen bei ihrer vorherigen Tätigkeit möglich war; unter Festhalten an der gewerkschaftlichen Forderung nach einer Wiederzusammensetzung der Tätigkeiten, [. . .] ist eine Verwendung ihrer Erfahrung in neuen Tätigkeiten zu sichern, die weitere berufliche Fortkommensmöglichkeiten eröffnen.« Bemerkenswert ist vor allem der bewußte Verzicht auf die modellhafte Angabe alternativer Formen der Arbeitsgestaltung, der Ausdruck der Auffassung ist, die Gewerkschaften sollten auf alle Formen mitbestimmungsartiger Beteiligung an konkreten Betriebsentscheidungen verzichten, um sich für die Kritik und Kontrolle der Betriebspolitik freizuhalten.

– Die mit der Unternehmensleitung geschlossenen Verträge beinhalteten dementsprechend nicht die Einführung bestimmter Arbeitsveränderungen, sondern nur die Gesichtspunkte, die bei solchen Veränderungen zu beachten waren. Beispiel Unternehmensvertrag 1971: »Das Unternehmen verpflichtet sich, durch folgende Maßnahmen die reale berufliche Aufwertung der Arbeiter in der Lohngruppe 3 (Angelernte) mit dem Ziel ihrer Aufnahme in die Lohngruppe 2 (Spezialarbeiter) zu erreichen: 1. Wiederzusammensetzung der Arbeitsgänge mit dem Ziel einer Erweiterung und Anreicherung der Arbeitsinhalte; 2. innerbetriebliche Mobilität durch den Einsatz in verschiedenen Tätigkeiten mit dem Ziel, eine höhere Berufsqualifikation zu gewinnen; 3. Einführung von neuen Produktionstechniken und -methoden; 4. Einsatz des Personals, das schon lange in der Montage arbeitet, bei komplexeren Produkten; 5. Verbesserung der beruflichen Inhalte einiger Tätigkeiten. Auf Grund dessen verpflichtet sich das Unternehmen, innerhalb von zwei Jahren 2000 bis 2500 Hochstufungen von der 3. in die Lohngruppe 2 vorzunehmen ...« Über die Ein- und Durchführung einzelner Maßnahmen wurde im Vertrag ausdrücklich festgehalten, daß sie »in die Kompetenz der Unternehmensleitung fällt«.

– Für die durchgeführten Veränderungen wurden halbjährliche Prüfungen vorgesehen. Unternehmensvertrag 1971: »Die Durchführung dieser Maßnahmen, auch in bezug auf die damit verbundenen Ausbildungsmaßnahmen, wird in sechsmonatigen Abständen einer gemeinsamen Einschätzung von Unternehmensleitung und Nationalem Koordinierungsausschuß [der Gewerkschaften, H. K.] unterzogen und wird auch zusammen mit den örtlich zuständigen Fabrikräten geprüft werden.« Die Gewerkschaften selbst lehnten es – wie schon die bereits zitierten Forderungskataloge zeigen – ab, Einschätzungen stellvertretend für die betroffenen Arbeiter abzugeben, und banden ihr eigenes Votum an den Willensbildungsprozeß der jeweiligen Arbeitergruppe.

Über die konkreten Bedingungen der Anwendung der Arbeitskraft wird letztlich auf Betriebsebene entschieden, denn die Differenziertheit konkreter Arbeitsprozesse verlangt Regelungen, die der betrieblichen Einzelsituation Rechnung tragen. In der Frage der Arbeitsbedingungen können die Gewerkschaften dem Kapital daher nur dann wirksam entgegentreten, wenn sie den Kampf auch auf betrieblicher Ebene führen, d. h. wenn sie ihre allgemeinen Forderungen unter Berücksichtigung der stofflichen Voraussetzungen einzelner Produktionsprozesse konkretisieren und wenn sie über ausreichende betriebliche Vertretungsmacht verfügen, um diese konkreten Forderungen durchzusetzen und abzusichern. Gewiß liegt hierin auch die Gefahr einer Isolierung des Konflikts, der nur dann zu entgehen ist, wenn im Rahmen der nationalen Gewerkschaftsbewegung die dezentralen betrieblichen Kämpfe mit der allgemeinen Klassenbewegung verknüpft werden können. Doch kann der Bezug zur Betriebssituation, in der Frage der Arbeitsbedingungen ohnehin unausweichlich, auch als taktischer Vorteil genutzt werden.

Die jeweils besonderen stofflichen Bedingungen der Produktion begründen beim Einzelkapital im Hinblick auf die Arbeitsorganisation durchaus unterschiedliche Interessenlagen. So sind zum Beispiel die Anforderungen an eine leistungsfähige Arbeitsorganisation je nach Produktionsart – Stoffumwandlung, Stoffverformung, Montage, Verpackung usw. – unterschiedlich; auch kann bei montierenden Prozessen, um einen Einzelfall herauszugreifen, die hier meist übliche tayloristische Fließbandtechnik unter bestimmten Voraussetzungen einzelwirtschaftlich problematisch sein: bei Produkten, die in kleineren Serien und wechselnden Mengen erzeugt werden, wegen der geringen Elastizität des Bandes im Hinblick auf Produktvariationen; bei Produkten, deren Herstellung häufige Fehlersuche und -behebung erfordert, wegen der für das Band typischen strikten funktionellen und zeitlichen Trennung von Herstellung, Kontrolle und Reparatur; bei Produkten schließlich, deren Verkauf sich auf das Image der Progressivität stützt, wegen der besseren Unterstützung dieses Images durch unkonventionelle Fertigungsmethoden.

Konsequent genutzt, vermitteln solche Differenzen dem gewerkschaftlichen Kampf um bessere Arbeitsbedingungen eine

Einbruchstelle: wenn die Auseinandersetzung in ihrer ersten Phase an Stellen konzentriert wird, an denen die Interessen des Managements selbst Zweifel an der tayloristischen Arbeitsorganisation aufkommen lassen und wo deshalb der Widerstand gegen die Forderung nach besserer Arbeit geringer sein dürfte. Gelingt es hier, in einem Zusammenwirken von gewerkschaftlichem Druck und Konzessionsbereitschaft der Unternehmer substantielle Arbeitsveränderungen zu erzielen, so ist dies für die Gewerkschaften in zweifacher Hinsicht ein Vorteil. Zum einen wird praktisch sichtbar, welchen Wirkungsgrad der gewerkschaftliche Kampf um die Veränderung der Arbeit erhalten könnte; zum anderen können sich die Unternehmen dem Sog bereits durchgeführter Veränderungen nur unter größeren Schwierigkeiten und Konflikten entziehen.

Dieses Prinzip der Schwerpunktbildung und nachträglichen Verallgemeinerung ist in Italien oft recht erfolgreich praktiziert worden. Exemplarisch ist auch hier die Entwicklung bei Olivetti:

Aus Konkurrenzgründen mußte dieses Unternehmen in den sechziger Jahren seine Markt- und Produktkonzeption verändern; notwendig war der Übergang auf kleinere, häufig wechselnde Produktserien und die Herstellung elektronischer Rechner. Damit veränderten sich aber auch die Anforderungen an die Arbeitsorganisation im Montagebereich: höhere Elastizität im Produktionsablauf (Kleinserienfertigung) und bessere Möglichkeiten zur Verknüpfung von Montage-, Kontroll- und Reparaturoperationen (die Untereinheiten eines elektronischen Rechners müssen vor dem Zusammenbau dynamisch geprüft und gegebenenfalls repariert werden) wurden verlangt – beides Bedingungen, die bei der herkömmlichen Fließbandtechnik nur sehr begrenzt gegeben sind.

Unter diesen Voraussetzungen stieß die gewerkschaftliche Forderung nach Wiederzusammensetzung der Arbeitsgänge und höherer beruflicher Qualifikation auf geringe Abwehr: im Bereich der Montage elektronischer Produkte setzte sich die Technik der Inselmontage durch, die für die Beschäftigten mit einer deutlichen Qualifikationserhöhung und spürbaren Belastungsreduktion verbunden ist und die dem Unternehmen die Vorteile höherer Flexibilität, besserer Qualität, schnelleren Kapitaldurchlaufs und Reduktion des Personalkostenanteils bietet. Hinsichtlich der weiteren Perspektiven bei Olivetti ist nun aber bemerkenswert, daß inzwischen auf Druck der Gewerkschaften Bestrebungen im Gang sind, die Arbeit auch in solchen Bereichen umzugestalten, wo die Produkttechnologie weniger günstige Ansatzpunkte bietet. Das gilt einmal für mechanische und elektromechanische Produkte wie Rechen- und Schreibmaschinen, wozu bereits Ansätze bestehen. Ferner ist auf die Montage von Kleinteilen – wie elektronische Platten – zu verweisen, die nur einfachste Verrichtungen erfordern und deshalb für sich gesehen nur geringe Möglichkeiten für eine Wiederzusammensetzung der Arbeit bieten; hier wird eine Aufwertung der Arbeit durch Verlagerung anordnender Funktionen auf die Arbeitsgruppe ins Auge gefaßt. Daß auch in solchen Bereichen Lösungen angestrebt und gefunden werden, zeigt der Umfang des Prozesses der Umstrukturierung in den Montagebereichen von Olivetti. Wenn der Veränderungsprozeß dabei auch über Sektoren hinausgreift, in denen er sich dem Unternehmen durch die Produkttechnologie selbst nahelegt, so ist dies vor allem auf den Druck der Gewerkschaften zurückzuführen, die sich dabei den Signaleffekt bereits durchgeführter Veränderungen zunutze machen konnten.

Die Dynamik eines erfolgreichen Kampfes um bessere Arbeitsbedingungen, hier nur innerhalb von Olivetti aufgezeigt, sprengt leicht auch die Grenzen des einzelnen Unternehmens, wenn durch die gewerkschaftliche Organisation die weitere Übertragung systematisch verfolgt wird. So hat beispielsweise der mehrfach zitierte Olivetti-Tarifvertrag 1971, der in Italien zunächst einzigartig dastand, dem Arbeitskampf insgesamt wichtige Impulse vermittelt.

Schwierigkeiten in der Krise

Wie wichtig auch immer die bisher diskutierten Bedingungen sein mögen, die Erfolgsaussichten des Kampfes um die Arbeitsorganisation hängen von gesamtgesellschaftlichen Bedingungen ab, zu denen zuvörderst die ökonomische Lage und ihr Einfluß auf das Kräfteverhältnis zwischen den Klassen gehören. Diese Erfahrung vermittelt auch die italienische Entwicklung. Deutlicher als in anderen Fällen zeigt sich das bei Fiat, der als Automobilproduzent von der gegenwärtigen Krise besonders betroffen ist.

Bei Fiat war die gewerkschaftliche Politik der Arbeitsverbesserungen ohnehin auf starken Widerstand der Unternehmensleitung gestoßen, was unter anderem mit der spezifischen Marktsituation (standardisierbare Großserien), Produktstruktur (hohe Komplexität) und Produktionstechnik (aufwendige Umrüstungen) zusammenhängt. Wenn dennoch auch bei Fiat bis zum Unternehmensvertrag vom März 1974[24] Arbeitsveränderungen durchgesetzt werden konnten – seien sie auch punktuell und im Vergleich zu Olivetti begrenzter –, so bestätigt dies den Wirkungsgrad, den der gewerkschaftliche Kampf um Arbeitsbedingungen in Italien erhalten hatte. Die Verschlechterung der ökonomischen Situation, die speziell in Norditalien die durch zeitweilig hohe Beschäftigung verringerte Konkurrenz zwischen den Beschäftigten wieder gesteigert hat, gab dem Fiat-Management jedoch die Möglichkeit, das Rad zurückzudrehen – ablesbar auch an der Nichterfüllung wichtiger Teile des Vertrages vom März 1974. (Trotz tarifvertraglicher Bindung wurde der Versuch, Montageinseln im Werk Rivalta einzuführen, kurz und bündig eingestellt; auch wurde ein Investitionsfonds für Verbesserungen der Arbeitsbedingungen – 35 Mill. DM für 1975 – der vertraglich zugesicherten Kontrolle der Gewerkschaften entzogen.)

Die politische Stoßrichtung des sich hier abzeichnenden Gegenschlages wird in der italienischen Gewerkschaftsbewegung realistisch eingeschätzt. Matteo Rollier, der Sekretär der Vereinigten Metallarbeitergewerkschaft FLM in Turin: »Die Unternehmer versuchen, die Krise für ihre Zwecke zu nutzen. Sie wollen der Arbeiterbewegung das Rückgrat brechen und zu den alten Entwicklungsmechanismen zurückkehren. Diese Attacke bedeutet eine Politik der Rezession, mit Arbeitslosigkeit und Inflation zur selben Zeit. [. . .] Indem sie zu den alten Methoden zurückzukehren versuchen (niedrige Löhne, unkontrollierte und flexible Verwendung der Arbeitskraft, Einkommens- und Profitschwindel), wird gleichzeitig der Versuch gemacht, der italienischen Wirtschaft eine untergeordnete Rolle in der internationalen Arbeitsteilung zuzuweisen. Der Schlüssel, um dies zu erreichen, ist die Zerstörung der Interventionsmacht der Arbeiter, so daß der Unternehmer in der Fabrik freie Hand hat. Die Frage der Arbeitsorganisation erhält große politische Bedeutung, jetzt mehr als jemals zuvor.«[25]

Ob aber die gerade in der Krise entscheidende Kontrolle der Arbeitsorganisation durch die Gewerkschaften unter den Bedingungen dieser Krise tatsächlich gesichert werden kann, ist auch in

Italien eine bisher schwer zu beantwortende Frage. So ist seit Ende 1973 bei Teilen der Fiat-Belegschaft im Ansatz eine Abschwächung der Forderung nach inhaltlicher Veränderung der Arbeit zu erkennen. Angesichts der größeren Arbeitsplatzunsicherheit und der darin enthaltenen Schwächung der Kampfposition der Gewerkschaften kann eine Einstellung aufkommen, die die bisher erreichten Veränderungen als gering und die Möglichkeiten ihrer Ausweitung als unsicher einschätzt. Die Gefahr einer Rückentwicklung des Kampfbewußtseins der Arbeiter ist nicht zu verkennen. Aus einem gewerkschaftlichen Dokument 1974: »Die Tatsache, daß das Monetisierungs-Konzept [finanzielle Abgeltung hoher Arbeitsbelastungen, H. K.] auch heute noch nicht vollständig überwunden ist, daß nach vier Jahren des Kampfes um die Arbeitsbedingungen hier und da in der Lackiererei wieder Forderungen nach der Monetisierung der Gesundheit auftauchen [. . .], rührt nicht daher, daß die Arbeiter nicht hinreichend ›sensibilisiert‹ wären [. . .], sondern daher, daß es in diesen Jahren nicht gelungen ist, eine Veränderung glaubhaft zu machen. Wenn es nach vier Jahren Reden über die Arbeitsbedingungen nicht gelungen ist, wenigstens irgendwo die Arbeitsbedingungen grundlegend zu verändern (nicht nur untergeordnete Verbesserungen zu erreichen: die üblichen Absaugvorrichtungen usw.), dann ist es vollkommen logisch, daß der, der Gefahr läuft, 5, 10 oder 20 Jahre unter Arbeitsbedingungen arbeiten zu müssen, die ihm sein Leben verkürzen, schließlich ›wenigstens‹ nach einer Zulage verlangt. [. . .] Das ist vielleicht das wichtigste Ergebnis der Umstrukturierung von Fiat: nicht so sehr die Tatsache, daß es Fiat gelang, wenig zu verändern, sondern daß es ihm gelang, eine Rückentwicklung des Arbeiterbewußtseins in bezug auf die Arbeitsbedingungen zu erreichen, in dem jetzt hier und da wieder auflebt, was nach 1970 tot und begraben schien: die Monetisierungskonzeption.«[26]

So wenig Grund angesichts dieser Entwicklung auch besteht, die gewerkschaftliche Situation in Italien zu idealisieren, so sicher ist freilich auch, daß die italienische Gewerkschaftsbewegung durch die Stärke und Militanz, die sie in den letzten Jahren gewonnen hat, über bessere Möglichkeiten als andere Gewerkschaften verfügt, sich dem wachsenden inner- und außerbetrieblichen Druck des Kapitals entgegenzustellen. In einem ersten Schritt waren die Gewerkschaften bei Fiat bemüht, Terrain dadurch zurückzugewinnen, daß sie den auf den Beschäftigten lastenden Druck des Arbeitsplatzverlustes abzubauen suchten. Es gelang, im November 1974 ein Abkommen zu erkämpfen, das unter anderem garantiert, daß 1975 keine Entlassungen »aus Gründen der Personaleinsparung« vorgenommen werden, und das gewerkschaftliche Kontrollrechte bei Umsetzungen innerhalb des Unternehmens vorsieht. Es besteht eine Chance, daß auf diese Weise die Basis für Abwehrmaßnahmen im Betrieb verbreitert werden kann.

Einige Rückschlüsse auf die gegenwärtige Situation in der Bundesrepublik

1. Bei aller Unterschiedlichkeit in den Ausgangsbedingungen und Verlaufsformen stellen sowohl der schwedische wie der italienische Fall eine praktische Kritik jener in den letzten Jahren verbreiteten These von einer grundlegenden Erschütterung der traditionellen Arbeitsorganisation (*Krise des Taylorismus*[27]) dar. Nicht nur spiegelt der Widerstand, den die Unternehmensleitungen den Forderungen auf veränderte Arbeitsgestaltung entgegensetzen, die ökonomische und politische Funktionalität der herkömmlichen Arbeitsorganisation für den kapitalistischen Verwertungsprozeß wider. Vor allem ist auch die in dieser These enthaltene Vorstellung einer Geradlinigkeit in der Veränderung der Arbeitsstrukturen falsch, die der Ungleichzeitigkeit der Entwicklung der kapitalistischen Arbeitsorganisation – Einschränkung repetitiver Teilarbeit in einigen Produktionsbereichen bei gleichzeitiger Beibehaltung oder Verschärfung dieser Arbeitsform in anderen – ebensowenig Rechnung trägt wie dem Bedeutungszuwachs traditioneller Rationalisierungskonzepte in der ökonomischen Krise.

Wenn die jüngste Entwicklung in beiden Ländern insbesondere dadurch gekennzeichnet ist, daß es zu einer Rücknahme vorher erzielter Arbeitsverbesserungen kommt, so wird hier ein allgemeiner Mechanismus deutlich, der die aktuelle Situation in den westdeutschen Betrieben ebenfalls bestimmt: der Versuch der Unternehmen, das in der Rezession zu ihren Gunsten veränderte Machtverhältnis zur Durchsetzung von Rationalisierungsprinzipien zu nutzen, deren Effekt in einer stärker standardisierten und verdichteten Arbeit und in einem deutlich erhöhten Leistungsdruck liegt.[28] Die immensen Schwierigkeiten der IG Metall in Baden-Württemberg, die im Manteltarifkampf 1973 – der hinsichtlich der Verbesserung der Arbeitsplatzsituation wohl wichtigsten Tarifbewegung der letzten Jahre – erzielten Verbesserungen in den Betrieben tatsächlich auch durchzusetzen, weisen in diese Richtung. Auch kann auf andere Prozesse verwiesen werden, die in der Rezession eine wesentliche Beschleunigung erfahren:

– die Einführung neuer Entlohnungsmethoden (Ersetzung der summarischen durch die analytische Arbeitsplatzbewertung, Aufhebung des Zeitstudienakkords durch Verfahren vorbestimmter Zeiten, Einbindung wirksamer Leistungsanreize in Zeitlohnarbeiten usw.), die den Arbeitern die Kontrolle ihrer Leistungsabgabe erschweren;

– die stärkere Standardisierung der Arbeitsgänge und die Ausschaltung »unproduktiver« Verrichtungen mit der Folge einer Einschränkung der Zeitspielräume bei der Arbeit;

– die Ausweitung der Schichtsysteme einschließlich der Nachtarbeit, durch die die Arbeitsbeanspruchung erhöht und die Regenerationsmöglichkeiten der Beschäftigten vermindert werden.

Man geht nicht fehl, diese Maßnahmen, deren Durchsetzung die Krise wesentlich begünstigt, als Aktualisierung tayloristischer Prinzipien der Arbeitsorganisation zu bezeichnen.

2. Aus dieser Situation heraus bestimmt sich der Stellenwert des gewerkschaftlichen Kampfes um die Arbeitsorganisation in der Krise. Der Hinweis des italienischen Gewerkschafters Matteo Rollier, daß der Frage der Arbeitsorganisation gerade in der Krise besondere Bedeutung zukomme, zielt auf einen entscheidenden Punkt: die Gewerkschaften können in einer Zeit verschärften innerbetrieblichen Drucks ihre Vertretungsaufgabe nur erfüllen, wenn es ihnen gelingt, die Entwicklung in den Betrieben unter Kontrolle zu halten. Damit ist aber auch ein Dilemma gewerkschaftlicher Politik bezeichnet, das an dieser Stelle nur beschrieben werden kann und für das überzeugende Lösungsmöglichkeiten erst entwickelt werden müßten: Unter der Voraussetzung konjunkturellen Abschwungs und zunehmender Arbeitslosigkeit, wie wir sie im Moment erleben, gewinnt zwar der Kampf um die Sicherung und Verbesserung der Arbeitsbedingungen

objektiv hohe Aktualität, zugleich verschlechtern sich aber aus eben denselben Gründen für die Gewerkschaften die Möglichkeiten, diesen Kampf erfolgreich zu führen. Unsere eigenen Erfahrungen wie auch die aus Schweden und Italien zeigen die disziplinierenden Effekte, die von der größeren Arbeitsplatzunsicherheit auf das Verhalten der Arbeiter ausgehen, und sie lassen die Gefahr erkennen, daß die Beschäftigten unter diesen Bedingungen eher zur Hinnahme schlechter Arbeit in der Hoffnung neigen, wenigstens die Arbeitsplätze und damit einen gewissen Standard materieller Reproduktion sichern zu können. Dieses Dilemma ist durch die in den gewerkschaftlichen Apparaten spürbare Tendenz, angesichts der Verunsicherung vieler Gewerkschaftsmitglieder den Anspruch auf Kontrolle der Arbeitsgestaltung stillschweigend auf bessere Zeiten zu vertagen, wenn nicht gar vollends abzuschreiben, freilich nicht aus der Welt zu schaffen. Bei einer solchen Politik muß sich das Dilemma, das ja im Zusammentreffen von Arbeitsintensivierung einerseits und geringerer Abwehrkraft andererseits besteht, eher verschärfen, wodurch der Druck auf die Arbeiter weiter zunehmen würde.

3. Gegenüber dieser Gefahr sind einige praktische Ansatzpunkte hervorzuheben, auf die sich eine Gewerkschaftspolitik bei uns heute beziehen könnte, die der objektiven Bedeutung der Frage der Arbeitsbedingungen entsprechen will. Drei Sachverhalte dürften dabei wichtig sein, die in einer Diskussion über die gegenwärtigen Möglichkeiten des gewerkschaftlichen Kampfs um die Arbeitsorganisation aufgegriffen werden könnten:

– In der Praxis der westdeutschen Gewerkschaften haben arbeitsbezogene Probleme immer eine gewisse Bedeutung behalten, wenn auch die gewerkschaftlich organisierten Tarifauseinandersetzungen in erster Linie Lohnpolitik waren, bei der die betrieblichen Arbeitsbelastungen in der Regel durch Lohnzulagen ausgeglichen wurden. Gerade der Vergleich mit den schwedischen Gewerkschaften zeigt, daß den Arbeitsbedingungen in der Diskussion der westdeutschen Gewerkschaftsbewegung trotz allem eine gewisse Bedeutung zufiel[29], sei es in der Diskussion um den Einfluß der Automation auf die industrielle Arbeit (die allerdings sehr stark aus einer technologischen Perspektive heraus geführt wurde)[30], sei es in den gewerkschaftlichen Stellungnahmen zu den Leistungslohnmethoden (in der allerdings die Möglichkeit zur Ausschaltung von »Unternehmerwillkür« im Vordergrund stand)[31], sei es schließlich in den gewerkschaftlichen Konzepten der betrieblichen Mitbestimmung bis hin zu »Rationalisierungsschutzabkommen« (die allerdings hauptsächlich von den Lücken der gesetzlichen Mitbestimmung in Form des Betriebsverfassungsgesetzes ausgingen).[32] Wichtiger noch dürfte sein, daß insbesondere in den Streiks des Jahres 1973 – sowohl in den spontanen Streiks wie in der Manteltarifauseinandersetzung in der Metallindustrie Baden-Württembergs – die Arbeitsbedingungen zu einem wichtigen Kampfgegenstand wurden und dabei auch eine inhaltliche Ausweitung erfuhren; neben den Rahmenbedingungen der Arbeit (Dauer und Lage der Arbeitszeit, Entlohnungsmethoden usw.) wurden auch Probleme der unmittelbaren Arbeitsgestaltung (Arbeitstempo, Taktlängen usw.) aufgegriffen.[33] Insoweit besteht das gegenwärtige Problem weniger darin, die Frage der Arbeitsbedingungen in die innergewerkschaftliche Diskussion neu einzuführen, als sicherzustellen, daß die bereits erreichte Position aufgegriffen und ausgebaut wird.

– Die westdeutsche Gewerkschaftsbewegung kann einen betrieblichen Vertretungsapparat in Anspruch nehmen und weiter entwickeln, was wiederum im Vergleich zu den schwedischen Verhältnissen einen wenn auch begrenzten organisatorischen Ansatzpunkt für die Beeinflussung der Arbeitsbedingungen auf betrieblicher Ebene vermittelt. Gewiß ist die gewerkschaftliche Vertretungspolitik im Betrieb auch bei uns in mehrfacher Hinsicht gehandikapt: durch die Doppelstruktur der innerbetrieblichen Interessenvertretung (einerseits Betriebsrat, andererseits Vertrauensleute) und durch die Einbindung des Betriebsrats in institutionelle Regelungen, die seine Handlungsfähigkeit stark einschränken (Friedens- und Schweigepflicht, Mitverantwortung, Professionalisierung). Gleichwohl handelt es sich um eine eingeführte und relativ stabile Organisationsstruktur für innerbetriebliche Interessenvertretung, die in einer Reihe von Betrieben durch die Auseinandersetzungen der letzten Jahre – man denke an die spontanen Streiks, die ohne das organisatorische Gerippe der Betriebsräte und Vertrauensleute sich kaum hätten so entwickeln können[34] – wohl gestärkt worden ist. Für einen Kampf um Kontrolle und Verbesserung der Arbeitsbedingungen, der in erheblichem Maße auf Betriebsebene geführt werden muß, heißt dies aber, daß von bereits vorhandenen Organen betrieblicher Interessenvertretung ausgegangen werden kann. Dieser organisatorische Ansatzpunkt kann seinen Wert für eine Beeinflussung der Arbeitsbedingungen allerdings nur dann entfalten und der »Falle der Institutionalisierung« nur dann entgehen, wenn es gelingt, durch ein Prinzip der Basiskontrolle und Rückkoppelung, das hier am Beispiel der Arbeitskämpfe bei Olivetti verdeutlicht wurde, bessere Verbindungen zwischen Vertretungsorganen und vertretenen Belegschaften zu sichern.

– Schließlich gilt es, in einer Politik der Schwerpunktbildung und nachträglichen Verallgemeinerung – in diesem Text ebenfalls an der Entwicklung bei Olivetti aufgezeigt – die Auseinandersetzung um die Arbeitsorganisation zunächst auf jene Stellen zu konzentrieren, die in der gegenwärtigen Situation die immer noch besten Erfolgsaussichten haben. Das Konzept der betriebsnahen Tarifpolitik, in den westdeutschen Gewerkschaften seit langem diskutiert, trägt diesem Erfordernis Rechnung, wäre jedoch durch Konkretisierung möglicher »Einfallstellen« im Hinblick auf die aktuelle Situation und die Probleme der Arbeitsbedingungen zu präzisieren. Für die notwendige Schwerpunktbildung ist die Tatsache wichtig, daß die Rezession keineswegs alle Unternehmen in gleicher Stärke trifft. (So erreichte die chemische Industrie noch lange gute Profite; so steht Daimler-Benz erheblich besser da als andere Automobilfirmen.) Auch müßten unter dem Gesichtspunkt arbeitsgestaltender Eingriffe jene Produktionsbereiche identifiziert werden, in denen sich die Unternehmensleitungen von einer tayloristischen Arbeitsorganisation ohnehin keine durchgreifenden Vorteile versprechen können. (So ist an automatischen Großanlagen der Stoffverformung augenblicklich ein Prozeß arbeitsorganisatorischer Umgestaltung im Gang, in dem die Betriebe durch Abbau der »Organisationsform strenger Arbeitsteilung«[35] einen Rationalisierungseffekt erzielen wollen. Was hindert die IG Chemie daran, diese Entwicklung zum Anlaß für die Forderung zu nehmen, nicht bei der Aufgabenausweitung stehen zu bleiben, sondern diese mit einer Anreicherung durch qualifizierte Arbeiten zu verknüpfen?) Durch das systematische Ausnutzen solcher Umstände bietet sich den Gewerkschaften nach wie vor die Chance, konkrete Arbeitsverbesserungen zu erzielen. Damit wäre aber nicht nur unmittelbar ein Vorteil erreicht, sondern auch die Einsicht gestärkt, daß unter den augenblicklichen Bedingungen der gewerkschaftliche Kampf um die Arbeitsorganisation möglich ist – ein Ergebnis, das angesichts der

Gefahr um sich greifender Resignation nicht zu unterschätzen wäre.

Anmerkungen

1 Geijer, A., *Wirtschaftsdemokratie*, Stockholm 1971, 2. 23.

2 Rationalisierungsvertrag zwischen dem Zentralverband Schwedischer Arbeitgeber SAF und dem Schwedischen Gewerkschaftsbund LO, S. 3.

3 *Betriebsdemokratie – Programm des Schwedischen Gewerkschaftsbundes LO, Gewerkschaftskongreß* 1971, S. 41. – Diese Regelung ist seit dem Gesetz über Mitbestimmung im Arbeitsleben von 1977 hinfällig. Überhaupt hat sich die Politik der Gewerkschaften in Schweden in den letzten Jahren merklich geändert; dies führte zu Veränderungen in den Beziehungen zwischen den Arbeitsmarktparteien, so daß der Text hier nicht mehr den aktuellen Stand wiedergibt. Vgl. F. Schmidt, *Die Reform des kollektiven Arbeitsrechts in Schweden*, Köln 1978 (1978).

4 Die Ursachen dieser Entwicklung sind hier nicht darzustellen; sie liegen in einem Zusammenwirken von wirtschaftlichem Wachstum, begrenzten Arbeitskraftreserven und staatlichem Leistungssystem.

5 Wedderburn, D., *Perspective on Sweden*, in: *Personnel Management*, S. 31 ff.

6 Gyllenhammar, P. G., *Speech at Kalmar*, 4.6.1974.

7 Diese Probleme sind in diesem Band S. 43 ff. genauer dargestellt.

8 Hodann, J., *Neue Techniken im Automobilbau.*

9 Ebd.

10 Vgl. den offiziellen Untersuchungsbericht zum Atlas-Copco-Versuch; Björk, L., u. a., *Ökat inflytande i jobbet*, S. 68.

11 Vgl. P. Hellbergs Bericht über Atlas-Copco in: *Humanisierung der Arbeit als gesellschaftspolitische und gewerkschaftliche Aufgabe*, Frankfurt 1975.

12 Die Steigerung verlief allerdings nicht kontinuierlich.

13 R. Meidner/B. Öhmann, *LO: Fifteen Years of Wage-Policy*, Stockholm 1972, S. 12 f.

14 Allerdings ist auch in Schweden nach der Streikstatistik eine gewisse Tendenz zur Vermehrung spontaner Streiks festzustellen. Der Bezug zu Arbeitsbedingungen gilt jedoch als schwach; insofern sind die Streiks, über die die Schrift *Spontaneität und Massenaktion im ›Wohlfahrtsstaat‹ – Die schwedischen Streiks im Winter 1969/70* (Frankfurt 1970) berichtet, wohl eher eine Ausnahme.

15 Geijer, a.a.O., S. 24.

16 Vgl. in diesem Band S. 87 ff.

17 *Scienza e organizzazione del lavoro*, Istituto Gramsci, 1973, Bd. I, S. 36.

18 Vgl. CGIL/CISL, *Zur Geschichte und Theorie der italienischen Gewerkschaftsbewegung*, 2 Bde., Berlin 1973.

19 Regini, M., Reyneri, E., *Akkordlohn, Qualifikation als Kampfinhalt italienischer Arbeiter*, München 1973.

20 Vgl. Alquati, R., *Klassenanalyse als Klassenkampf – Arbeiteruntersuchung bei Fiat und Olivetti*, Frankfurt 1974, hier vor allem auch die Einleitung von W. Rieland.

21 Im folgenden Text sind eine Reihe von Hinweisen verarbeitet, die ich Hartwig Heine verdanke.

22 Gorz, A., *Weder Bolschewik noch Gewerkschaftler*, abgedruckt in: *Klassenanalyse*, Berlin 1970, S. 74.

23 Zugrunde liegen hier die gewerkschaftlichen Forderungskataloge für Olivetti von 1971, 1972 und 1973 sowie die mit dem Unternehmen abgeschlossenen Verträge von 1971 und 1974. Generell ist darauf hinzuweisen, daß hier immer von den drei Metallarbeitergewerkschaften FIM, FIOM und UILM die Rede ist, die sich in der FLM vereinigt haben.

24 Dieser Vertrag ist in *express* 11/1974 abgedruckt; die dazu gegebene Einleitung ist problematisch, weil sie den Eindruck erweckt, als sei der Vertrag die Antwort der Fiat-Arbeiter auf die Krise.

25 Rollier, M., nach einem Manuskript in englischer Sprache.

26 *Storia delle lotte e delle vertenze*, FLM Turin, Manuskript 1974.

27 Vgl. in diesem Band S. 25 ff.

28 Vgl. auch S. 136 ff. in diesem Band.

29 In meinem Artikel: *Die Bedeutung der Arbeitsbedingungen in den Streiks 1973* (vgl. in diesem Band S. 136 f.) habe ich diesen Umstand unterschätzt.

30 Hier wäre auf die Protokolle der drei Automationskongresse der IG Metall, Frankfurt 1963, 1965, 1971 zu verweisen.

31 Vgl. Tarifpolitische Abt. des DGB-Bundesvorstands (Hrsg.), *Menschliche Leistung und Arbeitsergebnis*, Köln 1965, insbes. S. 31 ff.

32 Vgl. M. Osterland, u. a., *Materialien zur Lebens- und Arbeitssituation der Industriearbeiter in der BRD*, S. 103 ff.

33 Vgl. in diesem Band S. 121 f.

34 Z. B. wurde von Schumann, M., u. a. (*Am Beispiel der Septemberstreiks*, Frankfurt 1971) die Bedeutung der Betriebsräte und Vertrauensleute für die Septemberstreiks 1969 aufgezeigt.

35 Vgl. in diesem Band S. 27 f.

Elastischere Produktionsorganisation oder humane Arbeitsbedingungen? Konträre Interessen bei der »Humanisierung der Arbeit«*

Qualität und Humanität des Arbeitslebens – die Begriffe verführen allzu leicht zu allgemeinen, weitschweifigen Betrachtungen, zu Sonntagsreden. Die blumigen Etiketten, mit denen dabei häufig auch die bescheidensten Veränderungen geschmückt werden, geben aber zu einer vorsichtigen Haltung Anlaß, gerade wenn man sich bei den Beschäftigten nicht diskreditieren will, die die Grenzen mancher Veränderungen sehr schnell erfahren. Das Mißverhältnis von Anspruch und Realität ist offenkundig, wenn von »Auflösung der Arbeitsteilung«, der »Entkopplung von Mensch und Technik« usw. die Rede ist. Diese Praxis setzt sich selbst ins schlechte Licht und bringt nur die Begriffe, die wir nötig haben, um ihren Sinn.

Ich werde mich um so mehr um eine nüchterne Darstellung bemühen. Dabei ist eine gewisse Beschränkung unumgänglich. Im Zentrum meines Beitrages steht die Darstellung und Bewertung der Projekte neuer Arbeitsgestaltung, die inzwischen auch bei uns durchgeführt werden. Allgemeinere Veränderungen der Arbeitspraxis, wie sie in einer Leistungspolitik, die gegen die Hektik und den Zeitdruck bei der Arbeit gerichtet ist, in der Einführung und Ausweitung betrieblicher Mindesterholzeiten und der Alterssicherung zum Ausdruck kommen, werden nur am Rande erörtert. Auch kann auf das Problem der ergonomischen Arbeitsgestaltung im engeren Sinne nicht eingegangen werden. Durch diese Schwerpunktbildung, die aus zeitlichen Gründen erfolgt, soll die Wichtigkeit dieser Veränderungen im Gesamtzusammenhang der Verbesserung der Arbeitsbedingungen nicht bestritten werden[1].

Im einzelnen geht es im weiteren um folgende Probleme: Nach einer kurzen Information über die Verbreitung unqualifizierter und belastender Arbeit in der Industrie und der Einstellung der Arbeiter zu diesen Tätigkeiten (Punkt I) werden die Projekte der

* Vortrag auf der IG Metall-Tagung *Krise und Reform in der Industriegesellschaft* im Mai 1976, zuerst im Protokoll der Tagung, Frankfurt/Köln 1976, S. 330 ff.

Arbeitsgestaltung genauer dargestellt und im Hinblick auf ihre Arbeitsfolgen diskutiert (II). Daran sollen sich einige Überlegungen zu den Ansatzpunkten und der Stoßrichtung der gewerkschaftlichen Politik der Humanisierung des Arbeitslebens anschließen (III).

I

Die Bedeutung unqualifizierter, belastender Formen industrieller Arbeit läßt sich in Zahlen nicht exakt angeben. Zwar wird in abwehrendem Tenor in einer jüngst bekanntgewordenen Erhebung von Gesamtmetall davon gesprochen, daß »nur« um die 10 Prozent der Metallarbeiter Fließarbeit ausführen[2]. Doch bezeichnet Fließarbeit nur eine Variante jener einfachen kurzzyklischen Verrichtungen, die wir repetitive Teilarbeiten nennen. Geht man von der Lohngruppenstatistik aus, so befinden sich in der Metallindustrie immerhin 40 bis 50 Prozent der Arbeiter in einer äußerst beengten Arbeitssituation[3]. Diese Beschäftigten sind hohen Belastungen in der Form einer extrem einseitigen Beanspruchung ihres muskulären, nervlichen und intellektuellen Leistungsvermögens ausgesetzt; hinzu kommen Monotoniebelastungen, die mit einer verarmten Zeitstruktur der Arbeit zusammenhängen und die die Identität der Betroffenen auf gefährliche Weise beeinträchtigen können. Von einem Spielraum zur freien Gestaltung der Arbeit, ja von Möglichkeiten zur Entfaltung von Kenntnissen und Fähigkeiten kann hier kaum mehr die Rede sein. In der Beseitigung dieses fortbestehenden Problems der repetitiven Teilarbeit liegt eine der wesentlichen Aufgaben einer sich ernstnehmenden Politik der Humanisierung des Arbeitslebens.

Gegenüber diesem Erfordernis kann der immer wieder ins Spiel gebrachte Einwand kaum verfangen, die Beschäftigten selbst stünden »in vielen Fällen neuen Arbeitsformen sehr skeptisch gegenüber«.[4] Davon abgesehen, daß angesichts der bisherigen Praxis der Arbeitsgestaltung auch zu fragen wäre, ob eine gewisse Skepsis nicht angebracht ist, kann sicher nicht bestritten werden: Der starke Zugang von Arbeitskräften mit vorindustriellen Lebenserfahrungen in den fünfziger Jahren und erst recht der Rückgriff auf ausländische Arbeitskräfte sowie die verstärkte Frauenbeschäftigung in den sechziger Jahren haben in der Arbeiterschaft den Anteil vorwiegend instrumentell und gratifikationsbezogener Orientierung verstärkt und ein bedeutendes Reservoir von Arbeitern eingeschleust, denen ihre Arbeitsbedingungen zunächst tatsächlich relativ gleichgültig gewesen sein mögen.[5] Aber seit Ende der sechziger Jahre scheinen sich Änderungen zu ergeben. Wir wissen aus einer Reihe von Untersuchungen, daß zahlreiche Arbeiter die ihnen auferlegten Belastungen, den Zeitdruck und die Abwechslungsarmut ihrer Tätigkeit, als »schlechte Seiten« des eigenen Arbeitsplatzes hervorheben[6], wobei sich die Arbeiter vor allem hinsichtlich der Belastung und der Unterordnung bei der Arbeit gegenüber anderen gesellschaftlichen Gruppen benachteiligt sehen.[7] In einer Studie rechnen gar 41 Prozent der befragten Arbeiter mit zukünftig erhöhten Arbeitsbelastungen, gegenüber 22 Prozent, die Arbeitserleichterungen erwarten.[8] Auch weist eine andere Untersuchung auf ein beträchtliches Veränderungsbedürfnis hin, wenn sie feststellt, daß mehr als die Hälfte der befragten Arbeiter konkrete Möglichkeiten zur Verbesserung ihres Arbeitsplatzes sehen, die bisher nicht ausgenutzt worden sind.[9] All diese Daten lassen erkennen: Trotz manchen gegenläufigen Momenten gibt es innerhalb der Industriearbeiterschaft das verbreitete Empfinden eines »Reformdefizits«[10], das sich auf die Situation am Arbeitsplatz bezieht. Ob für dieses Veränderungsinteresse dann auch konkrete Durchsetzungschancen gesehen werden, steht auf einem anderen Blatt (vgl. III). Die vielbeschworene »Motivationskrise bei industrieller Arbeit«, die in zeitweilig verstärkten individuellen und kollektiven Verweigerungen gegenüber herkömmlicher Industriearbeit zum Ausdruck kam, macht jedenfalls deutlich, daß die kritische Einschätzung der Arbeit unter bestimmten Voraussetzungen durchaus verhaltens- und auch kampfrelevant werden kann.

II

Diese geringere Bereitschaft der Arbeiter zur Hinnahme repetitiver Teilarbeit, wie sie speziell Ende der sechziger/Anfang der siebziger Jahre in einer Reihe westlicher Industrieländer zutage trat, schuf auch für die Unternehmensseite einen Druck zur Veränderung der Arbeitsbedingungen, und so gibt es auch bei uns inzwischen vor allem in der elektrotechnischen und der Automobilindustrie kaum ein bedeutendes Unternehmen, das sich nicht mit »Humanisierungsprojekten« ins Gespräch gebracht hat.

Doch sind die Interessen, die hinter diesen Maßnahmen stehen, komplexer und umfassen nicht nur Faktoren, die direkt mit dem Verhalten der Arbeiter zusammenhängen. Eine Auswertung veröffentlichter Berichte über »menschengerechte Arbeitsgestaltung«, die sich auf Maßnahmen in 7 Unternehmen der Elektrotechnik und 4 Unternehmen des Fahrzeugbaus in der Bundesrepublik beziehen[11], läßt folgende Veränderungsmotive erkennen:

1. Personalbezogene Motive
   1.1 leichtere Personalbeschaffung/geringere Fluktuations- und Absentismuskosten 8 Nennungen[12]
   1.2 gesteigerte Leistungsbereitschaft im Arbeitsprozeß 3 Nennungen
2. Flexibilitätsbezogene Motive
   2.1 schnellere Anpassungen an Veränderungen im Produktionsprogramm 6 Nennungen
   2.2 geringere bandgebundene Takt- und Handhabungsverluste 3 Nennungen
   2.3 breitere Möglichkeiten des Personaleinsatzes 3 Nennungen
   2.4 verminderte Folgeschäden bei Störungen 2 Nennungen
   (Nicht einstufbar: 2 Unternehmen)

Wo Interessen dieser Art bei den Unternehmensleitungen auftraten, entwickelten sich in der industriellen Fertigung gewisse Tendenzen zur Aufhebung der herkömmlichen tayloristischen Arbeitsorganisation. An ihre Stelle traten teilweise Produktionssysteme, die mit dem Mittel einer geringeren Arbeitsteilung ein höheres Maß an Flexibilität erreichen. Solche Veränderungen können zu besseren Arbeitsbedingungen führen.

Bei genauerer Betrachtung der bisher durchgeführten Maßnahmen neuer Arbeitsgestaltung fällt allerdings eine Reihe von »Grenzziehungen« auf, die ich im folgenden genauer charakterisieren möchte. Dabei gehe ich auf drei Veränderungsmöglichkeiten ein: 1. den Arbeitsplatzwechsel; 2. die Arbeitsplatzneugestaltung; 3. die Verlagerung dispositiver Funktionen.

1. Im Repertoire der Methoden neuer Arbeitsgestaltung hat der schlichte Arbeitsplatzwechsel – die Arbeiter rotieren zwischen unveränderten Arbeitsplätzen – immer noch die größte Bedeutung. Diese Veränderung kann unter Belastungsgesichtspunkten ein Vorteil sein. Bei Arbeitsprozessen mit schwer habitualisierba-

ren Verrichtungen – man würde umgangssprachlich sagen: bei Verrichtungen, die man nicht im Schlaf erledigen kann – bewirkt die bloße Rotation der Arbeiter einen Ausgleich von Spitzenbelastungen und über diesen eine Belastungsreduktion. Vorausgesetzt ist allerdings, daß die einbezogenen Tätigkeiten größere Unterschiede hinsichtlich der konkreten Belastungsursachen aufweisen. In qualifikatorischer Hinsicht bringt die Rotation aber meist nichts. Vom einzelnen Arbeiter aus gesehen, liegt der Hauptakzent auf einer einfachen Aufgabenvergrößerung. Das resultiert vor allem aus dem Umstand, daß der Versuch einer bloß arbeitsorganisatorischen Aufgabenanreicherung durch Rotation an Fließbändern und einfachen Einzelmaschinen schnell an die Grenze der unveränderten Funktionsgliederung stößt. Allein das quantitative Verhältnis zwischen unqualifizierten und qualifizierten Arbeitsplätzen ist unter derartigen Bedingungen so ungünstig, daß es an »anreicherungsfähigen« Verrichtungen mangelt.

2. Weiterreichende Veränderungsmöglichkeiten bietet die Arbeitsplatzneugestaltung. Hier wird die Arbeitsplatzstruktur selbst verändert, was eine Abkehr von der herkömmlichen Produktionstechnik der industriellen Massenfertigung voraussetzt: sei es vom Fließband durch Einführung eines dynamischeren Transportsystems, sei es von der einfachen Werkzeugmaschine durch stärkere Mechanisierung und Automatisierung. Ein solcher aufwendiger Schritt bietet, wenn man ihn erst einmal geht, an sich die Möglichkeit, in der Arbeitsgestaltung nicht bei einer bloßen Aufgabenausweitung stehen zu bleiben, sondern die Öffnung des technischen Systems auch zur Aufgabenanreicherung zu nutzen. In einem begrenzten Umfang scheinen einzelne Unternehmen solche Möglichkeiten tatsächlich aufzugreifen. In den zur Verfügung stehenden Falldarstellungen werden zum Beispiel folgende Veränderungen berichtet:

– Einbau beziehungsweise Vergrößerung von Puffern in der Fließfertigung: Die Angaben hierzu sind ungenau; in manchen Fällen werden wohl sehr kleine Pufferstrecken aufgebaut (zum Beispiel Puffervolumen in der Höhe von 10 Minuten für eine ganze Gruppe[13]), aus anderen Betrieben werden erheblich größere Werte berichtet (bis zu einer Tagesproduktion pro Arbeitsplatz[14]). Auch wenn man angesichts solcher Veränderungen nicht von der wiedergewonnenen »Freiheit zu einer eigeninitiativen Arbeitsdurchführung« sprechen sollte, wie dies ein Bericht tut[15], so ist doch klar, daß Pufferbildungen zu einer Lockerung des maschinellen Zwangstakts führen und insoweit belastungsmindernd wirken. Allerdings ist dieser Effekt nur bei größeren Pufferstrecken zu erwarten.

– Verlängerung der Taktzeiten bei zyklischen Arbeiten: Folgende Taktzeiterhöhungen sind in der Literatur dokumentiert:

von bis 2 sec auf 30 sec bis einige min[16]
von 1,6 min auf 2,7 min[17]
von 1,0 min auf 2,8 bis 6,5 min (häufigster Wert 3,5 min)[18]
von x auf 3 min[19]
von 0,5 min auf 5 min[20]
von 1,02 min auf 6,0 min[21]
von 5 min auf 25 min[22]
von 0,5 min auf 18 min[23]
von 3 min auf 30 min[24]
von 5 bis 6 min auf 70 min[25].

Man sieht: gewisse Verbesserungen sind nicht zu bestreiten, im Schwergewicht bleibt es jedoch bei relativ kurzzyklischen Arbeiten. Wenn gleichwohl davon gesprochen wird, »durch den größeren Arbeitsumfang ... (ist eine) stärkere geistige Beteiligung an der Arbeit« notwendig geworden[26], so handelt es sich in vielen Fällen aber sicher um eine Übertreibung. In Wahrheit führen solche Veränderungen meist zu nicht mehr als einer begrenzten Entlastung; die in der Diskussion häufig geäußerte Vermutung umfassender Requalifizierung läßt sich nämlich nirgends nachweisen.

– Automatisierung mit dem Ziel der Abschaffung unqualifizierter Verrichtungen und der Erhöhung der qualitativen Substanz der Arbeit: Hier liegen ganz neue Möglichkeiten der Verbesserung der Arbeitssituation. Bisher sind ja ganze Industriebereiche, insbesondere der Montagesektor, auf einem niedrigen Mechanisierungsniveau stehengeblieben, weil produktionsprozeßliche Eigenheiten – die Vielfalt und schwere Handhabbarkeit der zahlreichen Bauteile – der Anwendung der herkömmlichen Automationstechnik hinderlich waren. Durch die Starrheit und schwere Umrüstbarkeit dieser technischen Einrichtungen erschien ihr Einsatz oft nicht rentabel. Die Weiterentwicklung der technischen Möglichkeiten, vor allem die Industrieroboter, die beispielsweise als Schweißautomaten in die Rohkarossenmontage des Automobilbaus Eingang zu finden beginnen, eröffnen nun neue Perspektiven.[27] Die Arbeitsfolgen des Robotereinsatzes sind aber noch nicht klar. Durchaus besteht die Möglichkeit, daß es zu einer Polarisierung kommen könnte: ein Teil der bisherigen repetitiven Teilarbeiten fällt weg, ein anderer Teil wird aber in integrierten Systemen mit den Automaten verkoppelt, so daß sich unter Umständen die verbleibenden Arbeiter der sehr hohen Arbeitsgeschwindigkeit der neuen technischen Einrichtungen anpassen müssen.[28] Im übrigen läßt sich auch über die künftige Verbreitung derartiger technischer Lösungen noch nichts Genaueres ausmachen. In den unternehmensseitigen Stellungnahmen freilich wird immer wieder auf kostenbezogene Sperren hingewiesen. So heißt es beispielsweise, »diese Mechanisierung erlaubt [...] allein durch den enormen Anstieg notwendiger Mehrinvestitionen in den meisten Fällen keine über die arbeitsphysiologische Gestaltung hinausgehende Stufe«[29]; auch könnten umfangreichere technische Veränderungen »in größerem Umfang erst bei Neuentwicklungen zur Geltung kommen«.[30] Hier werden Veränderungssperren deutlich, die wir auch bei ausländischen Umstellungsfällen beobachten konnten.[31]

3. Schließlich besteht die Möglichkeit, durch Verlagerung dispositiver Funktionen – Entscheidung über Arbeitseinsatz, Programmfolge, Verteilung der Arbeitszeit, Kontrolle und so weiter – auf die Arbeiterebene die Qualität der Arbeit zu erhöhen. Eine Beteiligung der Arbeiter an den traditionellen Vorgesetztenfunktionen bietet sich zunächst in jenen Fällen an, in denen die qualitative Substanz der Verrichtungen im Produktionsprozeß gering ist (zum Beispiel bei der Montage eines Kugelschreibers) und keine grundlegende technische Umgestaltung der Produktion erreicht werden kann. Insoweit ist zu begrüßen, wenn einzelne Unternehmen erkennen, daß die Dispositionsmöglichkeiten der Beschäftigten »durch den teilweisen Wegfall von Führungspersonal«[32] ausgeweitet werden können. Die Realität bleibt jedoch hinter dieser Möglichkeit zurück. In den wenigen Fällen, in denen nach den vorliegenden Berichten diese Frage überhaupt bedeutsam geworden zu sein scheint, handelt es sich um solche Funktionsverschiebungen:

»selbständige Versorgung mit Material [...]; Auffüllen der Materialkästen am Arbeitsplatz [...]; ständige Kontrolle der Qualität und Quantität [...]; Aufzeichnung der Mengenleistung und der Gründe für Störungen [...]; Abtransport der gefertigten

Produkte«.[33]

»Materialversorgung des eigenen Arbeitsplatzes, für die Gruppe bzw. andere Mitarbeiter [...]; Abstimmung der Mitarbeiter untereinander, zum Beispiel über die Verteilung der Arbeit; Stückzahl und Qualitätsabsprachen; Vertretung des Vorarbeiters (vorwiegend durch Reparatur [also nicht durch die Gruppe insgesamt, H. K.])«.[34]

Man kann unter diesen Voraussetzungen nur einem Beobachter zustimmen, der schreibt, die Veränderung des Handlungsspielraums sei »nur unzureichend gewährleistet, da die Grenzbedingungen dieses Spielraums äußerst eng gesetzt sind. Der Arbeitsgruppe sind nämlich ausschließlich operative Teilentscheidungen des engeren Ausführungsbereichs übertragen, wobei die Handlungsalternativen zusätzlich eingeengt sind durch politische und administrative Wahlakte der vorgesetzten Instanzen«.[35] Die Sorge der Unternehmen vor einer grundlegenden »Aufweichung« der Betriebshierarchie und dem damit verbundenen Abbau betrieblicher Herrschaft scheint die Abgabe dispositiver Funktionen an die Arbeiter wesentlich zu behindern.

Läßt man diese Angaben Revue passieren, so wird der »defensive« Charakter des unternehmerischen Interesses an neuen Formen der Arbeitsgestaltung deutlich. In erster Linie geht es um die Ausräumung von Störquellen, die die herkömmliche Arbeitsorganisation mit sich bringt und die einer flüssigen Produktion entgegenstehen; das Belastungsproblem zu entschärfen, ohne sich den Risiken einer grundlegenden Umstrukturierung der Arbeit zu stellen, das erscheint als das geeignete Mittel solcher Bestrebungen. Diese abwehrende Grundhaltung gegenüber Arbeitsveränderungen prägt, um das bisher Gesagte abzuschließen, die Anlage der betrieblichen Veränderungsprojekte.

Die Begrenzungen werden erst recht deutlich, wenn zusätzlich die quantitativen Verteilungen beachtet werden. Die Zahl der Beschäftigten, die bisher an solchen Projekten der Modifikation repetitiver Teilarbeit beteiligt waren, ist minimal. Von den 2,6 Mill. Arbeitern in der westdeutschen Metallindustrie waren es mit Sicherheit nicht mehr als ein paar Tausend[36], und man muß schon zu dem Trick greifen, die Geschichte der Rationalisierung als einen Prozeß fortschreitender Humanisierung darzustellen[37], um zu höheren Quoten zu kommen. Unter Umständen werden in Zukunft andere Größenordnungen erreicht. Aber es ist nicht zu verkennen, daß in der quantitativen Begrenzung der Maßnahmen neuer Arbeitsgestaltung auch System liegt. Von Unternehmensseite wird ausdrücklich eine »gemischte« Arbeitsstruktur angestrebt, in der die attraktiveren Arbeitsplätze auf dem Wege des innerbetrieblichen Aufstiegs erreicht werden. Neugestaltung der Arbeit in diesem Sinn ist somit auch ein Mittel der Differenzierung, der Eröffnung von Aufstiegskanälen und der Entwicklung des individuellen Karriereverhaltens.[38]

III

An dieser Stelle wird nun auch die Bedeutung einer gewerkschaftlichen Politik der Verbesserung der Arbeitsbedingungen deutlich. Sie besteht gerade darin, den genannten Beschränkungen und damit den praktischen Verkürzungen des Humanisierungsverständnisses entgegenzuwirken und auf eine Verbesserung der Arbeitssituation zu drängen, die die zentralen Dimensionen der Arbeit umfaßt.[39] Ich will es deutlich sagen: Die unternehmensseitigen Projekte neuer Arbeitsgestaltung laufen letztlich auf nicht viel mehr hinaus als auf eine Verminderung der Reibungswiderstände im Produktionsprozeß und auf bessere Mittel einer psychologischen Befriedigung des Betriebs. Wer es mit der Qualität des Arbeitslebens ernst meint, kann sich an die bezeichneten Entwicklungen nicht einfach anhängen; sie müssen vielmehr in eine qualitativ andere Linie der Verbesserung der Arbeitsbedingungen umgebogen werden.

Es ist nicht meine Aufgabe, eine solche Linie gewerkschaftlicher Politik zu formulieren. Doch bleibt in Erinnerung zu rufen, daß in der tarifpolitischen Praxis der Gewerkschaften, die in den letzten Jahren den Fragen der direkten Arbeitsgestaltung einen größeren Stellenwert eingeräumt hat, Ansatzpunkte einer alternativen Position bereits entwickelt sind. Ein wichtiges Beispiel bietet das Konzept der tariflichen Sicherung von Mindestnormen der Arbeitsgestaltung, das vor allem in die Verträge Eingang gefunden hat, die 1973 für die Metallindustrie Nordwürttemberg/Nordbadens abgeschlossen wurden.[40] Dieses bisher nur in Ansätzen ausgearbeitete Konzept hebt auf eine allgemeine Anhebung der Grundstandards industrieller Arbeit ab. Es ist im Unterschied zur unternehmerischen Arbeitsgestaltung

– egalitär, weil es auf die vollständige Abschaffung der unqualifiziertesten und belastendsten Formen industrieller Arbeit – das heißt: der Verrichtungen, die heute noch den unteren Lohngruppen zugeordnet sind – hinzielt und eben nicht auf die Ausdifferenzierung einer Hierarchie unterschiedlicher Tätigkeiten;

– allgemein, weil es, etwa in der Form genereller Mindesttaktzeiten oder genereller Mindesterholzeiten, eine uneingeschränkte Verbesserung der Arbeitsbedingungen anstrebt anstelle prozeß- oder betriebsspezifisch begrenzter Veränderungen;

– umfassend, weil es den Gesichtspunkt der Zumutbarkeit der Arbeit in den Vordergrund stellt, damit die Gesamtsituation der Beschäftigten im Auge hat und nicht nur isolierte Einzelbedingungen betrifft.

Diese Form arbeitsgestaltender Politik gilt es künftig weiterzuentwickeln.

Dabei ist allerdings nicht zu übersehen, daß eine solche Entwicklung nur vorankommen kann, wenn einige Zöpfe fallen, die auch von manchem Gewerkschafter immer noch gepflegt werden. Ich denke hier an die bisherige Form der Zuschlagsvergabe, vor allem aber an die Lohngruppenfindung nach der analytischen Arbeitsplatzbewertung, die einer gewerkschaftlichen Arbeitsplatzgestaltungspolitik durch Anhebung und durch Ausweitung von Mindestnormen im Wege steht. Die analytische Arbeitsplatzbewertung kommt mit ihrer feingliedrigen Arbeitswert- und Lohngruppenabstufung nicht nur auf der Lohnseite dem unternehmerischen Bemühen um eine ausdifferenzierte Tätigkeitshierarchie entgegen, sie kann insbesondere dazu führen, daß bei Arbeitsverbesserungen vor allem im unteren und mittleren Lohngruppenbereich die Arbeitswerte und damit die Löhne abrutschen. Geht man beispielsweise von der bisherigen Praxis in der Metallindustrie Nordwürttemberg/Nordbaden aus[41], so stützt sich die Lohnbegründung bis zur Lohngruppe VII stärker auf Belastungs- als auf Qualifikationsfaktoren; erst ab Lohngruppe X begründet sich der Lohn überwiegend aus Qualifikationsmerkmalen, wobei den Belastungselementen auch hier noch eine beträchtliche Bedeutung zufällt. Wird nun in der unteren Lohngruppenhälfte die Arbeit verbessert, so müssen einer etwaigen Belastungsverminderung schon ganz erhebliche Qualifikationserhöhungen gegenüberstehen, damit die Lohngruppe gehalten werden kann. Ist diese Voraussetzung nicht zu sichern, führt – die

Anwendung der analytischen Arbeitsplatzbewertung unterstellt – eine Maßnahme der Arbeitsverbesserung zu einer Einkommenseinbuße. Ähnliche Gefahren wirft, das ist leicht einzusehen, die überkommene Zuschlagsregelung auf.

Hierzu ist auch von gewerkschaftlicher Seite gesagt worden, man könne einen Einkommensverzicht schon hinnehmen, wenn damit Erschwernisse abgestellt werden.[42] Damit wird freilich stillschweigend eine Alternative zwischen gewerkschaftlicher Arbeitsgestaltungspolitik einerseits und gewerkschaftlicher Einkommenspolitik andererseits unterstellt, die sich nicht mit dem Ziel einer umfassenden Absicherung der Beschäftigten verträgt.[43] Humanisierung als Einkommensgefährdung – das müßte eigentlich unter den gegenwärtigen Einkommensverhältnissen ausgeschlossen sein, denn sonst wird der Teufel mit dem Beelzebub ausgetrieben. Deshalb ist auch ein Überdenken bisheriger Formen der Lohnfindung zu fordern.

Gegenwärtig, angesichts der Arbeitslosigkeit und der sich abzeichnenden Gefahr ihres Fortbestehens, stellt sich abschließend die Frage nach der Durchsetzbarkeit der gewerkschaftlichen Arbeitsgestaltungspolitik. Insgesamt ist nicht von der Hand zu weisen, daß bei einem hohen Sockel an Arbeitslosigkeit herkömmliche Rationalisierungskonzepte einen Bedeutungszuwachs erfahren. Das heißt nicht, daß Ansätze neuer Arbeitsgestaltung ganz und gar verlorengehen müssen. Eine bestimmte Arbeitsorganisation ist mit einem zu komplizierten und langwierigen Einführungsprozeß verbunden, als daß man sie wechseln könnte wie einen Rock nach einem Witterungsumschlag. Überdies: soweit die Unternehmen mit der neuen Arbeitsgestaltung eine flexiblere Organisationsform anstreben, liegen den Veränderungen Ursachen zugrunde, die von der Konjunkturlage kaum beeinflußt werden. In diesen Fällen stellt sich auch heute nicht die Frage, ob Veränderungen überhaupt stattfinden, sondern in welchen Formen und mit welcher Reichweite. Dennoch haben sich die Gewichte verschoben. So weisen auch gegenwärtig betriebliche Erfahrungsberichte darauf hin, daß stärker wieder Rationalisierung nach herkömmlichem Muster zu betreiben versucht wird. Auch kann es unter den veränderten Bedingungen nicht verwundern, wenn unter der Hand Projekte, die einst unter dem Motto der Humanisierung in Gang gekommen waren, in bloße Versuche der Produktivitätssteigerung und der verschärften Leistungsanforderungen umschlagen.[44]

Die Sicherung und Verbesserung der Arbeitsbedingungen wird angesichts dieses Problems eines aktuell wachsenden Rationalisierungsdrucks in den Betrieben zu einer noch drängenderen politischen Aufgabe – eine Schlußfolgerung, der allerdings eine Politik nicht gerecht werden kann, die sich mit Blick auf die Arbeitslosenquote als reine Beschäftigungspolitik versteht und die nicht gleichzeitig auch die Qualität der zu sichernden Arbeit berücksichtigt. Die Frage wäre zu stellen, worin der längerfristige Sinn eines Versuchs liegt, den Beschäftigten eine Arbeit zu sichern, die über kurz oder lang die Substanz ihres Arbeitsvermögens bedroht. Wenn nicht Vernunft durch Widersinn ersetzt werden soll, muß sich die Politik der Bekämpfung des Arbeitsmangels mit der Politik der Verbesserung und Humanisierung der Arbeit verbinden.

Gegen eine solche Vorstellung werden aber gerade gegenwärtig eine Reihe von Bedenken vorgebracht, die man ernst nehmen muß, und zwar unter anderem die folgenden: 1. Zur Zeit fehle die notwendige Bereitschaft der Arbeiter, entsprechende Maßnahmen aktiv zu unterstützen; 2. durchgreifende Humanisierungsmaßnahmen seien zu teuer und deshalb nicht durchsetzbar; 3. eine konsequente Politik der Verbesserung der Arbeit müsse an der geschlossenen Abwehr der Unternehmer scheitern. Gegen diese Bedenken lassen sich aber auch einige Faktoren hervorheben, die für eine gewerkschaftliche Politik wichtig sein könnten, welche der aktuellen Bedeutung der Frage humanerer Arbeitsbedingungen entsprechen soll.

1. Zum Problem der Unterstützungsbereitschaft der Arbeiter: Gewiß fördert die unsichere Beschäftigungslage Neigungen unter den Beschäftigten, schlechte Arbeitsbedingungen hinzunehmen. Andererseits begünstigt eben diese Situation, wie wir gesehen haben, die Durchsetzung traditioneller Rationalisierungsmaßnahmen mit ihren negativen Auswirkungen. Die subjektive Verarbeitung dieser Erfahrungen durch die Beschäftigten ist nun keineswegs eindeutig. Sie kann in individualisierendes Rückzugsverhalten und irrationale Konsequenzen münden, wie das heute tatsächlich vielfach der Fall zu sein scheint. In einzelnen Fällen ist aber auch ein engagiertes Abwehrverhalten zu beobachten.[45] In dieser insgesamt offenen Situation bleibt den Gewerkschaften ein Spielraum für eine aktive Politik der Verbesserung der Arbeitsbe-

dingungen, die sich auch stabilisierend auf die Widerstandsmomente im Verhalten der Beschäftigten auswirken kann. Dies im Zusammenhang der Humanisierungspolitik zu betonen, erscheint mir vor allem deshalb wichtig, weil die Gewerkschaften gerade in dieser Frage – verglichen mit den unternehmerischen Aktivitäten[46] – ein erhebliches Agitationsdefizit aufweisen.

2. Zum Problem der Veränderungskosten: Letztlich stellen humanere Arbeitsbedingungen einen Kostenfaktor dar, jedoch ist bisher die Schwelle, von der an bessere Arbeitsbedingungen und privatwirtschaftliche Rentabilität auseinanderlaufen, nicht eindeutig zu bestimmen. Wie auch immer: Gegenwärtig besteht für die Gewerkschaften wenig Veranlassung, sich in die Alternative: bessere Arbeitsbedingungen oder wirtschaftliche Produktion einzwängen zu lassen. In dem abwehrenden Hinweis auf die mögliche Unwirtschaftlichkeit einer »zu weit gehenden« Humanisierung schwingt ein Gutteil Ideologie mit. Es kann keineswesgs als gesichert gelten, in welchen Fällen und in welchem Umfang die Humanisierungsmaßnahmen kostensteigernd wirken bzw. umgekehrt Entwicklungen begünstigen, die sich als Steigerung der Produktivkraft der menschlichen Arbeit erweisen.[47] Auch ist zu betonen, daß sicherlich nicht nur ökonomische Gründe, sondern auch Herrschaftsinteressen, hierarchische Verkrustungen und verengte Planungshorizonte mögliche Verbesserungen blokkieren. Solchen im engeren Sinn politischen Widerstände kann auch politisch begegnet werden.

3. Zum Problem der Vorgehensweise: Für einen Teil der Unternehmen ist, wie schon gesagt, unabhängig von der Konjunktur, von der im übrigen längerfristige Planungen nicht unmittelbar betroffen werden, ein gewisses Interesse an neuen Formen der Arbeitsgestaltung erkennbar. Dies eröffnet den gewerkschaftlichen Bemühungen um bessere Arbeitsbedingungen nach wie vor »Durchbruchsmöglichkeiten«. Gelingt es hier, in einem Zusammenwirken von gewerkschaftlichem Druck und Konzessionsbereitschaft der Unternehmen substantielle Arbeitsveränderungen zu erzielen, so kann zweierlei erreicht werden, und das wäre schon viel: Der mögliche Wirkungsgrad der gewerkschaftlichen Politik einer Humanisierung der Arbeit würde praktisch sichtbar werden, und die Unternehmensseite könnte sich dem Sog der bereits durchgeführten Veränderungen nur unter größeren Schwierigkeiten und Konflikten entziehen.

1 Hinzuweisen ist auch auf die Beschränkung, daß die Probleme am Beispiel der Arbeitertätigkeiten in der industriellen Produktion behandelt werden. Viele Überlegungen ließen sich aber auch auf den Verwaltungsbereich übertragen. Im Prozeß der Bürorationalisierung stellen sich hier zum Teil Arbeitsprobleme ein, die denen in der industriellen Produktion vergleichbar sind.

2 Institut der deutschen Wirtschaft, *Humanisierung – Industriearbeit im Wandel*, IW-Pressegespräch am 23.3.2976 in Bonn.

3 So verteilten sich in der Metallindustrie Baden-Württembergs 1973 die Arbeiter und Arbeiterinnen, deren Tätigkeit nach der analytischen Arbeitsplatzbewertung eingestuft ist, in folgender Weise auf die Lohngruppen (Angaben in Prozent):

LG	I	II	III	IV	V	VI	VII	VIII	IX	X	XI	XII	insgesamt
Prozent	1,3	7,7	8,2	11,1	10,6	12,1	14,6	12,0	9,2	5,9	3,9	3,4	100,0

Quelle: Verband der Metallindustrie Baden-Württemberg e. V., *Lohnerhebung April 1973*, S. 15.

Faßt man zusammen, ergeben sich folgende Werte: einfache Arbeiten, oft repetitive Teilarbeiten
(LG I bis VI): 51,0 Prozent
Spezialarbeiten, durchweg Angelerntenniveau
(LG VII bis IX): 35,8 Prozent
qualifizierte und hochqualifizierte Arbeiten
(LG X bis XII): 13,2 Prozent.

4 So z. B. J. Schwartmann, *Gestaltung der menschlichen Arbeit in der Praxis*, in: IfaA, *Arbeitsstrukturierung mit MTM*, 1975, S. 38.

5 Das instrumentelle Arbeitsverhalten solcher Gruppen ist speziell in den Frühphasen der industriellen Entwicklung häufig erörtert worden. Vgl. z. B. H. Herkner, *Die Arbeiterfrage*, Bd. 1, 6. Aufl., Berlin 1916, S. 24 ff.

6 Vgl. Institut für angewandte Sozialwissenschaft (Infas), *Qualität des Arbeitslebens – Soziale Kennziffern zu Arbeitszufriedenheit und Berufschancen*, Bonn 1973, S. 168; Kurzfassung: G. Betz, *Qualität des Arbeitslebens*, in: *Materialien zur IG-Metall-Tagung »Krise und Reform in der Industriegesellschaft«*, Frankfurt 1976, Tab. 12, S. 548.

7 Institut für Sozialforschung Frankfurt/M., *Soziale Ungleichheit und materielle Ansprüche – Forschungsbericht* (hektogr.), Frankfurt/M. 1974, S. A – 20 f.

8 M. Schumann u. a., *Am Beispiel der Septemberstreiks*, S. 53.

9 Infas, a.a.O., S. 169.

10 So Infas, a.a.O., S. 167.

11 Im einzelnen handelt es sich um folgende Unternehmen: AEG Telefunken, Blaupunktwerke GmbH, Robert Bosch GmbH, Klöckner-Moeller GmbH, Olympia Werke AG, Siemens AG, Bosch-Siemens Hausgeräte GmbH, Daimler-Benz AG, Ford-Werke AG, Opel AG, Volkswagenwerk AG. Die hier ausgewerteten Falldarstellungen finden sich überwiegend in den Veröffentlichungen des Instituts für angewandte Arbeitswissenschaft (IfaA), einer Einrichtung der Verbände der deutschen Metall- und Elektroindustrie sowie in den Materialien zum Kongreß des Rationalisierungs-Kuratoriums der Deutschen Wirtschaft (RKW) sowie in den Materialien zum Kongreß des Rationalisierungs-Kuratoriums der Deutschen Wirtschaft (RKW) über Menschengerechte Arbeit – Erfahrungsaustausch zwischen Forschung und betrieblicher Praxis«, Essen 1976 (vgl. auch die von RKW herausgegebene Kongreß-Dokumentation)

12 Mehrfachnennungen kommen vor.

13 L. Wexlberger, *Neue Arbeitsstrukturierung in der Großserienfertigung*, in: IfaA, *Arbeitsstrukturierung mit MTM*, 1975, S. 46; F. Radicke u. a., *Arbeitssysteme mit neuer Arbeitsstrukturierung*, RKW-Kongreß Menschengerechte Arbeit, Heft 2, S. 10. Ähnlich: W. Brokmann, *Arbeitsstrukturierung bei Ford, dargestellt am Beispiel der Federbeinmontage*, in: IfaA-Mitt. 54, S. 12.

14 H. Wälter, *Vom Fließband zum Einzelarbeitsplatz*, in: IfaA-Mitt. 43, S. 25. G. Isenmann u. a., *Höherqualifizierung im Arbeitsprozeß*, RKW-Kongreß Menschengerechte Arbeit, Heft 7, S. 8 f. nennen für ihren Fall 30 bis 40 min pro Arbeitsplatz.

15 So H.-O. Meyer, *Erfahrungen mit Gruppenmontageplätzen am Beispiel eines Elektrogerätewerkes* in: IfaA, *Arbeitsstrukturierung in der deutschen Metallindustrie* (2), S. 61.

16 R. Weil, *Die Bedeutung des Falles Klöckner-Moeller*, in: Ifa-Mitt. 444, S.20.

17 Radicke u. a., a.a.O., S. 8.

18 Meyer, a.a.O., S. 56.

19 E. Lindner, *Plandaten zur Arbeitsstrukturierung in einem Büromaschinenwerk*, in: IfaA, *Arbeitsstrukturierung in der deutschen Metallindustrie* (3), S. 38.

20 Schwartmann, a.a.O., S. 36.

21 Isenmann u. a., a.a.O., S. 2, 4.

22 Schwartmann, a.a.O., S. 34.

23 Brokmann, a.a.O., S. 10, 12.

24 H.-U. Hintze, *Gestaltung der menschlichen Arbeit bei Daimler-Benz*, in: IfaA-Mitt. 49, S. 14 f.

25 a.a.O., S. 32 ff.

26 So für viele: Meyer, a.a.O., S. 61.

27 Vgl. H.-J. Warnecke, *Entwicklung und Einsatz arbeitserleichternder Handhabungsgeräte*, in: IfaA, *Arbeitsstrukturierung in der deutschen Metallindustrie* (2), S. 6 ff.
Der sehr informative Bericht gibt folgende Übersicht über die Einsatzgebiete für Industrieroboter in Europa (Stand 1974):

Anwendungsgebiet	Anzahl eingesetzter Industrieroboter absolut	Prozent
Beschichten	140	20,8
Schweißen	134	20,0
Handhabung an nicht spezifizierten Maschinen	99	14,8
Handhabung an Pressen	87	13,0
Entladen von Spritzgußmaschinen	75	11,2
Handhabung an spanenden Werkzeugmaschinen	34	5,1
Entladen von Druckgußmaschinen	32	4,8
Glas-Handhabung	30	4,5
Handhabung an Schmiedepressen, -maschinen	16	2,4
Palettieren	11	1,6
Einsatz in der chem. Industrie	11	1,6
Entladen von Kokillengießmaschinen	1	0,1
Einsatz in der Montage	1	0,1
Summe	671	100,0

28 Solche Erfahrungen wurden mir anläßlich eines Besuchs bei Fiat Mirafiori von Gewerkschaftern berichtet. – Probleme der geschilderten Art könnten durch eine Änderung der Arbeitsfolge (Trennung der Fertigung in Blöcke manuellen und in Blöcke automatisierten Fertigungsablaufs) aufgefangen werden; vgl. G. Haug/D. Schäfer, *Möglichkeiten und Grenzen der Arbeitsplatzgestaltung und der Arbeitsstrukturierung im Bereich der Serienfertigung*, in: IfaA, *Arbeitsstrukturierung in der deutschen Metallindustrie* (2), S. 35 f.; P. Heiner u. a., *Technisch-organisatorische Voraussetzungen zur Realisierung von Gruppenarbeit in der Produktion*, in: IfaA, *Arbeitsstrukturierung in der deutschen Metallindustrie* (3), S. 61 f.; H. Zippe u. a., *Entkopplung des Menschen von der Technik*, RKW-Kongreß Menschengerechte Arbeit, Heft 11, S. 2.

29 Haug/Schäfer, a.a.O., S. 35.

30 Wexlberger, a.a.O., S. 55.

31 Vgl. in diesem Band S. 48.

32 So Isenmann u. a., a.a.O., S. 9.

33 Weil, a.a.O., S. 20.

34 Isenmann u. a., a.a.O., S. 5; vgl. ferner Schwartmann, a.a.O., S. 36.

35 M. Robens, *Humanisierung der Arbeit durch selbststeuernde Gruppen?* in: *Humanisierung der Arbeitswelt*, Veröffentlichungen der Arbeitsgemeinschaft zur Förderung der Partnerschaft in der Wirtschaft e. V. Nr 13, Köln 1975, S. 257.

36 Schätzung nach den (spärlichen) Angaben in den in Fußnote 11 genannten Quellen.

37 So in zahlreichen Stellungnahmen der Unternehmerseite. Für viele: H. M. Schleyer, *50 Jahre REFA-Grundlagen für Tarifverträge*, in: *Der Arbeitgeber* 9/1974, S. 331.

38 Vgl. W. E. Mann u. a., *Auf dem Weg zu neuen Arbeitsstrukturen*, RKW-Kongreß *Menschengerechte Arbeit*, Heft 9, S. 39 f.; Heiner u. a., a.a.O., S. 48 f.; Radicke u. a., a.a.O., S. 5.

39 Auf die Möglichkeiten staatlichen Handelns kann an dieser Stelle nicht ausführlich eingegangen werden. Humanisierungsgerichtete Reformen in der Arbeitswelt gingen in den letzten Jahren verstärkt in den Zielkatalog staatlicher Sozialpolitik ein. Wichtige Etappen in dieser Entwicklung waren die Weiterentwicklung des Arbeitsschutzes (insbesondere Gesetz über Betriebsärzte, Sicherheitsingenieure und andere Fachkräfte für Arbeitssicherheit; Arbeitsstättenverordnung), die gesetzliche Ausweitung der Einwirkungsmöglichkeiten der Betriebsräte (insbesondere §§ 90, 91 BetrVG) sowie die staatliche Förderung von Entwicklungsvorhaben zur Verbesserung der Arbeitsbedingungen einschließlich der projektbegleitenden Forschung (insbesondere Forschungsprogramm »Humanisierung des Arbeitslebens«). Die Bedeutung dieser Maßnahmen für den Versuch, den Beschäftigten angemessene Lebenschancen zu sichern, ist nicht zu unterschätzen. Die staatliche Normierung betrieblicher Verhältnisse stößt aber auf eine Grenze, die durch die sozialen Machtverhältnisse in der Produktion gezogen wird. Festzuhalten bleibt, daß staatliche Normen zur Gestaltung der Arbeit vorzugsweise reaktiv und kurativ auf betriebliche Mißstände antworten und daß arbeitsbezogene Regelungen, die auf Reserven seitens der Unternehmer stoßen, im Betrieb nur auf der Grundlage starker Interessenvertretung tatsächlich durchgesetzt werden können. Deshalb hängen letztlich die Chancen einer humanisierungsgerichteten Reformpolitik davon ab, inwieweit im Fall von Interessenkonflikten die Gewerkschaften und Betriebsräte Arbeitsverbesserungen gegen Widerstände durchsetzen können.

40 Vgl. R. Dombois/M. Schumann, *Mindestnormen als Humanisierung – Überle-*

gungen zu einem Konzept gewerkschaftlicher Arbeitsgestaltungspolitik, in: *Kursbuch* 43, S. 82 ff.

41 Aus den Tarifbeispielen für die analytische Arbeitsplatzbewertung im Lohnrahmentarifvertrag I für die Metallindustrie Nordwürttemberg/Nordbaden ergeben sich z. B. folgende durchschnittliche Teilarbeitswerte:

Lohngruppe	Teilarbeitswert	
	Qualifikation Bewertungsmerkmale: 1, 2, 4, 6, 7, 8	Belastung Bewertungsmerkmale: 3, 5, 9 bis 20
I	8,0	17,25
II	18,01	26,83
III	24,16	45,00
IV	41,66	55,44
V	53,9	77,25
VI	73,21	91,65
VII	92,58	99,83
VIII	133,19	93,25
IX	129,5	130,2
X	189,98	108,32
XI	200,5	117,5
XII	300,0	136,3

42 In diesem Sinn K. Hauenschild im *Spiegel* 18/1976, S. 44.

43 So auch Dombois/Schumann, a.a.O., S. 86.

44 Vgl. in diesem Band S. 50 ff.

45 Vgl. A. Wacker, *Arbeitslosigkeit – Soziale und psychische Voraussetzungen und Folgen*, Frankfurt/Köln 1976. Diese Studie zeigt die Bandbreite möglicher Reaktionen bei potentieller oder tatsächlicher Arbeitslosigkeit. Unter bestimmten Voraussetzungen (insbes. S. 162 f.) kann es auch zu kollektiven Abwehrkämpfen kommen.

46 Von Unternehmerseite wird inzwischen eine rege Öffentlichkeitsarbeit betrieben. Dazu gehören neben den Veröffentlichungen des IfaA insbesondere auch die Aktivitäten des Instituts der deutschen Wirtschaft (vgl. u. a. die Schrift *Die Humanisierung – Industriearbeit im Wandel*, Köln 1976, die auch [S. 54 ff.] eine Übersicht über einschlägige Veröffentlichungen bringt), ferner die Arbeitsergebnisse des Ausschusses für soziale Betriebsgestaltung der Bundesvereinigung der Deutschen Arbeitgeberverbände (vgl. *Humanisierung der Arbeitswelt – Hinweise für die Praxis*, Sonderdruck des Arbeitsberichts Nr. 36, Köln 1975 [Veröffentlichungsliste S. 8 f.]).

47 Auch die verfügbaren Fallberichte geben in dieser Hinsicht keinen wirklichen Aufschluß. Vgl. u. a. Wälter, a.a.O., S. 34 ff.; Weil, a.a.O., S. 28 ff.; H.-H. Schlitzberger, *Produktivitätssteigerung durch Zufriedenheit am Arbeitsplatz*, in: IfaA, *Arbeitsstrukturierung in der deutschen Metallindustrie* (2), S. 50; Meyer, a.a.O., S. 60 ff.; Wexlberger, a.a.O., S. 56.

Der Betrieb als gewerkschaftliches Praxisfeld*

Der Ausgangspunkt der modernen Gewerkschaften liegt in der Einsicht der Beschäftigten, daß sie ihre Hoffnungen auf Schutz vor dem Kapital und auf Verbesserung ihrer Lebensverhältnisse nur mit Hilfe eines stabilen solidarischen Zusammenhalts wirksam zur Geltung bringen können. Als politische Instrumente kollektiver Interessenwahrnehmung sind die Gewerkschaften in ihren Handlungen der Tendenz nach auf die gesamte Breite der Arbeiterinteressen verwiesen, nicht nur auf einzelne Aspekte wie die Beschäftigung, das Einkommen, die Arbeitsbedingungen, die beruflichen Qualifikationen oder den Einfluß inner- und außerhalb des Betriebs. Gewiß sind unter Berücksichtigung der konkreten Umstände gewerkschaftlicher Politik Schwerpunktbildungen unumgänglich. Versuche einer *generellen* Einengung aber, wie sie in Entgegensetzungen von ökonomischen und politischen Interessen, betrieblichem und gesellschaftlichem Kampf, quantitativen und qualitativen Forderungen usw. zum Ausdruck kommen, die meist auf die Abspaltung einzelner Dimensionen angelegt sind, bringen ein Politikverständnis zum Ausdruck, in dem die Orientierung an der Gesamtsituation der abhängig Beschäftigten verloren zu gehen droht. In der Geschichte der Gewerkschaftsbewegung gibt es genug Beispiele, die nahelegen, daß solche Verkürzungen nicht nur den Aktionsradius gewerkschaftlicher Politik einengen, sondern langfristig auch die Gefahr einer Schwächung der Beziehungen zwischen den Mitgliedern und ihrer Organisation aufwerfen. Für die hier vorzutragenden Überlegungen zur Bedeutung des Betriebs als gewerkschaftlichem Praxisfeld ergibt sich daraus, daß diese Konzentration auf nur einen Brennpunkt gewerkschaftlicher Politik problematisch ist und nach Möglichkeit auch die Zusammenhänge zwischen betrieblichem und überbetrieblichem Gewerkschaftshandeln zu berücksichtigen sind.

* Zuerst in: U. Borsdorf u. a. (Hrsg.), *Gewerkschaftliche Politik: Reform aus Solidarität. Zum 60. Geburtstag von Heinz O. Vetter*, Köln 1977, S. 337 ff.

Der Betrieb in der Wahrnehmung der Arbeiter

Die Arbeiterinteressen erhalten durch die je spezifischen historischen Bedingungen eine Konkretisierung, wobei ökonomische und politische Momente – die Tendenz wirtschaftlichen Wachstums, die Entwicklung der Produktivkräfte, die Prozesse im staatlich-politischen System, schließlich die damit zusammenhängenden Veränderungen der materiellen und qualitativen Lebensbedingungen der Beschäftigten – das Erfahrungsfeld ausmachen, aus dem heraus die konkrete Interessenartikulation erfolgt. Die Gewerkschaften selbst nehmen in diesem Zusammenhang eine Strukturierungsfunktion wahr, deren Bedeutung oft unterschätzt wird: nicht nur weil die erreichten Reproduktionsmöglichkeiten entscheidend auch Ergebnis ihres Handelns sind, sondern weil zudem in der gewerkschaftlichen Politik – und sei es nur indirekt durch die verfolgten Ziele und die Art ihrer Durchsetzung – eine Interpretation der gesellschaftlichen Realität vorgenommen wird, welche die Art und Weise mitbestimmt, in der die Beschäftigten ihre konkreten Einzelerfahrungen verarbeiten.

Läßt man die Entwicklung der Bundesrepublik unter dem Blickwinkel Revue passieren, wie sich das Arbeiterbewußtsein unter dem Einfluß dieser objektiven Bedingungen verändert hat, so wäre auf einige Bruchpunkte hinzuweisen, die auch die Wahrnehmung des Arbeitsplatzes und des Betriebs durch die Arbeiter betreffen.

Nach dem Abbau der Arbeitslosigkeit sind durch den starken Zugang von Arbeitskräften mit vorindustriellen Lebenserfahrungen und erst recht durch den Rückgriff auf ausländische Arbeitskräfte und die verstärkte Frauenbeschäftigung in den sechziger Jahren Arbeitergruppen in die Produktion hineingezogen worden, die vorwiegend instrumentelle und gratifikationsbezogene Orientierungen aufweisen und die das Reservoir derjenigen vergrößerten, in deren Bewußtsein die qualitativen Bedingungen der Arbeit nicht im Vordergrund stehen konnten. Die gewerkschaftliche Politik entsprach solchen Erwartungen und bestätigte sie zugleich: Mit dem Ziel, die Beschäftigten am Ertrag der prosperierenden Wirtschaft zu beteiligen, wurde mit einer gewissen Priorität eine Politik der Anhebung des gesellschaftlichen Mindestpreises der Ware Arbeitskraft betrieben, in die die Arbeitsbedingungen als einkommensbegründender Faktor eingingen und die durch den Versuch der Verbesserung der Rahmenbedingungen der Arbeit (Dauer und Lage der Arbeitszeit, Entlohnungsmethoden usw.) flankiert wurde. In ihrer Durchsetzung konnte sich diese Politik stark auf das Mittel der großflächigen Tarifauseinandersetzung stützen.

Auf dem Hintergrund besserer materieller Lebensbedingungen und steigender qualitativer Ansprüche der Arbeiter bahnten sich Ende der sechziger Jahre Änderungen an. Eine Reihe von Untersuchungen aus dieser Zeit berichten[1], daß sich innerhalb der Industriearbeiterschaft das Empfinden eines »Reformdefizits« verbreitete, welches sich auf die innerbetriebliche Situation und den Arbeitsplatz bezog. Die vielbeschworene »Motivationskrise bei industrieller Arbeit«, die in zeitweilig verstärkten individuellen und kollektiven Verweigerungen gegenüber herkömmlicher Industriearbeit zum Ausdruck kam, bestätigt diesen Eindruck. Sie macht auch deutlich, daß diese kritischere Einschätzung der Arbeit – begünstigt durch die starke Stellung der Beschäftigung am Arbeitsmarkt – Verhaltensänderungen auslösen konnte, die auf eine unmittelbare Verbesserung der Bedingungen abzielten, unter denen die betriebliche Anwendung der Arbeitskraft erfolgt.

Diese Entwicklung wurde von einer Verbreiterung der tarifpolitischen Diskussion und Praxis der Gewerkschaften begleitet, durch die den Fragen der direkten Arbeitsgestaltung ein größerer Stellenwert eingeräumt wurde. Ein wichtiges Beispiel bietet das Konzept der tariflichen Sicherung von Mindestnormen der Arbeitsgestaltung, das vor allem in die Verträge Eingang gefunden hat, die 1973 für die Metallindustrie Nordwürttemberg/Nordbadens abgeschlossen wurden.[2] Dieses Konzept kann als Versuch verstanden werden, den arbeitsbezogenen Interessen der Arbeiter in Form eines tariflichen Forderungskatalogs eine konkrete Orientierung zu geben. Indem er auf eine allgemeine und umfassende Anhebung der Grundstandards industrieller Arbeit abhob, nahm dieser Ansatz eine Ausprägung an, die vor Vereinnahmung und Entschärfung durch moderne Managementstrategien (Arbeitsstrukturierung mit dem Ziel einer differenzierten und elastischen Produktionsorganisation) schützte.[3] Es mußte auf der Linie dieser Veränderungen liegen, daß Bemühungen unternommen wurden, die gewerkschaftlichen Aktivitäten auf der betrieblichen Ebene zu verstärken. Über die konkreten Bedingungen der Anwendung der Arbeitskraft wird letztlich auf Betriebsebene entschieden, denn die Differenziertheit konkreter Arbeitsprozesse verlangt die Umsetzung allgemeiner tarifvertraglicher Normen der Arbeitsgestaltung in Regelungen, die der betrieblichen Einzelsituation Rechnung tragen. In der Frage der Arbeitsbedingungen können die Gewerkschaften dem Kapital daher nur dann wirksam entgegentreten, wenn sie den Kampf *auch* auf betrieblicher Ebene führen, d. h. wenn sie die im Tarifvertrag erzielten Verbesserungen unter Berücksichtigung der stofflichen Voraussetzungen einzelner Produktionsprozesse konkretisieren und wenn sie über ausreichende betriebliche Vertretungsmacht verfügen, um diese konkreten Forderungen durchzusetzen und abzusichern.

Die Krise als Bruchpunkt in der Entwicklung des Arbeiterbewußtseins?

Angesichts der gegenwärtigen Arbeitslosigkeit und der sich abzeichnenden Gefahr ihres Fortbestehens stellt sich das Problem der Weiterentwicklung dieser gewerkschaftlichen Politik direkter Arbeitsgestaltung in besonderer Weise. Bisher ist allerdings nur schwer abzuschätzen, wie die Beschäftigten die neue Situation subjektiv verarbeiten und wie sie sich unter den veränderten Bedingungen längerfristig verhalten werden. Individuelles Rückzugsverhalten, noch nicht in Verhalten umgesetzte Verunsicherung und engagierte Abwehr kennzeichnen die Bandbreite *möglicher* Reaktionsformen, wobei vielleicht für jede dieser Reaktionsweisen das eine oder andere praktische Beispiel beigebracht werden könnte, ohne daß gesicherte Kenntnisse – etwa auf der Grundlage einschlägiger Untersuchungen – vorlägen. Diese gegenwärtig besonders deutliche Schwierigkeit, soziales Verhalten auch in der Dimension des Künftigen zu beschreiben, macht klar, wie sehr die vorliegenden Bewußtseinsuntersuchungen noch als Momentaufnahmen zu gelten haben, deren Ergebnisse allenfalls so lange verläßlich sind, wie die sozioökonomischen und politischen Rahmenbedingungen konstant bleiben – eine Einsicht übrigens, aus der in der Soziologie allmählich Konsequenzen gezogen werden, die sich aber erst auf längere Sicht wirklich auszahlen können.

Immerhin ist es aber an dieser Stelle möglich, die veränderte

Situation anhand neueren empirischen Materials wenigstens etwas genauer zu umschreiben. Ich beziehe mich dabei auf eine Untersuchung zur Situation von Werftarbeitern[4], Beschäftigten einer Branche also, die mit einer gewissen Zeitverzögerung gegenüber dem allgemeinen Wirtschaftsverlauf von der Krise so massiv erfaßt wird, daß eine große Zahl von Arbeitsplätzen und sogar ganze Betriebe unmittelbar gefährdet sind.

Folgt man den Ergebnissen dieser Studie, so findet die Krise im Bewußtsein der Arbeiter einen insgesamt widersprüchlichen Niederschlag, was auch die Sicht des Arbeitsplatzes und der sonstigen betrieblichen Bedingungen berührt. Die Krise verschiebt, so auch die Einschätzung der befragten Arbeiter, die innerbetriebliche Machtverteilung zu Lasten der Beschäftigten. Gerade unter diesen veränderten Bedingungen gelten technisch-organisatorische Umstellungen im Betrieb durchweg als Bedrohung der eigenen Interessen: als »Rationalisierung«, die den Leistungsdruck bei der Arbeitsausführung erhöht und letztlich auch den eigenen Arbeitsplatz gefährden kann. Maßnahmen, die man mit dem Versprechen »humanerer« Arbeitsbedingungen eingeführt hat, werden ebenfalls in diesem Rahmen verortet. Sie sind in der Einschätzung vieler Arbeiter entweder nur Augenwischerei – »Blumen am Arbeitsplatz« – oder verschleierte Rationalisierung. Angesichts der Tatsache, daß in den Betrieben gegenwärtig wieder stärker Rationalisierung nach herkömmlichem Muster zu betreiben versucht wird und sich auch Projekte, die als Versuche »humanerer Arbeitsgestaltung« annonciert worden waren, als bloße Mittel der Produktivitätssteigerung und der verschärften Leistungsanforderungen darstellen, besitzen diese Urteile einen erheblichen Realitätsgehalt. Gegenüber solchen Entwicklungen haben sich die Arbeiter Kritikfähigkeit bewahrt. Von vielen Befragten werden, stellt die Untersuchung fest, »durchaus Ansprüche an qualifizierte Arbeit vorgetragen, und die hohen Arbeitsbelastungen führen zu erheblicher Unzufriedenheit und Kritik«.[5] Die kritisierten Verschlechterungen im Betrieb erscheinen dabei als kollektives Problem, vor dem niemand geschützt ist und dem man letztlich auch nicht durch individuelle Anstrengung, durch fachliche Tüchtigkeit und Fleiß ausweichen kann.

Gelangt die Studie auf der einen Seite zu dem Ergebnis, daß die Arbeiter die veränderte Situation als kollektive Bedrohung wahrnehmen, die ihre Kritik herausfordert – auf der subjektiven Seite eine wichtige Voraussetzung gemeinsamer Gefahrenabwehr –, so wird auf der anderen Seite ein hohes Maß an Verunsicherung festgestellt. Weitverbreitet ist eine Perspektiv- und Planlosigkeit, die zu einem Gefühl allgemeiner Ohnmacht führt. Ansatzpunkte zur Bewältigung der Krise oder zur Abwehr ihrer innerbetrieblichen Folgen werden kaum gesehen, die Entwicklung hat den Charakter eines unentrinnbaren Schicksals. Auf diesem Hintergrund haben die Arbeiter wenig konkrete Vorstellungen, wie sie die auf sie zukommenden Verhaltenszumutungen abweisen könnten; sich letztlich selbst einer extremen Reduktion beruflicher und finanzieller Ansprüche zu fügen scheint vielen kaum vermeidbar. Es gehört zu den Widersprüchlichkeiten des Arbeiterbewußtseins, daß trotz der Kritik und Unzufriedenheit, die an konkreten Rationalisierungsmaßnahmen und ihren Folgen geäußert wird, angesichts fehlender Alternativvorstellungen auch die vom Management propagierte Unumgänglichkeit der Rationalisierung eine gewisse Plausibilität gewinnen kann. Mangels eigener Perspektiven wären viele letztlich gar bereit, die »Lösungsangebote« des Managements anzunehmen, zumal man auch bei den Unternehmensleitungen das Interesse vermutet, den Betrieb durch die Krise zu bringen. Insoweit bestehen durchaus auch Ansatzpunkte zu einer »Wir sitzen in einem Boot«-Mentalität.

Es ist schwer zu beurteilen, ob und inwieweit die Reaktion der Arbeiter auf die Erfahrung der Krise in diesen Ergebnissen durch die spezifischen Merkmale des untersuchten Falls besonders scharf konturiert werden. Manches spricht jedoch dafür, die Feststellung zu verallgemeinern, daß die Arbeiter in der veränderten Situation innerbetriebliche Umgestaltungen schärfer als herkömmliche Rationalisierung interpretieren und deutlicher die Bedrohung ihrer eigenen Lebensinteressen wahrnehmen, ohne gleichzeitig plausible Ansatzpunkte für eine gemeinsame Gefahrenabwehr zu sehen. Daraus ergibt sich auch die Möglichkeit einer passiven Hinnahme von Lösungen *gegen* die eigenen Interessen. Nach Auffassung der Autoren der Studie kommt in dieser in sich widersprüchlichen Verkopplung von Handlungsimpuls und Handlungsblockade das Fehlen einer zusammenhängenden Interpretation der eigenen Situation zum Ausdruck – ein Mangel, der gegenwärtig das hervorstechendste Merkmal des gesellschaftlichen Bewußtseins der Arbeiter darstelle.[6] Damit wird allerdings ein Schlüsselproblem aktueller Gewerkschaftspolitik angesprochen: Die Widerspruchsmomente im Arbeiterbewußtsein können auf Dauer nicht unvermittelt nebeneinander bestehen bleiben, sondern drängen nach Auflösung in der einen oder anderen Richtung. Für diesen Prozeß ist von erheblicher Bedeutung, ob die Gewerkschaften dem Interpretationsangebot konservativer Kräfte, die an die »passiven Elemente« der Widerspruchsstruktur des Arbeiterbewußtseins appellieren, eine Alternative entgegensetzen wollen, durch die die Kritikmomente im Bewußtsein der Beschäftigten stabilisiert und aktiviert werden.

Es ist nicht meine Aufgabe, hier Antworten zu geben und Perspektiven zu formulieren. Doch dürfte klar sein, daß die Gewerkschaften der Gefahr eines resignativen Rückzugs der Beschäftigten nur vorbeugen können, wenn es ihnen gelingt, aus einer eigenen Situationsanalyse heraus Lösungswege anzugeben, die die Mitglieder als realisierbare Antworten auf ihre Nöte und Ängste verstehen können. Dazu gehört auch ein spezifisch gewerkschaftlicher Ansatz in der Frage der betrieblichen Rationalisierung, zu dem hier einige Gesichtspunkte genannt werden sollen.

Die bisherige Rationalisierungspolitik der Gewerkschaften

Bis Mitte der sechziger Jahre überwog in den gewerkschaftlichen Stellungnahmen eine im Grundsatz positive Einstellung zum »technischen Fortschritt«, der als notwendige Voraussetzung für Wirtschaftswachstum und Vollbeschäftigung und damit für die Erhöhung des allgemeinen Lebensstandards angesehen wurde. Allerdings lag eine Einschränkung in der Annahme möglicher negativer Konsequenzen für die Arbeits- und Beschäftigungssituation: Arbeitslosigkeit, Entwertung beruflicher Fähigkeiten, Gefährdung des »sozialen Besitzstandes«, stärkere nervlich-psychische Belastungen.[7] Diese »sozialen Härten für den Arbeitnehmer« sollten durch soziale Schutzmaßnahmen soweit wie möglich eingeschränkt werden.

Dieser Einschätzung entsprach eine Politik, die – neben Forderungen an den Staat mit dem Ziel besserer sozialpolitischer Anpassungsmaßnahmen – von den Unternehmern Rationalisierungsschutz verlangte. Erfolgreich war diese Politik zunächst insofern, als es in den sechziger Jahren gelang, eine Vielzahl von

Rationalisierungsschutzabkommen (bzw. Tarifverträge mit rationalisierungsbezogenen Teilen) abzuschließen. Die Logik dieser Abkommen besteht darin, die Betriebe dazu zu zwingen, einen Teil der sozialen Rationalisierungslasten auszugleichen oder aber auf die Durchführung der geplanten technisch-organisatorischen Veränderungen zu verzichten. Auf das Freisetzungsproblem bezogen, das in diesen Verträgen eine Vorrangstellung einnimmt, »will das rationalisierungsbezogene Kündigungsrecht die ökonomischen Daten im Rationalisierungsfall soweit verändern, daß es für den Betrieb rentabler ist, die bisherige Belegschaft auch unter den neuen Produktions- und Arbeitsbedingungen weiterzubeschäftigen als in größerem Umfang Entlassungen bzw. Personaltausch über den Arbeitsmarkt vorzunehmen, selbst wenn die hierdurch erzielbare Arbeitskräftestruktur ohne die Existenz des speziellen rationalisierungsbezogenen Kündigungsrechts insgesamt produktiver wäre.«[8]

Nach den vorliegenden Erfahrungen muß man bezweifeln, ob die Rationalisierungsschutzbakommen tatsächlich die ihnen zugedachte Schutzwirkung entfalten können. Nicht nur werden viele negative soziale Begleiterscheinungen des technisch-organisatorischen Wandels, die für die Beschäftigten gravierend sein können, durch den vereinbarten Begriff der sozialen Rationalisierungslasten nicht abgedeckt (insbesondere schlechtere Arbeitsbedingungen[9]) bzw. durch das vorgesehene Eingriffsmodell nicht erfaßt (zeitlich verschobene bzw. räumlich verlagerte Rationalisierungsfolgen, deren Zusammenhang zum speziellen Rationalisierungsfall nicht mehr unmittelbar nachweisbar ist[10]; überbetriebliche Folgewirkungen eines betrieblichen Rationalisierungsfalls[11]). Vor allem aber sind die Rationalisierungsschutzabkommen Ausdruck einer *folgen*-, nicht *ursachen*bezogenen Politik: Die sozialen Sicherungsmaßnahmen konzentrieren sich auf die Abwehr unerwünschter Folgewirkungen der Rationalisierung, während der Prozeß der technisch-organisatorischen Veränderungen selbst, der hinter diesen Folgen steht, nicht weiter problematisiert wird und damit weitgehend der einseitigen Gestaltung des Managements überlassen bleibt (das allerdings die durch die Abkommen auferlegten Kosten zum Ausgleich möglicher Rationalisierungslasten in sein Kalkül einbeziehen muß).

Im Hintergrund dieses folgenbezogenen Ansatzes stand die Erwartung, daß soziale Gefährdungen im Zusammenhang der neueren technischen Entwicklung, die vor allem als durch Automatisierung gekennzeichnet galt, eher den Ausnahme- als den Regelfall darstellen. Für ein solches Verständnis schien bis in die zweite Hälfte der sechziger Jahre hinein manches zu sprechen. Trotz hoher Freisetzungsraten gab es Arbeitskräfteknappheit – trotz hoher Leistungsanforderungen war, vermittelt vor allem über die erzielten Einkommenssteigerungen, eine beträchtliche Arbeitszufriedenheit zu verzeichnen, trotz eines rapiden technisch-organisatorischen Wandels boten sich, jedenfalls dem Kern der deutschen Industriearbeiterschaft, akzeptable Arbeitsplatzalternativen.

Als jedoch gegen Ende der sechziger Jahre auch die negativen Begleiterscheinungen des »technischen Fortschritts« deutlicher zum Vorschein kamen und infolge des schwächeren Wirtschaftswachstums viele der früheren Kompensationsmöglichkeiten offenkundig wegfielen, zeichnete sich auf seiten der Gewerkschaften eine zunehmend kritischere Haltung gegenüber den Auswirkungen kapitalistischer Rationalisierung ab. Es gehört zu den Verdiensten Heinz O. Vetters, diese illusionsfreiere Einschätzung des technisch-organisatorischen Entwicklung gefördert zu haben: »Vor allem der technologische Rationalisierungsprozeß, der dieser Zeit geradezu den Stempel aufdrückt, geht in der Regel zu Lasten der Arbeitnehmer. Seine Auswirkungen tragen alle Theorien zu Grabe, die den technischen Fortschritt als frohe Botschaft für die abhängig und fremdbestimmt Beschäftigten verkündigen. Eine auf die Spitze getriebene Arbeitsteilung und Spezialisierung macht jegliche Entfaltung in der Arbeit unmöglich. Teilautomatisierungen dequalifizieren bis dahin noch verantwortungsvollere und qualifiziertere Tätigkeiten. Der gesamte Prozeß ist von erhöhtem Leistungsdruck und beschleunigtem Verschleiß begleitet.«[12]

Damit mußten sich aber auch die Gewichte hin zu einer stärker ursachenbezogenen Rationalisierungspolitik verschieben. Die Notwendigkeit, zur Verbesserung der Arbeitsbedingungen direkt in den Prozeß des technisch-organisatorischen Wandels eingreifen zu müssen, weil durch die technisch-organisatorischen Strukturen ein Rahmen geschaffen wird, den man bei der Arbeitsgestaltung berücksichtigen muß, wurde stärker hervorgehoben. »Was nützt es uns im nachhinein« – wurde gefragt – »wenn die millionenschwere Anlage bereits läuft, nach Möglichkeiten des

Ausgleichs und der Milderung zu suchen. Wir müssen den Fuß bereits im Vorfeld der Investitionsplanung in der Tür haben. Die Investitionsentscheidungen heute müssen notwendigerweise unmittelbar die soziale Komponente mit beinhalten.«[13] Nicht nur die Mitbestimmung, sondern auch Versuche, die Tarifpolitik auf die direkte Gestaltung der Arbeitssituation auszuweiten, wie sie sich vor allem in den von der IG Metall 1973 in Nordwürttemberg-Nordbaden gestellten und teilweise auch durchgesetzten Forderungen niederschlagen, waren ein weiterführender Beitrag zu dieser Neuorientierung der gewerkschaftlichen Rationalisierungspolitik.[14] Auf dem Wege politischer Auseinandersetzung wurden hier Grundnormen der Arbeitsgestaltung erzwungen, die bei der Festlegung der technisch-organisatorischen Strukturen im Betrieb nicht (oder nur mit der Wahrscheinlichkeit von Schwierigkeiten mit der Gewerkschaft) beiseite geschoben werden können.

Zwei Formen betrieblicher Rationalisierung

Diese Ansätze könnten ausgebaut werden. In konzeptioneller Hinsicht liegt ihre Bedeutung vor allem darin, daß das Verständnis des »technischen Fortschritts« bzw. der »Rationalisierung« – zunächst implizit – differenzierter angelegt ist, als das früher der Fall war. Denn worin sollte der Sinn des Versuchs liegen, von gewerkschaftlicher Seite direkt auf den betrieblichen Innovationsprozeß Einfluß zu nehmen, wenn er nicht von der Vorstellung geleitet wird, daß es verschiedene Tendenzen technisch-organisatorischer Entwicklung gibt, von denen die vom Kapital organisierte nicht (oder nur teilweise) den Interessen der Beschäftigten genügt?

Wichtig ist bereits die Unterscheidung zwischen zwei Formen der Rationalisierung: einer »progressiven« Form, in der der Einsatz von technisch-organisatorischen Produktionsmitteln zur Erhöhung der Produktivkraft der menschlichen Arbeit genutzt wird, und einer »barbarischen« Form, in der die technisch-organisatorischen Veränderungen so angelegt sind, daß »eine weitere Steigerung der Produktion durch Erhöhung der Arbeitsverausgabung« stattfindet.[15] Im einen Fall – der Rationalisierung im Sinn der Produktivkraftentwicklung – werden die produktiven Potenzen des Menschen ausgeschöpft und weiterentwickelt, ohne die physisch-psychische Beanspruchung zu erhöhen; im andern Fall – der Rationalisierung im Sinn der Arbeitsintensivierung – wird die Arbeit verdichtet und die physisch-psychische Arbeitsleistung erhöht.[16] Konkrete Maßnahmen der Arbeitsintensivierung sind beispielsweise die Arbeitsteilung und Einführung einfacher Teilverrichtungen, durch die die Arbeitsverausgabung perfektioniert (Prinzip des Übungserfolgs) und die Verhaltensspielräume der Arbeiter eingeschränkt (Prinzip der Flüssigkeit) werden können; auch gehört in diesen Zusammenhang eine betriebliche Personalpolitik, die auf den pfleglichen Umgang mit den Arbeitskräften zugunsten eines schnelleren »Personalumschlags« verzichtet (Prinzip des Verschleißes).

Allerdings ist diese Unterscheidung zwischen Produktivkraftentwicklung und Arbeitsintensivierung für die Unternehmensseite von sekundärer Bedeutung. Das Kapital strebt nach Profitabilität der einzelwirtschaftlichen Produktion, und hier kommt es auf eine möglichst umfassende Auslastung von Maschinen und Menschen an. Deshalb ist häufig der Versuch zu beobachten, den Rationalisierungseffekt durch Verkopplung von Produktivkraftsteigerungen mit Intensivierungen zu steigern. Arnold Durig hat darauf bereits 1927 am Beispiel der betrieblichen Anwendung der frühen arbeitsphysiologischen Ermüdungsforschung aufmerksam gemacht. »All das – schreibt er – ist schön und vermöchte entschieden zur Minderung der Ermüdung beizutragen, wenn die Erleichterung nicht sofort wieder durch die Vergrößerung der Arbeitseile oder dadurch, daß nun statt einer Maschine deren mehrere zu bedienen sind, wieder aufgezehrt würde.«[17] Andererseits kann auch der Fall eintreten, daß die konkreten stofflich-technischen Bedingungen der Produktion – vielleicht auch nur die Bornierungen im eingefahrenen Denken der Rationalisierungsfachleute – eine Bevorzugung der Rationalisierungsvariante Arbeitsintensivierung nahelegen. Das läßt sich am Beispiel des Taylorismus, dem »klassischen« Fall der Arbeitintensivierung, zeigen.[18] Bereits an den Merkmalen der Arbeitsvollzüge, auf deren Analyse Taylor seine Schlußfolgerungen stützt, ist zu erkennen, daß der Taylorismus auf die Rationalisierung von Arbeitsabläufen mit einem niedrigen technischen Niveau abhebt, wo noch eine starke Abhängigkeit zwischen Produktionsvolumen und der Intensität der Verausgabung lebendiger Arbeit besteht. Durch Arbeitsvereinfachung und straffere Arbeitsorganisation kann hier dem einzelnen Arbeiter ein größeres Produktenquantum abgerungen werden. Freilich verdeutlichen die neuerlichen Problematisierungen des Taylorismus, die ja auch das Interesse mancher Managementvertreter gefunden haben, daß die Effizienz tayloristischer Rationalisierung verschiedentlich überschätzt worden ist.

Für die Gewerkschaften liegt in der Unterscheidung zwischen den beiden Formen der Rationalisierung ein zentrales Problem. Während bei der Intensivierung der Arbeit die Steigerung der Produktion eindeutig auf dem Rücken der betroffenen Beschäftigten erfolgt, ist die Erhöhung der Produktivkraft der menschlichen Arbeit eine Veränderung, die dem Interesse des Arbeiters an Verminderung der physisch-psychischen Arbeitsleistung und der Entwicklung seiner Fähigkeiten wenigstens entgegenkommen kann. In der Rationalisierungsdiskussion, die die Freien Gewerkschaften in den zwanziger Jahren führten, ist denn auch verschiedentlich auf diesen Unterschied Bezug genommen worden. Rationalisierung galt als »Anwendung aller technisch-organisatorischen Mittel [. . .] zur ökonomischen Verwendung der menschlichen Arbeitskraft im Produktionsprozeß«.[19] Dabei wurde der unternehmerischen Vorstellung, angesichts der damaligen wirtschaftlichen Probleme Deutschlands, insbesondere des Kapitalmangels, sei »in erster Linie nur die Möglichkeit der Intensivierung der Arbeit durch den Arbeitenden (Steigerung der Leistung pro Mann) gegeben«[20], entgegengehalten, daß eine höhere Produktivität statt auf größerer physischer Intensität auch auf neuen Produktionsmethoden aufbauen könne, »die andere Leistungseffekte ergeben.«[21] Zwar wäre aus heutiger Sicht bei der Konkretisierung dieser Stellungnahme eine gewisse Tendenz zur Idealisierung der industriellen Massenproduktion Fordscher Prägung zu kritisieren[22], doch wird eine bemerkenswerte Unterscheidung gemacht, wenn deutsche Gewerkschaftsführer nach einer Amerikareise feststellen: »Weniger aus der Theorie, dafür aber um so mehr aus der Praxis heraus hat der Taylorismus in Amerika eine entscheidende Weiterentwicklung erfahren. Der Arbeiter ist gewissermaßen aus dem Mittelpunkt des Problems der Steigerung des Arbeitseffektes herausgerückt worden. Anstelle der Untersuchungen über die für den Arbeiter bei gegebener Arbeit höchstmögliche physische Intensität und damit seine höchstmögliche quantitative Leistung hat eine Durchforschung des Gesamtbetriebes – als lebendige Einheit gedacht – Platz gegriffen. Der Erfolg ist sinnfällig.«[23] Auf diesem Hintergrund eines Rationalisierungsverständnisses, das gegen die Praxis einer Intensivierung der Arbeit gerichtet war, wird verständlich, was Wilhelm Eggert und andere meinten, wenn sie die Gewerkschaften aufriefen, »aus eigenem Entschluß die Rationalisierung zu fordern« und sie zum »nächste[n] Ziel der gewerkschaftlichen Arbeiten und Kämpfe« zu machen.[24]

Auch wenn diese Überlegungen praktisch wohl wenig Relevanz gehabt haben[25], besteht gerade heute unter den veränderten ökonomischen Bedingungen Veranlassung, sie in Erinnerung zu rufen. Der Druck auf die Beschäftigten und ihre Organisationen, einer Steigerung des Produktionsausstoßes pro eingesetzter Arbeitskraft nicht im Wege zu stehen, ist allenthalben stärker geworden. Dabei zeichnet sich die Gefahr einer forcierten Intensivierung ab – nicht nur, weil die Intensivierung nach wie vor zum Bestand der unternehmerischen Rationalisierungsverfahren gehört, sondern vor allem deshalb, weil dem Kapital unter den Bedingungen der Krise die arbeitsintensive Form der Rationalisierung leichter durchsetzbar erscheint. Wie schon Taylor sagte: »Wenn der Arbeitsmarkt derart liegt, daß eine genügende Anzahl erstklassiger Arbeiter beschäftigt gehalten werden kann, dann setze man die täglichen Arbeitsraten so hoch, daß nur erstklassige Leute die Leistung vollbringen können. Die Tatsache, daß hin und wieder ein Mann wegen ungenügender Leistung aus der Gruppe der Pensumsarbeiter [Arbeiter, die unter Taylors System stehen, H. K.] ausscheiden muß, wirkt außerordentlich anspornend und überzeugend für die gesamte Arbeiterschaft.«[26]

Gegenüber solchen Tendenzen, die auch gegenwärtig in manchem Rationalisierungsprojekt im Spiele sind, wäre die Möglichkeit einer konsequenten Entwicklung der Produktivkraft der menschlichen Arbeit zu betonen. Selbst wenn man in dem engen Bezugsrahmen einzelwirtschaftlicher Kostenbetrachtung bleibt, besteht zwischen den beiden Rationalisierungsformen der Arbeitsintensivierung und der Produktivkraftentwicklung ein Verhältnis partieller Austauschbarkeit. Nicht zuletzt haben die Erfahrungen mit den »neuen Formen der Arbeitsgestaltung« gezeigt, daß die Kostenvorteile gängiger Rationalisierung immer wieder überschätzt worden sind. Oft sind es deshalb eher Herrschaftsinteressen, hierarchische Verkrustungen und verengte Planungshorizonte, die das Denken in Alternativen blockieren. Diese Widerstände zu bekämpfen ist ein wichtiges gewerkschaftliches Handlungsziel.

Einzelwirtschaftliche Rationalisierung und gesellschaftliche Fehlrationalisierung

So wichtig es aus gewerkschaftlicher Sicht ist, auf die Vorteile einer gezielten Verbesserung der Produktivkraft der menschlichen Arbeit abzuheben: auch die Produktivkraftsteigerung ist ein Prozeß, der für den einzelnen Arbeiter mit erheblichen Risiken verknüpft sein kann. Die Gefahren der Freisetzung, des Behaltens beruflicher Fähigkeiten, der Umschulung und der erzwungenen Mobilität bestehen auch hier. Nur sind eben die Belastungen im Fall der Intensivierung besonders hoch, weil durch den Raubbau an der Arbeitskraft die Existenzbedingungen der Arbeiter ganz entscheidend getroffen werden: sei es durch die rigorose Ausschöpfung und den allmählichen Verschleiß der physisch-psychischen Leistungsfähigkeit, sei es durch Unterforderung und langfristige Beeinträchtigung der intellektuellen Kapazitäten.[27]

Die Gesellschaft war gezwungen, diese Lasten der Rationalisierung durch das System der »sozialen Sicherheit« wenigstens zum Teil abzufangen.[28] Das wesentliche Prinzip dieser staatlichen Eingriffe liegt darin, »die materielle Existenz im ›Risikofall‹ zu sichern, ohne dabei ›in Konkurrenz‹ zur Sicherung der Existenz durch den Verkauf von Arbeitskraft zu geraten«.[29] Interveniert wird im wesentlichen dann, wenn – zumindest aktuell – der Einsatz im Produktionsprozeß nicht mehr möglich ist (Unfall, Invalidität, Krankheit, Arbeitslosigkeit). Daran haben die Versuche einer stärker präventiven Sozialpolitik wenig geändert, wie das Beispiel der Rehabilitationsmaßnahmen, die erst nach einer hochgradigen Beeinträchtigung der physisch-psychischen Leistungsfähigkeit einsetzen[30], ebenso zeigt wie auch die Ausbildungs- und Umschulungsförderung, die die im Rationalisierungsprozeß besonders gefährdeten Problemgruppen am wenigsten erreicht.[31]

Doch in welcher Form auch immer Sozialpolitik erfolgen mag: auch die staatlich vermittelte »soziale Sicherheit« ist nicht umsonst, sondern muß aus dem gesellschaftlichen Mehrprodukt finanziert werden. Daraus kann sich eine Schere zwischen dem einzelwirtschaftlichen und dem gesellschaftlichen »Ertrag« der Rationalisierung ergeben, die sich in dem Maße öffnet, wie der betriebliche Rationalisierungsprozeß soziale Folgelasten und damit gesellschaftliche Zusatzkosten erzeugt, welche die im Betrieb verbleibende Kostenersparnis überschreiten. Otto Bauer nennt betriebliche Rationalisierungsmaßnahmen, die nicht gleichzeitig einen Beitrag zur gesellschaftlichen Rationalisierung darstellen, Fehlrationalisierungen: »Dem Unternehmer ist es [. . .] immer nur um die Senkung seiner Produktionskosten, der Produktionskosten seiner Unternehmung zu tun, nicht um die Senkung der gesellschaftlichen Produktionskosten. Er kann seine Produktionskosten durch Maßnahmen senken, die die gesellschaftlichen Produktionskosten erhöhen. Eine solche Rationalisierung wollen wir [. . .] eine Fehlrationalisierung nennen. Die Fehlrationalisierung vergrößert den Profit des einzelnen Unternehmers, aber sie verkleinert den Reinertrag der gesellschaftlichen Gesamtarbeiter.«[32]

Es wird kaum möglich sein, genau anzugeben, in welchem Umfang einzelwirtschaftliche Rationalisierungsprozesse heute tatsächlich im gesellschaftlichen Maßstab als Fehlrationalisierungen zu bezeichnen wären. Daß aber der Ausgleich der sozialen Implikationen innerbetrieblicher Rationalisierung einen beträchtlichen Teil des Sozialprodukts absorbiert, wird niemand bestreiten.[33] Wenn somit partiell die durch Rationalisierung erzielten Produktivitätszuwächse nachträglich wieder abgeschöpft werden müssen, um wenigstens einige Folgen eben dieser Rationalisierung aufzufangen, stellt sich freilich schnell die Frage nach dem Sinn der Prozedur. Die Bilanz wird noch erheblich problematischer, wenn man nicht nur an die materielle Seite, sondern auch an die psychischen und sozialen Belastungen denkt, die einem rationalisierungsgeschädigten Beschäftigten auferlegt werden. Arbeitsplatzverlust, Berufsaufgabe, Krankheit und Invalidität bedeuten für den Betroffenen zwangsläufig einen lebensgeschichtlichen Bruch, den zu bewältigen ihm selbst und seiner Familie überlassen bleibt.

Die Gewerkschaften haben auf diese Probleme zunächst einmal vor allem mit dem Bemühen geantwortet, einen möglichst großen Teil des gesellschaftlichen Mehrprodukts für Verbesserungen zu sichern, die den Beschäftigten gute Regenerationsmöglichkeiten und damit die Erhaltung ihrer Arbeitskraft erlauben. Um Theodor Leipart zu zitieren, der dies einmal so ausgedrückt hat: »Ein weiteres Durchhalten dieses Tempos [der Rationalisierung] wäre Raubbau an der Volksgesundheit, wenn nicht durch Verkürzung der Arbeitszeit der notwendige Ausgleich geschaffen wird. Nicht durch Blumen in den Fenstern oder Grasflächen zwischen den Fabrikgebäuden, nicht durch gemeinsame Schwimmübungen von Betriebsleiter und Arbeitern, nicht auf dem romantischen Wege der Werksgemeinschaft wird der Arbeiter der Fabrik und seiner Arbeit erhalten, sondern durch auskömmlichen Lohn für seine leiblichen und genügende Freizeit für seine geistigen Bedürfnisse. Denn nicht während, sondern erst nach getaner Arbeit fühlt sich der Arbeitnehmer als Mensch.«[34]

Ohne die Aktualität solch regenerationsorientierter Forderungen bezweifeln zu wollen, ist inzwischen allerdings zu fragen, ob die gewerkschaftlichen Überlegungen nicht auch stärker auf den betrieblichen Rationalisierungsprozeß selbst zurückgeführt werden müssen: Warum nicht »Abschöpfung« eines Teils des gesellschaftlichen Mehrprodukts *auch* zu dem Zweck, das Übel an der Wurzel zu bekämpfen? Durchaus besteht ja die Möglichkeit, den Rationalisierungsprozeß zu begrenzen und umzulenken, wenn ein Teil des durch forcierte Rationalisierung erzielten Wachstums ohnehin dazu verwendet werden muß, Folgeschäden zu kurieren. Allein der Teil des Sozialprodukts, der bereits heute für kurative Maßnahmen aufgewendet werden muß, stellt eine »Verfügungsreserve« dar, die auch anders als gewohnt zu nutzen wäre.

Gegenwärtig wird man beim Versuch der »Kanalisierung« der innerbetrieblichen Rationalisierung vor allem an beschäftigungswirksame Eingriffe denken. Doch wenn aus Vernunft nicht Widersinn werden soll, muß sich die Beschäftigungspolitik mit einer Politik der besseren Arbeitsgestaltung verbinden. Längerfristig eröffnen sich der Gewerkschaftspolitik hier ganz neue Perspektiven. Statt die Möglichkeiten der Regeneration in der Nichtarbeitszeit zu verbessern, um den Verschleiß der Arbeitskraft aufzuhalten, würde die Arbeit verbessert, um freie Zeit im eigentlichen Sinn des Wortes zu haben. Anfänge in dieser Richtung sind gemacht worden, auf die Franz Steinkühler hinweist, wenn er feststellt, »daß mit der Durchsetzung einer Erweiterung der Handlungsspielräume im Bereich der Arbeit auch eine Erweiterung der Entfaltungsmöglichkeiten des Arbeiters in anderen Lebensbereichen erreicht werden könnte«.[35]

Anmerkungen

1 Genauere Angaben finden sich in diesem Band S. 194 f.

2 Vgl. R. Dombois/M. Schumann, *Mindestnormen als Humanisierung*, a.a.O.

3 Zu den unternehmerischen Interessen im Zusammenhang mit »neuen Arbeitsstrukturen« vgl. in diesem Band S. 32 ff., 195 ff.

4 Diese Information verdanke ich Michael Schumann. Das Erhebungsmaterial der Studie ist noch nicht systematisch ausgewertet, so daß nur vorläufige Einschätzungen gegeben werden konnten. Vgl. auch M. Schumann/K.P. Wittemann, *Tendenzwende im Arbeiterbewußtsein? Überlegungen zum Bewußtsein und Verhalten der Arbeiter in einer veränderten gesellschaftlichen Lage*, in: *Frankfurter Hefte* 4/1977, Sonderheft *Arbeitswelt*, S. 69 ff.

5 Schumann/Wittemann, *Tendenzwende*, S. 74.

6 Schumann/Wittemann, *Tendenzwende*, S. 74.

7 Vgl. *Die Entschließung über Automation und technischen Fortschritt*, Protokoll des 8. ord. Gewerkschaftstages der IG Metall, 1965, S. 694.

8 F. Böhle/B. Lutz, *Rationalisierungsschutzabkommen – Wirksamkeit und Probleme*, Göttingen 1974, S. 22.

9 Böhle/Lutz, *Rationalisierungsschutzabkommen*, S. 7.

10 Böhle/Lutz, *Rationalisierungsschutzabkommen*, S. 28 f.

11 Böhle/Lutz, *Rationalisierungsschutzabkommen*, S. 11, 38 f.

12 Vetter, *Humanisierung der Arbeitswelt als gewerkschaftliche Aufgabe*, S. 2.

13 Vetter, *Humanisierung als gewerkschaftliche Aufgabe*, S. 35.

14 Ein Versuch, die in Baden-Württemberg gestellten Forderungen im Zusammenhang der längerfristigen Entwicklungen der Tarifpolitik der IG Metall darzustellen, ist vom Soziologischen Forschungsinstitut Göttingen SOFI im Zwischenbericht zum Projekt *Tarifvertragliche Regelungen zur Verbesserungen der Arbeitsbedingungen*, Göttingen 1977, gemacht worden; vgl. E. Brunlop/W. Rosenbaum, *Zur tarifpolitischen Bedeutung des LRTV II*, in: *Vorstudien zum Projekt ...*, SOFI, S. 11 ff.

15 F. Böhle/Dieter Sauer, *Intensivierung der Arbeit und staatliche Sozialpolitik*, in: *Leviathan*, 1/1975, S. 55. In dieser Arbeit wird diese Unterscheidung zum Ausgangspunkt einer beachtenswerten Analyse der Funktion und Tendenzen staatlicher Sozialpolitik gemacht.

16 Beides, die Steigerung der Produktivkraft wie die Intensivierung der Arbeit, ist Rationalisierung. Ich orientiere mich hier an O. Bauer, *Kapitalismus und Sozialismus nach dem Weltkrieg*, Bd. 1: *Rationalisierung – Fehlrationalisierung*, Berlin 1931, S. 81. Für Bauer ist »Rationalisierung im weiteren Sinne jede Anwendung arbeitswissenschaftlicher Methoden zur Hebung der Arbeitsleistung«. Unter Rationalisierung im engeren Sinne versteht Bauer »die Anwendung solcher Methoden, welche die Leistung des Arbeiters erhöhen, ohne höheren Aufwand an Arbeitsenergie zu beanspruchen«; ihr stellt er die Intensivierung der Arbeit entgegen.

17 A. Durig, *Die Ermüdung im praktischen Betrieb*, in: E. Atzler (Hrsg.), *Körper und Arbeit, Handbuch der Arbeitsphysiologie*, Leipzig 1927, S. 618.

18 Vgl. in diesem Band S. 26 f.

19 *Gegenwartsaufgaben deutscher Wirtschaftspolitik*, Verlagsgesellschaft des Allgemeinen Deutschen Gewerkschaftsbundes, Berlin 1926, S. 30.

20 *Amerikareise deutscher Gewerkschaftsführer*, Verlagsgesellschaft des Allgemeinen Deutschen Gewerkschaftsbundes, Berlin 1926, S. 32.

21 Amerikareise, S. 48.

22 In der Fordschen Rationalisierung werden technisch-organisatorische Veränderungen in einer Weise durchgeführt, die Produktivkraftsteigerungen und Intensivierungen miteinander verknüpft. Das zeichnet sich schon in den Beschreibungen ab, die Ford selbst über die Wirkungen seines Systems auf die Struktur der Gesamtbelegschaft gibt. Vgl. z. B. H. Ford, *Mein Leben und Werk*, S. 91-93, 128.

23 *Amerikareise*, S. 49.

24 W. Eggert, *Rationalisierung und Arbeiterschaft*, Verlagsgesellschaft des Allgemeinen Deutschen Gewerkschaftsbundes, Berlin 1927, S. 24, 30.

25 W. Wobbe hat in seiner Magisterarbeit, *Das Verhalten der freien Gewerkschaften zur Rationalisierung der Arbeit in der Weimarer Republik*, Technische Universität Hannover, 1976, herausgearbeitet, daß die Gewerkschaften ihre konzeptionellen Vorstellungen nicht auf die Ebene konkreter Betriebspolitik herunterziehen konnten. Der Ansatz blieb zu sehr im Appell stecken.

26 Taylor, *Betriebsleitung*, S. 28.

27 Vgl. H. Funke u. a., *Produktionsprozeß und Krankheit*, in: *Industriearbeit und Gesundheitsverschleiß*, Frankfurt/Köln 1974, S. 29 ff.

28 Vgl. die Darstellung bei Böhle/Sauer, *Intensivierung*, S. 60 ff.

29 Böhle/Sauer, *Intensivierung*, S. 64.

30 Böhle/Sauer *Intensivierung*, S. 71.

31 M. Baethge u. a., *Sozialpolitik und Arbeiterinteresse*, Frankfurt 1976, S. 415.

32 Bauer, *Kapitalismus*, S. 170 f.

33 Nur ein Hinweis: Nach Berechnungen der Bundesanstalt für Arbeit belastet ein Arbeitsloser die öffentlichen Kassen im Durchschnitt mit 18 500 Mark; F. W. Scharpf, *Wirtschafts- und Gesellschaftsstruktur in der Bundesrepublik Deutschland*, in: *Krise und Reform der Industriegesellschaft*, Bd. 2 Protokolle, Frankfurt/Köln 1976, S. 37. Diese Kosten entsprechen etwa dem Brutto-Arbeitseinkommen eines Beschäftigten.

34 Th. Leipart, *Gewerkschaften und Rationalisierung*, in: *Gewerkschafts-Zeitung*, 13/1931, S. 195.

35 F. Steinkühler, *Die Werktage sollen besser werden*, Referat auf der afa-Jahrestagung am 14./15.10.1975 in Sindelfingen (Manuskript). Vgl. auch: *Werktage werden besser – Der Kampf um den Lohnrahmentarifvertrag II in Nordwürttemberg/Nordbaden*, Köln/Frankfurt 1977, insbesondere S. 24 f.

IV. Kritische Industriesoziologie?

Kritische Industriesoziologie?*

I

Loren Baritz stellt seine bekannte Studie über die Geschichte der amerikanischen Industriesoziologie unter den Titel *The Servants of Power.*[1] Er bezieht sich dabei auf jenen Typus industriesoziologischer Forschung, den man »angewandte Industrieforschung« mit soziologischen Methoden nennen könnte und der ein spezifisches Verhältnis von soziologischer Forschung und gesellschaftlicher Praxis ausdrückt: die jeweiligen Untersuchungsvorhaben sind hier direkt und bewußt auf die Verwertungsinteressen des Kapitals bezogen. Industrieforschung dieser Art ist ihrer Funktion und durchweg auch ihrem Selbstverständnis entsprechend Rationalisierungswissenschaft; der Arbeitsprozeß wird zum Gegenstand systematischer Untersuchungstätigkeit mit dem Ziel, die Mechanismen der Leistungsbegrenzung im Arbeitsvollzug zu erkennen und auszuschalten und damit die Profitabilität zu steigern.

Als Rationalisierungswissenschaft stehen diese Forschungsansätze im Kontext der historischen Entwicklung der Kapitalverwertung. Jeweils neue ökonomische und damit meist verknüpfte politische Momente mindern die Effizienz der überkommenen Arbeitsorganisation und schaffen so einen Resonanzboden für die Entwicklung und Verbreiterung neuer Untersuchungskonzepte, die ihrerseits die wissenschaftliche Grundlage wirkungsvoller Rationalisierungsmethoden bilden. So entwickelte sich das Taylorsystem – die erste Etappe angewandter Industrieforschung – auf dem Hintergrund der Stagnationserscheinungen, die den amerikanischen Kapitalismus in den achtziger und frühen neunziger Jahren des 19. Jahrhunderts bestimmten und die die Unternehmen, entsprechend den Ursachen der Depression, verstärkt nach Möglichkeiten suchen ließen, die Mehrwertrate zu erhöhen, ohne gleichzeitig die organische Zusammensetzung des Kapitals stei-

* Der folgende Text geht auf einen im Januar 1976 an der Universität Göttingen gehaltenen Vortrag zurück. Die hier vorgelegte Fassung berücksichtigt Überlegungen, die Michael Schumann und ich im Vorwort zur Studienausgabe von *Industriearbeit und Arbeiterbewußtsein* (Frankfurt 1977, S. 7 ff.) formuliert haben.

gern zu müssen. Taylor bot eine adäquate Lösung: Ermittlung der Verhaltensspielräume, welche die Arbeiter zu »systematischer Bummelei« nutzen konnten; Beseitigung dieser Verhaltensspielräume durch organisatorische Umgestaltung, vor allem in der Form von Spezialisierung und Verdichtung der Arbeit; Konditionierung der Arbeiter zur Ausführung der fragmentierten und verkürzten Verrichtungen, insbesondere Entlohnung nach einem strengen Prinzip der Individualleistung. Die Hawthorne-Studien, die für die nächste Entwicklungsetappe zentral sind, standen demgegenüber unter dem Einfluß der wirtschaftlichen Prosperität der zwanziger Jahre, durch die den abhängig Beschäftigten auf dem Arbeitsmarkt eine stärkere Position zufiel, was die Durchsetzbarkeit der tayloristischen Rationalisierung zeitweilig erschwerte. In dieser Situation konnte die »Botschaft« Elton Mayos u. a. größere Aufmerksamkeit gewinnen, die ja letztlich auf den Hinweis hinausläuft, daß die leistungsmindernden individuellen und sozialen Konflikte, welche bei taylorisierter Arbeit häufig auftreten, durch betriebsklimatische und individualtherapeutische Maßnahmen entschärft werden könnten.[3] Die Untersuchungen Herzbergs schließlich, die ein Beispiel für die »Humanisierungsforschung« – eine neue Phase in der Entwicklung der angewandten Industrieforschung – darstellen, sind Indiz für eine neue Problemkonstellation in der Produktion: für eine verschärfte praktische Kritik der Beschäftigten an tayloristisch geformter Arbeit, die infolge spezifischer ökonomischer und politischer Umstände Ende der sechziger Jahre auftrat und die auf breiterer Front die Frage nach sich zieht, ob die überkommenen tayloristischen Prinzipien der Arbeitsgestaltung auf Dauer und unter allen Umständen zu einer effizienten Produktion führen. Herzberg hob in dieser Situation auf den Umstand ab, daß bei den Arbeitern eine stabile Bereitschaft zur Leistungsabgabe erst unter der Voraussetzung intrinsisch motivierender Arbeitsinhalte zustande kommt, deshalb plädierte er für eine Anreicherung der Arbeit – eine Maßnahme, die nach seiner Meinung eine insgesamt effektivere Nutzung der menschlichen Arbeitskraft bewirkt.[4]

Doch so sehr gerade diese Sachverhalte, die sich anhand der inzwischen vorliegenden Ergebnisse wissenschaftsgeschichtlicher Forschung präzisieren ließen[5], auf enge Zusammenhänge zwischen der historischen Bewegung des Kapitals, der Entwicklung der Industrieforschung und der Veränderung der industriellen

Arbeitsorganisation hinweisen: diese Eingebundenheit wichtiger Teile der sozialwissenschaftlichen Forschung in den Verwertungsprozeß darf nicht dazu führen, den Realitätsgehalt der Ergebnisse dieses Forschungsbetrieb zu verkennen. Die verschiedentlich anzutreffende Neigung, bürgerliche Wissenschaftler schlicht als Ideologen der herrschenden Klasse abzutun und ihre inhaltlichen Aussagen als offenkundigen Denkfehler, willkürliche Setzung oder was auch immer zu »entlarven«[6], geht an einem wichtigen Sachverhalt vorbei, den Horkheimer im Auge hatte, als er in bezug auf traditionelle Theorie sagte: »Es besteht kein Zweifel, daß solche [wissenschaftliche H. K.] Arbeit ein Moment der fortwährenden Umwälzung und Entwicklung der materiellen Grundlagen dieser Gesellschaft darstellt.«[7] Entsprechend ermittelt »angewandte« Industrieforschung der genannten Art wegen ihrer Bedeutung für die Reproduktion des Kapitals zwangsläufig auch Richtiges über ihren Gegenstand. Durch diesen Zwang enthalten die Methoden dieser Forschung wie auch ihre Ergebnisse Momente des Fortschritts in der sozialwissenschaftlichen Erfassung der industriellen Realität, die es bei aller Notwendigkeit zur Kritik auch zu rekonstruieren und aufzugreifen gilt.

II

Falsch wäre es auch, aus den geschilderten Verhältnissen auf eine nahezu vollständige Funktionalisierung aller industriebezogenen Forschung durch das Kapital zu schließen. Die Restriktion, die durch die Verwertungsinteressen und das hinter ihnen stehende Machtpotential gezogen werden, sind zwar unverkennbar. Doch blieben Spielräume, in denen sich industriesoziologische Ansätze entwickeln konnten, die hinsichtlich ihrer Ziele, Organisation und Methodik erkennbar von der angewandten Industrieforschung abweichen. Mit diesen Ansätzen, insbesondere den Problemen ihrer Weiterführung will ich mich im folgenden beschäftigen.

Um die Sache erst einmal beschreibend anzugehen: Obschon in der amerikanischen Industriesoziologie insgesamt eine gesellschaftsintegrative Tendenz vorherrscht, gibt es auch hier Studien, die mit angewandter Industrieforschung nichts zu tun haben.[8] Insbesondere passen aber die wichtigsten Beiträge der europäischen Industriesoziologie der Nachkriegsepoche überhaupt nicht ins Bild einer Forschung im Dienste des Kapitals. In Frankreich verbinden sich Ansätze, die in der einen oder anderen Weise quer zur angewandten Industrieforschung liegen, vor allem mit den Arbeiten von George Friedmann und der Friedmann-Schule[9]; für England wäre auf die Studien zur »working-class-culture« zu verweisen[10]; in Westdeutschland wären die Untersuchungen von Popitz-Bahrdt, von Pirker/Braun/Lutz, von Friedeburg u. a.[11] zu nennen. Wenn man schließlich an die relativ breitflächige neuere industriesoziologische Forschung in der Bundesrepublik denkt, so wird man – wie groß auch immer die Unterschiede im einzelnen – sagen müssen, daß sie sich durchweg bemüht, an die Theorietradition der kritischen Gesellschaftswissenschaften anzuknüpfen.

Man tut sich mit der genauen Kennzeichnung dieser Forschungsansätze, die kaum als Einheit zu verstehen sind, schwer. Manche sprechen auch hier von bürgerlicher Wissenschaft[12], manche von kritischer bürgerlicher Wissenschaft.[13] Um traditionelle Theorie jedenfalls im Sinn der Bestimmung, die Horkheimer diesem Begriff gegeben hat[14], handelt es sich nicht. Zu sehr werden doch gesellschaftliche Mißstände und Fehlentwicklungen (die Inhumanität industrieller Arbeit, die Unterprivilegierung der Arbeiter in allen zentralen Lebensbereichen, die Herrschaftsstrukturen im Betrieb und in der Gesellschaft überhaupt usw.) problematisiert und Möglichkeiten gesellschaftlicher Veränderung (subjektive Voraussetzungen, Formen kollektiven Handelns, Organisationsprobleme der Arbeiterbewegung usw.) erörtert. Zu deutlich ist das Bemühen, sich intellektuelle Unabhängigkeit zu bewahren und Denkverbote, die mit verschiedenen Mitteln (Finanzierung, Betriebszugang usw.) sanktioniert werden können, zurückzuweisen. Geht man jedoch vom Anspruch kritischer Soziologie aus, die übrigens auch die Frankfurter Schule in ihrer empirischen Praxis keinesfalls eingelöst hat, so handelt es sich bei diesen industriesoziologischen Forschungsansätzen um nicht mehr als um Vorarbeiten.

Bei der Weiterentwicklung und Verbesserung der vorliegenden Ansätze ist m. E. vor allem an drei Problemen weiterzuarbeiten, die trotz mancher Fortschritte immer noch nicht gelöst sind[15]: 1. am *Theorieproblem* mit dem Ziel, die industriesoziologische Forschung einerseits mit einer Theorie der sozioökonomischen Entwicklung zu vermitteln, welche die allgemeinen und die historisch besonderen Merkmale der Kapitalbewegung zum Ausdruck bringt, und andererseits die Verhaltensanalyse auf eine Theorie des Arbeiterbewußtseins zu beziehen, die die Wirkung einzelner Einflußfaktoren im Zusammenhang mit den allgemeinen Bestimmungsgründen des Daseins des Arbeiters als Lohnarbeiter faßt; 2. am *Methodenproblem* mit dem Ziel, eine Vorgehensweise zu erarbeiten, welche die Fragmentierung gesellschaftlicher Realität im Untersuchungsprozeß weitgehend ausschaltet und der Vielschichtigkeit der Lebenssituation der erfaßten Personen und Gruppen Rechnung trägt; 3. am *Umsetzungsproblem* mit dem Ziel, den Ergebnissen der Forschungstätigkeit Bedeutung im Prozeß gesellschaftlicher Veränderung zuzusichern und die Gefahr zu vermindern, daß sich Sozialforscher auf die Rolle des distanzierten »(industrie-)soziologischen Diagnostikers« zurückziehen, der anderen nur ihren Standort in den gesellschaftlichen Kämpfen zuweist.

Für diese Probleme lassen sich hier keine schlüssigen Lösungen anbieten, doch füge ich aus der Forschungsarbeit heraus, an der ich selbst beteiligt bin, einige Überlegungen an.

Zu 1. Die theoretischen Schwächen der Studie *Industriearbeit und Arbeiterbewußtsein* und auch die der ergänzenden Arbeit über die Septemberstreiks[16] sind durch die jüngste ökonomische und politische Entwicklung sichtbar geworden. Seit 1973 treten wirtschaftliche Krisenmomente wieder so deutlich in Erscheinung, daß die Vorstellung eines relativ kontinuierlichen Wachstumsprozesses nicht mehr aufrechtzuerhalten ist. Für die Arbeiter bedeutet dies das Ende der Phase mehr oder weniger stetiger Verbesserung der materiellen Lebensbedingungen, ihre Situation ist stärker von Stagnation oder sogar vom Abbau erreichter Positionen gekennzeichnet bzw. bedroht. Bisher ist schwer abzuschätzen, wie die Beschäftigten diese neue Situation subjektiv verarbeiten und wie sie sich unter den neuen Bedingungen verhalten werden – individualisierendes Rückzugsverhalten, noch nicht in Verhalten umgesetzte Verunsicherung und engagierte Abwehr charakterisieren die Breite der bisher zu beobachtenden Reaktionsformen. Die genannten Studien geben wenig Anhaltspunkte, das Arbeitsverhalten zu antizipieren.

Um hier zu einer genaueren Analyse und damit auch zur Möglichkeit einer Voraussage, auf die sich politische Überlegungen stützen könnten, zu kommen, wäre es zunächst erforderlich, die Mechanismen der ökonomischen Entwicklung stärker in die Anlage der empirischen Arbeiten und die Interpretation ihrer Ergebnisse einzubeziehen. Vor allem dürfen bei der Analyse der Beschäftigungssituation, der Rationalisierungsprozesse und der Entwicklung der industriellen Arbeitsbedingungen akkumulationstheoretische Dimensionen nicht weiter ausgeklammert werden. Dabei steht man jedoch vor dem Problem, daß die vorliegenden Theorien der Kapitalakkumulation nur in sehr begrenztem Umfang zur Erkenntnis der sich real vollziehenden Prozesse zu benutzen sind und empirische Studien kaum vorliegen. Wir bemühen uns in unseren laufenden Untersuchungen, wenigstens ökonomische Bestimmungsmomente durchsichtiger zu machen, als dies in *Industriearbeit und Arbeiterbewußtsein* der Fall war. Zum Beispiel geschieht dies in der Weise, daß die Entwicklung der industriellen Arbeitsbedingungen explizit im Kontext der sich historisch wandelnden Verwertungsbedingungen und Rationalisierungsmethoden erörtert wird.

Darüber hinaus gilt es, den Bezugspunkt von Bewußtseinsanalysen eindeutiger zu bestimmen. Das Erkenntnisinteresse unserer Untersuchungen zielt letztlich auf die Bedingungen gesellschaftsverändernden Klassenhandelns. Bei einer solchen Fragestellung kann der Zusammenhang zwischen Erfahrung, Bewußtsein und Verhalten nicht so eng gefaßt werden, wie es noch in *Industriearbeit und Arbeiterbewußtsein* geschehen ist. Haben wir hier die Erfahrungsdimension auf den Bereich des unmittelbaren Arbeitsporzesses und seiner Veränderung zugespitzt und damit partikulare Momente des Arbeiterbewußtseins privilegiert, so ist gleichwohl an der Gesamtsituation als der zentralen Ausgangsgröße festzuhalten, wobei kollektive, teilkollektive und individuelle Komponenten zu unterscheiden sind. Allein, diese Forderung wirft bei der Anlage empirischer Untersuchungen vor allem wegen der Vielfalt der Einflußfaktoren und der komplexen Vermittlungszusammenhänge erhebliche Probleme auf; doch scheinen hier nach neueren Erfahrungen durchaus weiterführende Kompromisse möglich zu sein. Aber auch wenn es auf diese Weise gelingt, zu einer deutlich realitätshaltigen Bewußtseinsanalyse zu kommen, wäre damit nur ein erster Schritt zur Bestimmung des politischen Verhaltens getan. Bisher ist kein überzeugender Ansatz zu sehen, der diese Dimensionen in einen systematischen Zusammenhang stellt. Deswegen versuchen wir gegenwärtig, durch Prozeßanalysen, in eher monographischer Vorgehensweise, typische Verhaltenspotentiale herauszuarbeiten und Umschlagspunkte in konkretes politisches Verhalten zu beschreiben.

Zu 2. Den von uns bisher vorgelegten Studien haftet auch aufgrund einer zu wenig problematisierten Anwendung der Methoden hochspezialisierter Erfahrungswissenschaft ein Zug zur analytischen Zergliederung der komplexen Lebenssituation der erfaßten Personen und Gruppen an. Die Dimension der Zumutbarkeit der objektiven Bedingungen, unter denen die »Untersuchungsobjekte« stehen, deren Begründung, Wahrnehmung und Verarbeitung durch die Betroffenen, wurde nicht methodisch adäquat verfolgt. Dadurch wurden die Fragmentierungen, die im Untersuchungsansatz ohnehin enthalten waren, verstärkt, was die Reichweite der Ergebnisse weiter einschränkt.

Diese Einsicht darf jedoch nicht zu der illusionären Vorstellung führen, als könne kritische Empirie auf methodisch gesicherte Vorgehensweisen verzichten und sich gleichsam als »vorinstrumentelle«, unmittelbare Erfahrung der kapitalistischen Gesellschaft verstehen. Wissenschaftliche Arbeit stellt in einem gewissen Umfang immer einen spezifisch organisierten Prozeß der Erfahrungsgewinnung und -verarbeitung dar, und gerade mit der wachsenden Komplexität gesellschaftlicher Sachverhalte korrespondiert die Entwicklung und Verwendung differenzierter Forschungstechniken. Insoweit muß man den Übergang zu einer instrumentellen Erfahrungswissenschaft als irreversiblen Prozeß ansehen. Nicht diese Formbestimmtheit selbst, sondern nur ihre konkrete Ausprägung steht zur Disposition.[17]

Im Rahmen von Fragestellungen, wie wir sie verfolgen, hat sich besonders die standardisierte Form des Einzelinterviews als ungeeignete Vorgehensweise erwiesen, weil sie auf einem allzu simplen Reiz-Reaktions-Modell aufbaut und den Befragten keine Chancen gibt, die Komplexität ihrer Wahrnehmungen und Begründungen zum Ausdruck zu bringen. Brauchbar erscheint uns aber nach wie vor das qualitative, thematisch strukturierte Interview, solange es so gehandhabt wird, daß der Einzelne Argumentationszusammenhänge differenziert zu entfalten vermag. Dennoch darf nicht übersehen werden, daß das Einzelinterview wegen der ihm eigenen Einseitigkeit der Kommunikation immer passivierende Wirkung hat und einen Bias zugunsten herrschender Meinung bewirkt. Korrigierend kann hier auf die Methode der Gruppendiskussion zurückgegriffen werden. Sofern durch die Zusammensetzung der Gruppen und die thematische Ausrichtung der Diskussion eine Situation geschaffen wird, die den alltäglichen betrieblichen Kommunikations- und Handlungsstrukturen entspricht, werden in der Gruppendiskussion Handlungsmöglichkeiten und Veränderungsperspektiven, die an die Kollektivsituation gebunden sind, sichtbar. Eine Alternative zum Interview stellt die Gruppendiskussion jedoch nicht dar. Es besteht eine Tendenz, sich nur innerhalb des Gruppenkonsens zu äußern, wodurch Kontroversen abgeschwächt werden können und die Individualität der Erfahrungen und Urteile leicht verlorengeht. Wir arbeiten deshalb jetzt mit einer Kombination von Einzelinterview und Gruppendiskussionsverfahren.

Zu 3. Wir haben uns auch in der Vergangenheit bemüht, unsere Forschungsarbeit in einen politischen Zusammenhang zu stellen und auf die praktischen Probleme der Arbeiterbewegung zu beziehen. Doch hatte dies den Charakter einer bloß abstrakten Zuordnung auf der Ebene der Themenwahl und des Interpretationsrahmens. Die Arbeiter selbst waren unsere Informanten – »Untersuchungsobjekte«. Die Präsentation unserer Ergebnisse erfolgte im Rahmen der wissenschaftlichen Öffentlichkeit, die allenfalls einigen gewerkschaftlichen Experten zugänglich ist. Uns scheint, daß eine sich kritisch verstehende Sozialforschung damit nicht zufrieden sein darf. Es müssen praktikable Lösungen gefunden werden, die den Beschäftigten eine aktive Rolle im Untersuchungsprozeß einräumen und die die Rückkopplung der Untersuchungsergebnisse in die konkrete betriebliche Situation zulassen. Möglichkeiten dazu wären: Veranstaltung von Seminaren vor Aufnahme der Untersuchungstätigkeit, die z. B. Betriebsräten, gewerkschaftlichen Vertrauensleuten und überbetrieblichen Gewerkschaftsvertretern die Chance eröffnen, ihre Probleme einzubringen und sich aufgrund ihrer Erfahrungen kritisch an der Festlegung der betrieblichen Untersuchungsziele und -instrumentarien zu beteiligen; Bildung von Arbeitsgruppen, die den Fortgang der Untersuchung verfolgen und die dadurch auch im Untersuchungsprozeß ihre Interessen geltend machen können; Diskussion der Untersuchungsergebnisse mit den Beteiligten im Hinblick auf sachliche Richtigkeit und praktische Nützlichkeit.

In praktischen Versuchen, die wir in diese Richtung unternommen haben, ist uns deutlich geworden, daß dieser Weg noch schwieriger ist, als wir ohnehin vermutet hatten. Tradierte soziale Barrieren sind nicht voluntaristisch zu überspringen. Solange es nicht gelingt, den Beschäftigten die praktische Nützlichkeit sozialwissenschaftlicher Forschungen für die Durchsetzung ihrer »alltäglichen« Interessen zu zeigen, kann es hier wohl kaum Fortschritte geben. Kritische Sozialforschung ist aber auf diese Aufgabe einer »angewandten« Wissenschaft nicht vorbereitet. Insbesondere orientieren sich Anlage und Aussage bisheriger Untersuchungen an einem Wissenschaftstypus, der gegenüber den praktischen Problemen im Betrieb, auf die sich die arbeitsbezogenen Interessen der Beschäftigten notwendigerweise beziehen, abstrakt bleibt. Doch muß man solche Schwierigkeiten nicht nur betonen, sondern auch aufnehmen, soll das geflügelte Wort von der »Wissenschaft im Dienste der arbeitenden Bevölkerung« keine Leerformel bleiben.

III

Ob der Untersuchungsansatz, der mit den vorgetragenen Gesichtspunkten umrissen werden sollte, tatsächlich praktikabel ist, hängt auch von den institutionellen Rahmenbedingungen ab, unter denen empirische Sozialforschung heute steht. Auszugehen ist in diesem Zusammenhang von dem Tatbestand, daß auch eine sich kritisch verstehende Industriesoziologie im Windschatten der allgemeinen historischen Tendenz einer Institutionalisierung sozialwissenschaftlicher Forschung, die weitgehend die Form staatlicher Institutionalisierung angenommen hat, einen wenn auch knappen und labilen Aktionsradius gewonnen hat, in dem sie existieren konnte. Diese Bedingungen erhalten allerdings durch die je konkreten ökonomischen und politischen Umstände eine spezifische Prägung, und hier kommt es mir nun darauf an, anzudeuten, daß sich in dieser Hinsicht in den letzten Jahren Veränderungen ergeben haben, die nach meiner Einschätzung Vor- und Nachteile aufweisen und die daher erhebliche Orientierungsschwierigkeiten aufwerfen können.

Zu der veränderten Szenerie, mit der die Industriesoziologie konfrontiert ist, gehören auch und besonders historisch neue

Aspekte in der Interessenartikulation durch die abhängig Beschäftigten, wie sie in stärkeren Konflikten um die Arbeit und Lebensbedingungen zum Ausdruck kommen.[18] Diese Entwicklungen haben einen Informations- und Orientierungsbedarf ausgelöst, der insgesamt zu einer erheblichen Aufwertung industriebezogener Forschungsarbeit führte. Dabei sind nicht nur in den management-orientierten Arbeitswissenschaften Untersuchungsansätze gefördert worden, die wie etwa Herzberg den Gesichtspunkt der Konfliktentschärfung durch nichttayloristische Rationalisierung ins Zentrum stellen. Auch andere Forschungsansätze fanden mehr Beachtung: Weniger aufgrund von Veränderungen im Forschungsbetrieb selbst, sondern in erster Linie aufgrund der größeren Bedeutung, welche arbeitsbezogene Fragen in den Auseinandersetzungen zwischen den Klassen erlangten, hat sich der politische Stellenwert kritischer industriesoziologischer Studien erhöht. Deutlich läßt sich z. B. ein Interesse der Gewerkschaften feststellen, stärker als bisher die Entwicklung kritischer Untersuchungen anzuregen und auf deren Ergebnisse zurückzugreifen, sei es zur Entwicklung und Absicherung ihrer Forderungspolitik, sei es auch nur in der taktischen Absicht, der kapitalorientierten Arbeitswissenschaft gleichsam eine »eigene« Wissenschaft entgegenzusetzen. Tarifvertragliche und gesetzliche Regelungen, die dies besonders nahelegen, gibt es inzwischen, so § 6 Abs. 3.1 des LRTV II für die Metallindustrie Nordwürttemberg/Nordbaden oder die §§ 90, 91 BetrVG, wo zur Berücksichtigung »gesicherter arbeitswissenschaftlicher Erkenntnisse« – was immer dies sein mag – angehalten wird.

Für Forschungseinrichtungen mit einer kritischen Programmatik liegen in dieser Konstellation auf der einen Seite durchaus Vorteile. Die Mittelaquisition kann erleichtert werden durch die Rückendeckung einer mächtigen gesellschaftlichen Organisation. Insbesondere aber werden der politischen Umsetzung von Forschungsergebnissen neue Wege geöffnet. Wissenschaftlicher Arbeit politische Bedeutung zu sichern hat ja auch eine ganz praktische Seite; der Gedanke drängt im allgemeinen nicht von selbst zur Tat. Der Forschungsprozeß muß in den Organisationsrahmen politischer Kräfte gestellt werden, die gesellschaftliche Verhältnisse in Bewegung bringen können. Im Fall kritischer Wissenschaft bietet sich unter unseren Bedingungen hierfür nur die Gewerkschaftsbewegung an, die von den Arbeitern trotz mancher Kritik an der gegenwärtigen gewerkschaftlichen Praxis und an Verselbständigungserscheinungen im gewerkschaftlichen Apparat nach wie vor als *die* eigene Organisation verstanden wird und an die die Einsicht der Arbeiter in die Notwendigkeit kollektiver Interessenvertretung gebunden bleibt.

Zugleich gilt es auf der anderen Seite, die Probleme nicht zu unterschätzen, die sich unter den veränderten Verhältnissen stellen. Zum Teil resultieren sie aus der Struktur und der politischen Orientierung der westdeutschen Gewerkschaften selbst. Die heutigen Gewerkschaften stellen ein recht zwiespältiges Gebilde dar, in dem das Bemühen, die Interessen der abhängig Beschäftigten zu vertreten, oft durch eine Orientierung an den Stabilitätsbedingungen des Systems kanalisiert und geschwächt wird; die Aufgabe, als Klassenorganisation die betrieblichen Auseinandersetzungen aufzugreifen und weiterzuentwickeln, kommt dabei immer wieder zu kurz. Der sich hierin andeutende Konflikt zwischen zwei unterschiedlichen Richtungen gewerkschaftlicher Politik ist keineswegs, wie eine unkritische Verwendung des Begriffs der kooperativen Gewerkschaft nahelegt, eindeutig zugunsten wirtschaftsfriedlicher Orientierungen entschieden worden. Eher ist – und dafür gibt es in der Entwicklung der letzten Jahre einige Anzeichen – eine gewisse Zweigleisigkeit innerhalb der Gewerkschaften zu beobachten.

Eine solche Entwicklung dürfte um so mehr Platz greifen, je mehr in einer Zeit wirtschaftlicher Krise die traditionelle Gewerkschaftspolitik an Grenzen stößt, die die Ziele der Vollbeschäftigung, der Reallohnsteigerungen und besserer Sozialleistungen in den Vordergrund stellt, die Gestaltung des Produktionsprozesses, von dem letztlich ja auch die Verwirklichung dieser Forderungen abhängt, aber »der anderen Seite« überläßt. Die Gefahr ist nicht von der Hand zu weisen, daß eine Sozialforschung, die hautnah an die aktuellen Probleme der Gewerkschaftsbewegung heranrückt, in diesem Polarisierungsprozeß zerrieben wird. Denn sie wird, wenn sie den Sinn kritischer Wissenschaft nicht ad absurdum führen will, den Versuch machen, die Bedingungen gewerkschaftlicher Politik umfassend zu analysieren und aus ihrer Sicht problematische Entwicklungen aufzuzeigen. Solche Untersuchungen haben dann immer auch den Charakter einer Bilanzierung der bisherigen Politik und der Offenlegung von Einseitigkeiten und Begrenzungen, die diese

Politik möglicherweise aufweist; sie stoßen damit fast notwendig auf Reserve und Abwehr bei den Teilen der Gewerkschaftsbewegung, die die bisherige Politik getragen haben bzw. für sie verantwortlich sind. Daß unter solchen Umständen die Kooperationsfähigkeit gegenüber Teilen der Gewerkschaftsbewegung, insbesondere gegenüber gewerkschaftlichen Leitungsgremien, gefährdet sein kann, liegt auf der Hand. Wie wenig dieses Dilemma konstruiert ist, zeigt das Beispiel der Gewerkschaftsstudie von Bergmann u. a.[19]; die Tatsache, daß diese Untersuchung, die trotz mancher Mängel einen beachtlichen Fortschritt in der gewerkschaftsanalytischen Literatur darstellt, auf kritische Punkte in der Entwicklung der Gewerkschaften aufmerksam macht und daß die Autoren dieser Studie auch in gewerkschaftspraktischen Zusammenhängen für ihre Auffassungen eintraten, war Grund genug, den Versuch zu machen, die Veröffentlichung der Studie in der gewerkschaftseigenen Europäischen Verlagsanstalt zu verhindern (was zunächst erfolglos blieb) und gewerkschaftsnahe Forschungsinstitute mit ihren Veröffentlichungen in einen kommerziellen Verlag abzudrängen (was inzwischen geschehen ist).

Bedrohlicher noch sind die Gefährdungen, die von Gegenbewegungen seitens der Unternehmer ausgehen können. Solange wissenschaftliche Arbeit im Elfenbeinturm stattfindet, ist die Sache ziemlich unproblematisch: man kann tolerieren, was vielleicht nicht nützt, offenkundig aber auch nicht schadet. Sobald jedoch die Gegenstände soziologischer Forschung politische Relevanz gewinnen und vielleicht gar eine sich kritisch verstehende Wissenschaft sich konsequenter profiliert, wird gegengesteuert. Es liegt ganz auf dieser Linie, wenn heute deutlich Bestrebungen zu beobachten sind, den kapitalbezogenen Arbeitswissenschaften ein Interpretationsmonopol in allen praktischen Fragen zu sichern und kritischer Industrieforschung das Wasser abzugraben. So räumt zwar Reinhold Weil, der Direktor des von den Metallarbeitgeberverbänden getragenen Instituts für angewandte Arbeitswissenschaft, in einer Stellungnahme zu einer Studie von Mergner u. a. ein, »daß arbeitssoziologische Studien andere arbeitswissenschaftliche Forschungen fruchtbar ergänzen können«. Warnend wird aber angefügt: »Nur sollte sich die Soziologie auf eine ergänzende Rolle beschränken und nicht den [von niemandem erhobenen H. K.] Anspruch einer *allein* ganzheitlichen und damit den anderen überlegenen (Super-)Arbeitswissenschaft erheben.« Besonders gefährlich erscheint Weil der »gesellschaftskritische Ansatz« der erwähnten Studie, der schlankweg als »ideologische Vorprogrammierung« denunziert wird.[20] Mit solcher Art Abwehr werden wir künftig häufiger rechnen müssen, und dies könnte den empirischen Forschungsprozeß empfindlich treffen, weil materielle Sanktionen nicht ausbleiben: zum einen in Form des Versuches, bei staatlichen Stellen darauf Einfluß zu nehmen, daß Mittel für »freie« wissenschaftliche Arbeit, die angesichts der Finanzierungsprobleme der öffentlichen Haushalte ohnehin knapper werden, gestrichen werden; zum anderen in der Form des Versuchs der Trennung der Forscher vom Forschungsfeld, wofür sich das probate Mittel der Verweigerung von Betriebszutritten bei empirischen Untersuchungen anbietet. Für beides liegen einschlägige Erfahrungen vor, und beides beleuchtet klar die Verschärfung des Spannungsverhältnisses, das zwischen der Institutionalisierung des Forschungsprozesses und der politischen Dimension kritischer Industriesoziologie besteht.

Den genannten Gefährdungen industriesoziologischer Arbeit ist aber durchaus auch ein positiver Aspekt eigen. Schließlich sind die skizzierten Schwierigkeiten nur die Kehrseite der Tatsache, daß die Studien und die gesellschaftlichen Praxisprobleme näher aneinandergerückt sind. Doch gerade wenn die Forschung praktisch relevant wird, gibt es neue Probleme: Der Wind wird rauher; man kommt als Wissenschaftler direkter in die Interessenauseinandersetzungen hinein, die in der gesellschaftlichen Ernstsituation tagtäglich ablaufen. In dem Maße freilich, wie es gelingt, im Forschungsprozeß stärker die lebenspraktischen Probleme der Beschäftigten aufzunehmen und einen wie immer bescheidenen Beitrag zu ihrer Lösung zu leisten; in dem Maße, wie die industriesoziologische Forschung ihren Insider-Charakter – Produktion von Soziologen für Soziologen – verliert, in dem Maße gewinnt unsere Arbeit nachvollziehbar Sinn und Nützlichkeit für gesellschaftlich bedeutsame Gruppen. Mit dieser gesellschaftlichen Verankerung erhält die Industriesoziologie aber auch – durch die Interessenkonflikte hindurch, in die sie hineingezogen wird – eine gewisse Stabilität.

1 L. Baritz, *The Servants of Power. A History of the Use of Social Science in American Industry*, Wesleyan University Press 1960.

2 Taylor, *Die Betriebsleitung*, insbes. S. 20; ders., *Die Grundsätze der wissenschaftlichen Betriebsführung*, insbes. S. 40 f., 128 ff.

3 E. Mayo, *The Human Problems of an Industrial Civilization* (1933), The Viking Press 1960, S. 69 ff.; ders., *The Social Problems of an Industrial Civilization* (1945), deutsche Übersetzung: *Probleme industrieller Arbeitsbedingungen*, Frankfurt 1949, S. 114 ff. – Zu den betriebspraktischen Schlußfolgerungen vgl. auch den Untersuchungsbericht: Roethlisberger/Dickson, a.a.O., S. 540 ff., 590 ff.

4 Herzberg, *Work and the Nature of Man*; vgl. auch ders., *One More Time ...*, S. 117.

5 Neben der bereits erwähnten Studie von Baritz vgl. hier u. a. die verdienstvolle Arbeit von G. Schmidt, *Gesellschaftliche Entwicklung und Industriesoziologie in den USA*, Frankfurt/Köln 1974.

6 Ich beziehe mich hier auf problematische Tendenzen im Zerfallsprozeß der Studentenbewegung, die darin zum Ausdruck kommen, die Produkte des bürgerlichen Wissenschaftsbetriebs schlicht nicht mehr zur Kenntnis zu nehmen.

7 M. Horkheimer, *Traditionelle und kritische Theorie* (1937) in: *Kritische Theorie*, Bd. II, Frankfurt 1968, S. 143.

8 Beispiele: E. Chinoy, *Automobile Workers and the American Dream*, Boston 1955; A. W. Gouldner, *Wildcat Strike*, New York 1954.

9 G. Friedmann, *Der Mensch in der mechanisierten Produktion*, Köln 1952; ders., *Zukunft der Arbeit*; ders., *Grenzen der Arbeitsteilung*. Vgl. die wichtige Untersuchung von K. Düll, *Industriesoziologie in Frankreich*, Frankfurt 1975, insbes. S. 62 ff.

10 Vgl. etwa R. Hoggart, *The Uses of Literacy* (1957), Penguin 1976, aber auch die frühe Arbeit von F. Zweig, *The British Worker*, London 1952.

11 Popitz/Bahrdt, *Das Gesellschaftsbild des Arbeiters*; dies., *Technik und Industriearbeit*, Tübingen 1957; T. Pirker u. a., *Arbeiter, Management, Mitbestimmung*, Stuttgart/Düsseldorf 1955; L. v. Friedeburg, *Soziologie des Betriebsklimas*, Frankfurt 1963 – Die Betriebsklima-Studie des Instituts für Sozialforschung (Frankfurt 1955) muß man hier wohl ausnehmen; sie stellt eine management-initiierte »Kontrollstudie« zur Arbeit der Pirker-Gruppe dar, die durch ihre strikte Anwendung der Verfahren standardisierter Meinungs- und Einstellungsforschung auch in theoretisch-methodischer Hinsicht dem Wissenschaftsverständnis der Frankfurter Schule kaum Rechnung trägt.

12 Vgl. hierzu: S. Herkommer, *Vom Elend der Industriesoziologie – Kritische Bemerkungen zu neueren Forschungsansätzen*, in: *Sozialistische Politik* 16/1972, S. 71 ff.

13 Das freundliche Adjektiv verwendet J. H. Mendner, *Technologische Entwicklung und Arbeitsprozeß*, S. 190.

14 Horkheimer, a.a.O., insbes. S. 164 ff., 174 ff.

15 Die folgenden Überlegungen sind von Michael Schumann und mir gemeinsam formuliert worden.

16 Kern/Schumann, *Industriearbeit und Arbeiterbewußtsein*; Schumann u. a., *Am Beispiel der Septemberstreiks*.

17 Diesen Gesichtspunkt übersieht H. Berger in seiner an sich sehr wichtigen Kritik eingeführter Untersuchungsmethoden: *Untersuchungsmethode und soziale*

Wirklichkeit, Frankfurt 1974.

18 Vgl. die in diesem Band dargestellten Entwicklungen.

19 Bergmann u. a., *Gewerkschaften in der Bundesrepublik.*

20 R. Weil in einer Stellungnahme zur Studie Mergner u. a., *Arbeitsbedingungen im Wandel.* Dieses Papier ist m. W. nicht veröffentlicht worden.

Literaturverzeichnis

A. Albers u. a., *Klassenkämpfe in Westeuropa*, Hamburg 1971.

Alquati, R., *Klassenanalyse als Klassenkampf – Arbeiteruntersuchung bei Fiat und Olivetti*, Frankfurt 1974.

Amerikareise deutscher Gewerkschaftsführer, Verlagsgesellschaft des Allgemeinen Deutschen Gewerkschaftsbundes, Berlin 1926.

Arbeitskreis »Diversifikation« der Schmalenbach-Gesellschaft, *Diversifikationsprojekte – Betriebswirtschaftliche Probleme ihrer Planung, Organisation und Kontrolle*, in: *Zeitschrift für betriebswirtschaftliche Forschung*, 1973.

W. Arendt, *Vorrang für menschengerechtere Arbeitsgestaltung*, in: *Die Neue Gesellschaft*, 5/1975.

Ausschuß für soziale Betriebsgestaltung der Bundesvereinigung der Deutschen Arbeitgeberverbände, *Humanisierung der Arbeitswelt – Hinweise für die Praxis*, Sonderdruck des Arbeitsberichts Nr. 36, Köln 1975.

M. Baethge, *Ausbildung und Herrschaft – Unternehmerinteressen in der Bildungspolitik*, Frankfurt 1970.

M. Baethge u. a., *Produktion und Qualifikation*, Hannover 1974.

M. Baethge u. a., *Sozialpolitik und Arbeiterinteresse*, Frankfurt 1976.

M. Baethge u. a., *Entwicklungstendenzen von Ausbildungs- und Beschäftigungsstrukturen im Angestelltenbereich unter den Bedingungen eines erhöhten Angebots von Absolventen weiterführender Bildungseinrichtungen und fortschreitender Rationalisierung*, Phase 1, Soziologisches Forschungsinstitut, Göttingen SOFI, 1978.

H. P. Bahrdt, *Industriebürokratie*, Stuttgart 1958.

L. Baritz, *The Servants of Power. A History of the Use of Social Science in American Industry*, Wesleyan University Press 1960.

O. Bauer, *Kapitalismus und Sozialismus nach dem Weltkrieg*, Bd. 1: *Rationalisierung – Fehlrationalisierung*, Berlin 1931.

H. Berger, *Untersuchungsmethode und soziale Wirklichkeit*, Frankfurt 1974.

J. Bergmann u. a., *Gewerkschaften in der Bundesrepublik*, Frankfurt/Köln 1975.

Betriebsdemokratie – Programm des Schwedischen Gewerkschaftsbundes LO, Gewerkschaftskongreß 1971.

G. Bianchi, R. Aglieta, P. Merli-Brandini, *Les délégues ouvriers. Nouvelles formes de représentation ouvrière*, in: *Sociologie du Travail*, 2/1971.

L. Björk u. a., *Ökat inflytande i jobbet. Försök med förändring av arbetutformning och arbetsorganisation i ett verkstadsföretag*, Stockholm 1973.

L. Björk, *Changes in Work Organization in Swedish Industry*, Manuskript o.O., o. J.

R. Blauner, *Alienation and Freedom*, Chicago/London 1964.
F. Böhle/B. Lutz, *Rationalisierungsschutzabkommen – Wirksamkeit und Probleme*, Göttingen 1974.
F. Böhle/D. Sauer, *Intensivierung der Arbeit und staatliche Sozialpolitik*, in: *Leviathan*, 1/1975.
M. Bosquet, *Révolution à l'italienne*, in: *Le Nouvel Observateur*, 344/1971.
M. Bosquet, *Les patrons decouvrent ›l'usine-bagne‹*, in: *Le Nouvel Observateur*, 384/1972.
W. Brokmann, *Arbeitsstrukturierung bei Ford, dargestellt am Beispiel der Federbeinmontage*, in: *IfaA-Mitt.* 54.
J. A. C. Brown, *Psychologie der industriellen Leistung*, Hamburg 1956.
E. Brumlop/W. Rosenbaum, *Zur tarifpolitischen Bedeutung des LRTV II*, in: *Vorstudien zum BMFT-Projekt »Tarifvertragliche Regelungen zur Verbesserung der Arbeitsbedingungen«*, Soziologisches Forschungsinstitut Göttingen SOFI, 1977.
H. Buckup, *Technische Entwicklung und Gesundheit*, in: *Automation – Risiko und Chance*, Bd. I, Frankfurt 1966.
Bundesminister für Forschung und Technologie, *Forschungsprogramm »Humanisierung des Arbeitslebens«*, Bonn o.J.
Bundesminister für Forschung und Technologie, *Faktenbericht 1977 zum Bundesbericht Forschung*, 1977 (1978).
Bundesminister für Jugend, Familie und Gesundheit, *2. Familienbericht*, 2. Teil: *Bericht der Sachverständigenkommission*, Bonn 1975.
L. Castellina, *Bericht über Fiat*, in: *Rotbuch* 23.
L. Castellina, *Die Delegiertenbewegung*, in: *politikon* 32/1970.
G. P. Cella/B. Manghi, *Kritische Analyse des Qualifikationssystems*, in: CGIL/CISL, *Zur Geschichte und Theorie der italienischen Gewerkschaftsbewegung*, Bd. 2.
CGIL/CISL, *Zur Geschichte und Theorie der italienischen Gewerkschaftsbewegung*, 2 Bde., Berlin 1973.
E. Chinoy, *Automobile Workers and the American Dream*, Boston 1955.
A. Coppala, *Ein exemplarischer Streik bei Pirelli*, abgedruckt in: *Guerra al capitale; politikon* 29/1969.
H. Dabrowski u. a., *Der Lohnrahmentarifvertrag II in der betrieblichen Praxis*, Soziologisches Forschungsinstitut Göttingen SOFI, 1977.
W. Däubler, *Das Arbeitsrecht*, Reinbek 1976.
L. E. Davis, *The Design of Jobs*, in: *Industrial Relations*, 1966 (Vol. 6).
F. Deppe u. a., *Die neue Arbeiterklasse – Technische Intelligenz und Gewerkschaften im organisierten Kapitalismus*, Frankfurt 1970.
F. Deppe, *Das Bewußtsein der Arbeiter – Studien zur politischen Soziologie des Arbeiterbewußtseins*, Köln 1971.
J. Diebold, *Die automatische Fabrik*, Frankfurt 1956.

R. Dombois/M. Schumann, *Mindestnormen als Humanisierung – Überlegungen zu einem Konzept gewerkschaftlicher Arbeitsgestaltungspolitik*, in: *Kursbuch* 43.

P. F. Drucker, *Praxis des Management*, Düsseldorf 1956.

K. Düll, *Industriesoziologie in Frankreich*, Frankfurt 1975.

A. Durig, *Die Ermüdung im praktischen Betrieb*, in: E. Atzler (Hrsg.), *Körper und Arbeit. Handbuch der Arbeitsphysiologie*, Leipzig 1927.

E. Durkheim, *Über die Teilung der sozialen Arbeit* (1893), Frankfurt 1977.

W. Eggert, *Rationalisierung und Arbeiterschaft*, Verlagsgesellschaft des Allgemeinen Deutschen Gewerkschaftsbundes, Berlin 1927.

F. E. Emery, *Characteristics of Socio-Technical Systems*, in: L. E. Davis/J. C. Taylor (Hrsg.), *Design of Jobs*, Penguin.

F. E. Emery/E. Thorsrud, *Form and Content in Industrial Democracy*, London 1969.

F. E. Emery/E. L. Trist, *Socio-Technical Systems*, in: Emery (Hrsg.), *Systems Thinking*, Penguin.

L. v. Ferber, *Macht Arbeit krank?*, in: *Arbeit und Leistung*, 10/1972 und 3/1974.

H. Ford, *Mein Leben und Werk*, Leipzig 1923.

W. Fricke, *Arbeitsorganisation und Qualifikation*, Bonn/Bad Godesberg 1975.

L. v. Friedeburg, *Soziologie des Betriebsklimas*, Frankfurt 1963.

G. Friedmann, *Der Mensch in der mechanisierten Produktion*, Köln 1952.

G. Friedmann, *Zukunft der Arbeit*, Köln 1953.

G. Friedmann, *Grenzen der Arbeitsteilung*, Frankfurt 1959.

E. Freund, *Forschung, der dritte Faktor*, Mainz 1966.

H. Funke u. a., *Produktionsprozeß und Krankheit*, in: *Industriearbeit und Gesundheitsverschleiß*, Frankfurt/Köln 1974.

Gegenwartsaufgaben deutscher Wirtschaftspolitik, Verlagsgesellschaft des Allgemeinen deutschen Gewerkschaftsbundes, Berlin 1926.

A. Gehlen, *Anthropologische Ansicht der Technik*, in: H. Freyer u. a. (Hrsg.), *Technik im technischen Zeitalter*, Düsseldorf 1965.

A. Gehlen, *Die Seele im technischen Zeitalter*, Hamburg 1967.

A. Geijer, *Wirtschaftsdemokratie*, Stockholm 1971.

J. H. Goldthorpe u. a., *The Affluent Worker: Industrial Attitude and Behaviour*, Cambridge 1968.

A. Gorz, *Weder Bolschewik noch Gewerkschaftler*, in: *Les Temps Modernes*, nach einem Abdruck in: *politikon*, 30/1970 (= *Klassenanalyse*, Berlin 1970).

H. Gottschalck/Ch. Ohm, *Kritische Bemerkungen zur Polarisierungsthese bei Kern und Schumann*, in: *Soziale Welt*, 4/1977.

A. W. Gouldner, *Wildcat Strike*, New York 1954.

Gruppe Arbeiterkampf, *Streik bei Ford Köln*, Erlangen 1973.
J. Habermas, *Praktische Folgen des wissenschaftlich-technischen Fortschritts*, in: *Gesellschaft, Recht und Politik. Festschrift für W. Abendroth*, Neuwied/Berlin 1968.
G. Haug/D. Schäfer, *Möglichkeiten und Grenzen der Arbeitsplatzgestaltung und der Arbeitsstrukturierung im Bereich der Serienfertigung*, in: IfaA, *Arbeitsstrukturierung in der deutschen Metallindustrie* (2).
G. Haug, *Fließband contra Gruppenarbeit*, in: *Refa-Nachrichten* 6/1973.
P. Heiner u. a., *Technisch-organisatorische Voraussetzungen zur Realisierung von Gruppenarbeit in der Produktion*, in: IfaA, *Arbeitsstrukturierung in der deutschen Metallindustrie* (3).
P. Hellberg, *Bericht über Atlas-Copco*, in: *Humanisierung der Arbeit als gesellschaftspolitische und gewerkschaftliche Aufgabe*, Frankfurt 1975.
H. Herkner, *Die Arbeiterfrage*, Bd. 1, 6. Aufl., Berlin 1916.
S. Herkommer, *Vom Elend der Industriesoziologie – Kritische Bemerkungen zu neueren Forschungsansätzen*, in: *Sozialistische Politik* 16/1972.
F. Herzberg, *One More Time: How Do You Motivate Employees?*, in: L. E. Davis, J. C. Taylor (Hrsg.), *Design of Jobs*, Penguin.
F. Herzberg u. a., *Motivation to Work*, New York 1959.
F. Herzberg, *Work and the Nature of Man*, 5. Aufl., New York 1971.
H.-U. Hintze, *Gestaltung der menschlichen Arbeit bei Daimler-Benz*, in: Ifa-Mitt. 49.
J. Hodann, *Neue Techniken im Automobilbau – Berichte über die Entwicklung in Schweden*, Vortragsmanuskript 1973.
G. Höhne, *Wir gehen nach vorn!*, Berlin 1974.
R. Hoggart, *The Uses of Literacy* (1957), Penguin.
M. Horkheimer, *Traditionelle und kritische Theorie* (1937), in: *Kritische Theorie*, Bd. II, Frankfurt 1968.
H. Hüppauf, *Fordstreik, Anti-Streik-Gesetze und der Mythos der Militanz*, in: Schneider (Hrsg.), *Zur Theorie und Praxis des Streiks*, Frankfurt 1971.
Humanisierung der Arbeit als gesellschaftspolitische und gewerkschaftliche Aufgabe, Protokoll der DGB-Konferenz vom 16. und 17. Mai 1974 in München, Frankfurt 1974.
Ifo-Institut für Wirtschaftsforschung, *Soziale Auswirkungen des technischen Fortschritt*, Berlin/München 1962.
IMSF, *Die Septemberstreiks 1969*, Frankfurt 1969.
Institut der Deutschen Wirtschaft, *Humanisierung – Industriearbeit im Wandel*, Köln 1976.
Institut der deutschen Wirtschaft, *Humanisierung – Industriearbeit im Wandel*, IW-Pressegespräch am 23.3.1976 in Bonn.
Institut für angewandte Sozialwissenschaft (Infas), *Qualität des Arbeitslebens – Soziale Kennziffern zu Arbeitszufriedenheit und Berufschan-*

cen, Bonn 1973, Kurzfassung: G. Beltz, *Qualität des Arbeitslebens*, in: *Materialien zur IG-Metall Tagung »Krise und Reform in der Industriegesellschaft«*, Frankfurt 1976.

Institut für Sozialforschung Frankfurt, *Soziale Ungleichheit und materielle Ansprüche – Forschungsbericht* (hektogr.), Frankfurt 1974.

Institut für Sozialforschung, *Betriebsklima*, Frankfurt 1955.

G. Isenmann u. a., *Höherqualifizierung im Arbeitsprozeß*, in: *Menschengerechte Arbeit. Dokumentation zum RKW-Kongreß am 6./7.4.1976*, 1976.

R. Kasiske u. a., *Industrieroboter im Volkswagenwerk*, Göttingen SOFI, 1978.

H. Kern/M. Schumann, *Soziale Voraussetzungen und Folgen des technischen Wandels*, in: RKW (Hrsg.), *Wirtschaftliche und soziale Aspekte des technischen Wandels in der BRD*, 1. Bd., Frankfurt 1970.

H. Kern, *Zum Streikergebnis Nordwürttemberg/Nordbaden*, in: *express*, 11/1973.

H. Kern, E. Brumlop, H. Heine, B. Kern, M. Müller, H. J. Sperling, *Neue Formen betrieblicher Arbeitsgestaltung – Darstellung relevanter Veränderungsprojekte in Großbritannien, Italien, Norwegen, Schweden*, Bonn 1976.

H. Kern/M. Schumann, *Industriearbeit und Arbeiterbewußtsein* (1970), Studienausgabe Frankfurt 1977.

H. Kern/U. Neumann, *Rationalisierung und Entwicklung der Arbeitsbedingungen in der Metallindustrie Baden-Württembergs*, in: *Vorstudien zum BMFT-Projekt »Tarifvertragliche Regelungen zur Verbesserung industrieller Arbeitsbedingungen«*, Göttingen SOFI, 1977.

H. Kluth, *Technische und nicht-technische Determinanten der Arbeitsorganisation*, in: *Verhandlungen des 14. Deutschen Soziologentages*, Stuttgart 1959.

H. Kluth, *Automation als Form und Stufe der Rationalisierung*, in: H. W. Zimmermann (Hrsg.), *Aspekte der Automation*, Basel/Tübingen 1960.

H. J. Knebel, *Handlungsorientierung im Industriebereich*, Tübingen 1963.

A. Kornhauser, *Mental Health of the Industrial Worker*, New York 1965.

B. Krais, *Technischer Fortschritt und der Bedarf an qualifizierten Arbeitskräften*, Diss. Berlin 1977.

G. Lehmann, *Wandlungen der Arbeitsbelastungen in der Industrie*, in: *Werkstattstechnik*, 1/1963.

Th. Leipart, *Gewerkschaften und Rationalisierung*, in: *Gewerkschafts-Zeitung*, 13/1931.

E. Lindner, *Plandaten zur Arbeitsstrukturierung in einem Büromaschinenwerk*, in: IfaA, *Arbeitsstrukturierung in der deutschen Metallindustrie* (3).

B. Lutz, *Ist Unterbeschäftigung unvermeidlich?*, in: U. Borsdorf u. a. (Hrsg.), *Gewerkschaftliche Politik: Reform aus Solidarität*, Köln 1977.

S. Mallet, *La nouvelle classe ouvrière*, Paris 1963.

E. Mandel, *Die Lehren vom Mai 1968*, in: A. Glucksmann u. a., *Revolution Frankreich 1968*, Frankfurt 1969.

E. Mandel, *Die deutsche Wirtschaftskrise – Lehren der Rezession 1966/67*, Frankfurt 1969.

F. C. Mann/R. L. Hoffmann, *Automation and the Worker*, New York 1960.

W. E. Mann u. a., *Auf dem Weg zu neuen Arbeitsstrukturen*, in: *Menschengerechte Arbeit. Dokumentation zum RKW-Kongreß am 6./7.4.1976*, 1976.

H. Matthöfer, *Streiks und streikähnliche Formen des Kampfes der Arbeitnehmer im Kapitalismus*, in: D. Schneider (Hrsg.), *Zur Theorie und Praxis des Streiks*, Frankfurt 1971.

E. Mayo, *The Social Problems of an Industrial Civilization* (1945), deutsche Übersetzung: *Probleme industrieller Arbeitsbedingungen*, Frankfurt 1949.

E. Mayo, *The Human Problems of an Industrial Civilization* (1933), The Viking Press 1960.

R. Meidner/B. Öhmann, *LO: Fifteen Years of Wage-Policy*, Stockholm 1972.

J. H. Mendner, *Technologische Entwicklung und Arbeitsprozeß*, Frankfurt 1975.

U. Mergner u. a., *Arbeitsbedingungen im Wandel – Eine Literaturstudie zur Entwicklung von Belastungen und Qualifikationsanforderungen in der BRD* (1974), Göttingen 1975.

H.-O. Meyer, *Erfahrungen mit Gruppenmontageplätzen am Beispiel eines Elektrogerätewerkes*, in: IfaA, *Arbeitsstrukturierung in der deutschen Metallindustrie* (2).

B. F. Michel, *Vom Fließband zum Einzelarbeitsplatz*, in: IfaA, *Arbeitsstrukturierung mit MTM*, Köln 1975.

O. Mickler u. a., *Produktion und Qualifikation*, SOFI 1977.

O. Mickler u. a., *Technik, Arbeitsorganisation und Arbeit. Eine empirische Untersuchung in der automatisierten Produktion*, Frankfurt 1976.

V. Mosler u. a., *Aspekte betrieblicher Lohnpolitik – Eine empirische Untersuchung in Betrieben der Metall-, Chemie-, Textil- und Tabakindustrie*, Institut für Sozialforschung, Frankfurt 1973.

V. Mosler u. a., *Zwischenbericht über den Stand der Arbeiten am Forschungsprojekt »Die Funktionen leistungsbezogener Lohnsysteme und die Bestimmungsgründe ihres Wandels*, Institut für Sozialforschung, Frankfurt 1973.

B. L. Müller-Hagedorn, *Grundlagen der Personalbestandsplanung*, Opladen 1970.

W. Müller-Jentsch, *Bedingungen kooperativer und konfliktorischer Gewerkschaftspolitik*, in: *Leviathan* 2/1973.

M. J. Nadworny, *Scientific Management and the Unions*, Cambridge 1955.

O. Negt/A. Kluge, *Öffentlichkeit und Erfahrung*, Frankfurt 1972.

H. C. Nipperdey, in: Hueck-Nipperdey, *Lehrbuch des Arbeitsrechts*, Bd. 2, 6. Aufl., Berlin/Frankfurt 1957.

M. Osterland u. a., *Materialien zur Lebens- und Arbeitssituation der Industriearbeiter in der BRD*, Frankfurt 1973.

Th. Pirker u. a., *Arbeiter, Management, Mitbestimmung*, Stuttgart/Düsseldorf 1955.

Th. Pirker, *Die blinde Macht – Die Gewerkschaftsbewegung in Westdeutschland*, 2 Bde., München 1960.

H. Popitz u. a., *Technik und Industriearbeit*, Tübingen 1957.

H. Popitz u. a., *Das Gesellschaftsbild des Arbeiters*, Tübingen 1957.

F. Radicke u. a., *Arbeitssysteme mit neuer Arbeitsstrukturierung*, in: *Menschengerechte Arbeit. Dokumentation zum RKW-Kongreß am 6./7.4.1976*, 1976.

Redaktionskollektiv »express«, *Spontane Streiks 1973 – Krise der Gewerkschaftspolitik*, Offenbach 1974.

Redaktionskollektiv Gewerkschaften, *Zur Intensifikation der Arbeit in der BRD*, in: *Probleme des Klassenkampfes*, 4.

Redaktionskollektiv Gewerkschaften, *Neue Momente in der Klassenbewegung 1973 in der Metallindustrie*, in: *Probleme des Klassenkampfes*, 10.

Refa, *Methodenlehre des Arbeitsstudiums*, 3. Aufl., München 1973.

Regini, M./Reyneri, E., *Akkordlohn, Qualifikation als Kampfinhalt italienischer Arbeiter*, München 1973.

W. Rieland, *Die Erneuerung der Arbeiterbewegung und die neueren Bewegungen der Arbeiter in Italien*, in: R. Alquati, *Klassenanalyse als Klassenkampf*, Frankfurt 1974.

M. Robens, *Humanisierung der Arbeit durch selbststeuernde Gruppen?* in: *Humanisierung der Arbeitswelt.* Veröffentlichungen der Arbeitsgemeinschaft zur Förderung der Partnerschaft in der Wirtschaft e. V., Nr. 13, Köln 1975.

F. J. Roethlisberger/W. I. Dickson, *Management and the Worker*, Cambridge (Mass.) 1949.

G. Rühl, *Untersuchungen zur Arbeitsstrukturierung*, in: Industrial Engineering, 3/1973.

J.-P. Sartre, in: *Partei und Klasse. Diskussion zwischen Sartre und Il Manifesto*, Berlin 1970.

Scienza e organizzatione del lavoro, Istituto Gramsci, 1973, Bd. I und Bd. II.

R. Singer u. a., *Zur Beanspruchung des Menschen bei Überwachungs-, Kontroll- und Steuerungstätigkeit*, in: *Arbeitsmedizin, Sozialmedizin,*

Arbeitshygiene, 12/1970.
Spontaneität und Massenaktion im ›Wohlfahrtsstaat‹ – Die schwedischen Streiks im Winter 1969/70, Frankfurt 1970.
F. W. Scharpf, *Wirtschafts- und Gesellschaftsstruktur in der Bundesrepublik Deutschland*, in: *Krise und Reform der Industriegesellschaft*, Bd. 2 Protokolle, Frankfurt/Köln 1976.
H. Schelsky, *Wandlungen der deutschen Familie in der Gegenwart*, Stuttgart 1954.
H. Schelsky, *Auf der Suche nach Wirklichkeit*, Düsseldorf/Köln 1965.
W. Schlaffke u. a., *Qualität des Lebens am Arbeitsplatz*, Köln 1974.
H. M. Schleyer, *50 Jahre REFA-Grundlagen für Tarifverträge*, in: *Der Arbeitgeber* 9/1974.
H.-H. Schlitzberger, *Produktivitätssteigerung durch Zufriedenheit am Arbeitsplatz*, in: IfaA, *Arbeitsstrukturierung in der deutschen Metallindustrie* (2).
R. Schmiede/E. Schudlich, *Die Entwicklung der Leistungsentlohnung in Deutschland*, Frankfurt 1976.
E. Schmidt, *Die verhinderte Neuordnung 1945-1952*, Frankfurt 1970.
E. Schmidt, *Ordnungsfaktor oder Gegenmacht. Die politische Rolle der Gewerkschaften*, Frankfurt 1971.
F. Schmidt, *Die Reform des kollektiven Arbeitsrechts in Schweden*, Köln 1978.
G. Schmidt, *Gesellschaftliche Entwicklung und Industriesoziologie in den USA*, Frankfurt/Köln 1974.
H. Schmidtke, *Die Ermüdung*, Bern 1965.
M. Schumann u. a., *Am Beispiel der Septemberstreiks*, Frankfurt 1971.
M. Schumann/K.P. Wittemann, *Tendenzwende im Arbeiterbewußtsein? Überlegungen zum Bewußtsein und Verhalten der Arbeiter in einer veränderten gesellschaftlichen Lage*, in: *Frankfurter Hefte* 4/1977, Sonderheft Arbeitswelt.
J. Schwartmann, *Gestaltung der menschlichen Arbeit in der Praxis*, in: IfaA, *Arbeitsstrukturierung mit MTM*, 1975.
Statistisches Amt der Europäischen Gemeinschaft, *Allgemeine Statistik*, 12/1970.
Statistisches Bundesamt, *Fachserie M: Preise, Löhne, Wirtschaftsrechnungen*, Reihe 15, *Arbeitnehmerverdienste in Industrie und Handel, 1. Arbeiterverdienste*, neuerdings: Fachserie 16: *Löhne und Gehälter*, Reihe 2.1. *Arbeiterverdienste in der Industrie*
F. Steinkühler, *Die Werktage sollen besser werden*, Referat auf der afa-Jahrestagung am 14./15.10.1975 in Sindelfingen (Manuskript).
Storia delle lotte e delle vertenze, FLM Turin, Manuskript 1974.
E. Taliani, *Erfahrungen mit Werkstattdelegierten und Basiskomitees in Italien*, Manuskript 1971.
Tarifpolitische Abt. des DGB-Bundesvorstands (Hrsg.), *Menschliche*

Leistung und Arbeitsergebnis, Köln 1965.
F. W. Taylor, *Die Betriebsleitung*, Berlin 1909.
F. W. Taylor, *Die Grundsätze wissenschaftlicher Betriebsführung*, Berlin/München 1917.
E. Teschner, *Neue Entlohnungsmethoden*, in: O. Jacobi u. a. (Hrsg.), *Gewerkschaften und Klassenkampf – Kritisches Jahrbuch 1974*, Frankfurt 1974.
E. Thorsrud/F. E. Emery, *Mot en ny bedriftsorganisajon*, Oslo 1970.
E. Thorsrud, *Demokratisierung der Arbeitsorganisation*, in: F. Vilmar (Hrsg.), *Menschenwürde im Betrieb*, Reinbek 1973.
E. Thorsrud, *Job Design in the Wider Context*, in: Davis/Taylor (Hrsg.), *Design of Jobs*, Penguin.
A. Touraine, *L'évolution du travail ouvrier aux Usines Renault*, Paris 1955.
E. A. Trist/H. W. Bamforth, *Some Social and Psychological Consequences of the Longwall Method of Coal-getting*, in: D. S. Pugh (Hrsg.), *Organization Theory*, Penguin.
E. Ulich u. a., *Neue Formen der Arbeitsgestaltung*, Frankfurt 1973.
M. Vester, *Die Entstehung des Proletariats als Lernprozeß. Zur Soziologie der Arbeiterbewegung*, Frankfurt 1970.
M. Vester, *Solidarisierung als historischer Lernprozeß – Zufunftsperspektiven systemverändernder Praxis im neueren Kapitalismus*, in: D. Kerbs (Hrsg.), *Die hedonistische Linke*, Neuwied 1971.
H. O. Vetter, *Humanisierung der Arbeitswelt als gewerkschaftliche Aufgabe*, in: *Gewerkschaftliche Monatshefte*, 1/1973.
H. O. Vetter, *Humanisierung als gewerkschaftliche Aufgabe*, in: *Humanisierung der Arbeitswelt als gesellschaftspolitische und gewerkschaftliche Aufgabe*, Protokoll der DGB-Konferenz vom 16. und 17. Mai in München, Frankfurt/Köln 1974.
A. Wacker, *Arbeitslosigkeit. Soziale und psychische Voraussetzungen und Folgen*, Frankfurt/Köln 1976.
H. Wälter, *Vom Fließband zum Einzelarbeitsplatz*, in: *IfaA-Mitt.* 43.
H.-J. Warnecke, *Entwicklung und Einsatz arbeitserleichternder Handhabungsgeräte*, in: IfaA, *Arbeitsstrukturierung in der deutschen Metallindustrie* (2).
D. Wedderburn, *Perspective on Sweden*, in: *Personnel Management*, Mai 1974.
R. Weil, *Die Bedeutung des Falles Klöckner-Moeller*, in: *IfaA-Mitt.* 44.
F. Weltz u. a., *Facharbeiter im Industriebetrieb*, Frankfurt 1974.
Werktage werden besser – Der Kampf um den Lohnrahmentarifvertrag II in Nordwürttemberg-Nord-Baden, Köln/Frankfurt 1977.
L. Wexlberger, *Neue Arbeitsstrukturierung in der Großserienfertigung*, in: IfaA, *Arbeitsstrukturierung mit MTM*, 1975.
R. Wiethölter, *Rechtswissenschaft*, Frankfurt 1968.

I. M. Witte, *F. W. Taylor. Der Vater der wissenschaftlichen Betriebsführung*, Stuttgart 1928.

W. Wobbe, *Das Verhalten der freien Gewerkschaften zur Rationalisierung der Arbeit in der Weimarer Republik*, Technische Universität Hannover, Magisterarbeit 1976.

Work in America – Report of a Special Task Force to the Secretary of Health, Education and Welfare, vorbereitet unter Federführung des W. E. Upjohn Institute for Employment Research, Cambridge (Mass.)-London o. J., S. 18 f. (deutsch: *Die 8 Stunden am Tag*, München 1974, S. 24 ff.

H. Zippe u. a., *Entkopplung des Menschen von der Technik*, in: *Menschengerechte Arbeit. Dokumentation zum RKW-Kongreß am 6./7.4.1976*, 1976.

F. Zweig, *The British Worker*, London 1952.

Bibliothek Suhrkamp

490 Robert Walser, Der Gehülfe
491 Patricia Highsmith, Als die Flotte im Hafen lag
492 Julien Green, Der Geisterseher
493 Stefan Zweig, Die Monotonisierung der Welt
494 Samuel Beckett, That Time/Damals
495 Thomas Bernhard, Die Berühmten
496 Günter Eich, Marionettenspiele
497 August Strindberg, Am offenen Meer
498 Joseph Roth, Die Legende vom heiligen Trinker
499 Hermann Lenz, Dame und Scharfrichter
500 Wolfgang Koeppen, Jugend
501 Andrej Belyj, Petersburg
503 Cortázar, Geschichten der Cronopien und Famen
504 Juan Rulfo, Der Llano in Flammen
505 Carlos Fuentes, Zwei Novellen
506 Augusto Roa Bastos, Menschensohn
508 Alejo Carpentier, Barockkonzert
509 Elisabeth Borchers, Gedichte
510 Jurek Becker, Jakob der Lügner
512 James Joyce, Die Toten/The Dead
513 August Strindberg, Fräulein Julie
514 Sigmund Freud, Eine Kindheitserinnerung des Leonardo da Vinci
515 Robert Walser, Jakob von Gunten
517 Luigi Pirandello, Mattia Pascal
519 Rainer Maria Rilke, Gedichte an die Nacht
520 Else Lasker-Schüler, Mein Herz
521 Marcel Schwob, 22 Lebensläufe
522 Mircea Eliade, Die Pelerine
523 Hans Erich Nossack, Der Untergang
524 Jerzy Andrzejewski, Jetzt kommt über dich das Ende
525 Günter Eich, Aus dem Chinesischen
526 Gustaf Gründgens, Wirklichkeit des Theaters
528 René Schickele, Die Flaschenpost
529 Flann O'Brien, Das Barmen
533 Wolfgang Hildesheimer, Biosphärenklänge
534 Ingeborg Bachmann, Malina
535 Ludwig Wittgenstein, Vermischte Bemerkungen
536 Zbigniew Herbert, Ein Barbar in einem Garten
537 Rainer Maria Rilke, Ewald Tragy
538 Robert Walser, Die Rose
539 Malcolm Lowry, Letzte Adresse

540 Boris Vian, Die Gischt der Tage
541 Hermann Hesse, Josef Knechts Lebensläufe
542 Hermann Hesse, Magie des Buches
543 Hermann Lenz, Spiegelhütte
544 Federico García Lorca, Gedichte
545 Ricarda Huch, Der letzte Sommer
546 Wilhelm Lehmann, Gedichte
547 Walter Benjamin, Deutsche Menschen
548 Bohumil Hrabal, Tanzstunden für Erwachsene und Fortgeschrittene
549 Nelly Sachs, Gedichte
550 Ernst Penzoldt, Kleiner Erdenwurm
551 Octavio Paz, Gedichte
552 Luigi Pirandello, Einer, Keiner, Hunderttausend
553 Strindberg, Traumspiel
554 Carl Seelig, Wanderungen mit Robert Walser
555 Gershom Scholem, Von Berlin nach Jerusalem
556 Thomas Bernhard, Immanuel Kant
557 Ludwig Hohl, Varia
559 Raymond Roussel, Locus Solus
560 Jean Gebser, Rilke und Spanien
561 Stanisław Lem, Die Maske · Herr F.
562 Raymond Chandler, Straßenbekanntschaft Noon Street
563 Konstantin Paustowskij, Erzählungen vom Leben
564 Rudolf Kassner, Zahl und Gesicht
565 Hugo von Hofmannsthal, Das Salzburger große Welttheater
567 Siegfried Kracauer, Georg
568 Valery Larbaud, Glückliche Liebende . . .
570 Graciliano Ramos, Angst
571 Karl Kraus, Über die Sprache
572 Rudolf Alexander Schröder, Ausgewählte Gedichte
573 Hans Carossa, Rumänisches Tagebuch
574 Marcel Proust, Combray
575 Theodor W. Adorno, Berg
576 Vladislav Vančura, Der Bäcker Jan Marhoul
577 Mircea Eliade, Die drei Grazien
578 Georg Kaiser, Villa Aurea
579 Gertrude Stein, Zärtliche Knöpfe
580 Elias Canetti, Aufzeichnungen
581 Max Frisch, Montauk
582 Samuel Beckett, Um abermals zu enden
583 Mao Tse-tung, 39 Gedichte
584 Ernst Kreuder, Die Gesellschaft vom Dachboden
585 Peter Weiss, Der Schatten des Körpers des Kutschers
586 Herman Bang, Das weiße Haus
587 Herman Bang, Das graue Haus

588 Hermann Broch, Menschenrecht und Demokratie
589 D. H. Lawrence, Auferstehungsgeschichte
590 O'Brien, Zwei Vögel beim Schwimmen
591 André Gide, Die Rückkehr des verlorenen Sohnes
592 Jean Gebser, Lorca oder das Reich der Mütter
593 Robert Walser, Der Spaziergang
594 Natalia Ginzburg, Caro Michele
595 Rachel de Queiroz, Das Jahr 15
596 Hans Carossa, Ausgewählte Gedichte
597 Mircea Eliade, Der Hundertjährige
599 Hans Mayer, Doktor Faust und Don Juan
600 Thomas Bernhard, Ja
601 Marcel Proust, Der Gleichgültige
602 Hans Magnus Enzensberger, Mausoleum
603 Stanisław Lem, Golem XIV
604 Max Frisch, Der Traum des Apothekers von Locarno
605 Ludwig Hohl, Vom Arbeiten · Bild
606 Herman Bang, Exzentrische Existenzen
607 Guillaume Apollinaire, Bestiarium
608 Hermann Hesse, Klingsors letzter Sommer
609 René Schickele, Die Witwe Bosca
610 Machado de Assis, Der Irrenarzt
611 Wladimir Trendrjakow, Die Nacht nach der Entlassung
612 Peter Handke, Die Angst des Tormanns beim Elfmeter
613 André Gide, Die Aufzeichnungen und Gedichte des André Walter
614 Bernhard Guttmann, Das alte Ohr
616 Ludwig Wittgenstein, Bemerkungen über die Farbe
617 Paul Nizon, Stolz
618 Alexander Lernet-Holenia, Die Auferstehung des Maltravers
619 Jean Tardieu, Mein imaginäres Museum
620 Arno Holz / Johannes Schlaf, Papa Hamlet
621 Hans Erich Nossack, Vier Etüden
622 Reinhold Schneider, Las Casas vor Karl V.
624 Ludwig Hohl, Bergfahrt
627 Vladimir Nabokov, Lushins Verteidigung
628 Donald Barthelme, Komm wieder, Dr. Caligari
629 Louis Aragon, Libertinage, die Ausschweifung
630 Ödön von Horváth, Sechsunddreißig Stunden
631 Bernhard Shaw, Sozialismus für Millionäre
633 Lloyd deMause, Über die Geschichte der Kindheit
634 Rainer Maria Rilke, Die Sonette an Orpheus
635 Aldous Huxley, Das Lächeln der Gioconda
637 Wolf von Niebelschütz, Über Dichtung
645 Marie Luise Kaschnitz, Beschreibung eines Dorfes
646 Thomas Bernhard, Der Weltverbesserer

792 Rainer Malkowski, Was für ein Morgen
793 Von deutscher Republik. Hrsg. von Jost Hermand
794 Döbert R./Nunner-Winkler, G., Adoleszenzkrise und Identitätsbildung
795 Dieter Kühn, Goldberg-Variationen
796 Kristeva/Eco/Bachtin u. a., Textsemiotik als Ideologiekritik
797 Brecht Jahrbuch 1975
798 Gespräche mit Ernst Bloch. Herausgegeben von Rainer Traub und Harald Wieser
799 Volker Braun, Es genügt nicht die einfache Wahrheit
800 Karl Marx, Die Ethnologischen Exzerpthefte
801 Wlodzimierz Brus, Sozialistisches Eigentum und politisches System
802 Johannes Gröll, Erziehung im gesellschaftlichen Reproduktionsprozeß
803 Rainer Werner Fassbinder, Stücke 3
804 James K. Lyon, Bertolt Brecht und Rudyard Kipling
805 Agnes Heller, Das Alltagsleben. Herausgegeben von Hans Joas
806 Gesellschaft, Beiträge zur Marxschen Theorie 6
807 Gilles Deleuze/Félix Guattari, Kafka. Für eine kleine Literatur
808 Ulrike Prokop, Weiblicher Lebenszusammenhang
809 G. Heinsohn / B. M. C. Knieper, Spielpädagogik
810 Mario Cogoy, Wertstruktur und Preisstruktur
811 Ror Wolf, Auf der Suche nach Doktor Q.
812 Oskar Negt, Keine Demokratie ohne Sozialismus
813 Bachrach/Baratz, Macht und Armut
814 Bloch/Braudel/L. Febvre u. a., Schrift und Materie der Geschichte
815 Giselher Rüpke, Schwangerschaftsabbruch und Grundgesetz
816 Rainer Zoll, Der Doppelcharakter der Gewerkschaften
817 Bertolt Brecht, Drei Lehrstücke: Badener Lehrstück, Rundköpfe, Ausnahme und Regel
818 Gustav Landauer, Erkenntnis und Befreiung
819 Alexander Kluge, Neue Geschichten. Hefte 1-18
820 Wolfgang Abendroth, Ein Leben in der Arbeiterbewegung
821 Otto Kirchheimer, Von der Weimarer Demokratie zum Faschismus
822 Verfassung, Verfassungsgerichtsbarkeit, Politik. Herausgegeben von Mehdi Tohidipur
823 Rossana Rossanda / Lucio Magri u. a., Der lange Marsch durch die Krise
824 Altvater/Basso/Mattick/Offe u. a., Rahmenbedingungen und Schranken staatlichen Handelns
825 Diskussion der ›Theorie der Avantgarde‹. Herausgegeben von W. Martin Lüdke
826 Fischer-Seidel, James Joyces »Ulysses«
827 Gesellschaft, Beiträge zur Marxschen Theorie 7

828 Rolf Knieper, Weltmarkt, Wirtschaftsrecht und Nationalstaat
829 Michael Müller, Die Verdrängung des Ornaments
830 Manuela du Bois-Reymond, Verkehrsformen zwischen Elternhaus und Schule
831 Henri Lefebvre, Einführung in die Modernität
832 Herbert Claas, Die politische Ästhetik Bertolt Brechts vom Baal zum Caesar
833 Peter Weiss, Dramen I
834 Friedensanalysen 2
835-838 Bertolt Brecht, Gedichte in 4 Bänden
839 Géza Róheim, Psychoanalyse und Anthropologie
840 Aus der Zeit der Verzweiflung. Beiträge von Becker/Bovenschen/Brackert u. a.
841 Fernando H. Cardoso/Enzo Faletto, Abhängigkeit und Entwicklung in Lateinamerika
842 Alexander Herzen, Die gescheiterte Revolution
844 Otthein Rammstedt, Soziale Bewegung
845 Ror Wolf, Die Gefährlichkeit der großen Ebene
847 Friedensanalysen 3
848 Dieter Wellershoff, Die Auflösung des Kunstbegriffs
849 Samuel Beckett, Glückliche Tage
850 Basil Bernstein, Beiträge zu einer Theorie
851 Hobsbawm/Napolitano, Auf dem Weg zum ›historischen Kompromiß‹
852 Über Max Frisch II
853 Brecht-Jahrbuch 1976
854 Julius Fučík, Reportage unter dem Strang geschrieben
856 Dieter Senghaas, Weltwirtschaftsordnung und Entwicklung
857 Peter V. Zima, Kritik der Literatursoziologie
858 Silvio Blatter, Genormte Tage, verschüttete Zeit
859 Russell Jacoby, Soziale Amnesie
860 Gombrich/Hochberg/Black, Kunst, Wahrnehmung, Wirklichkeit
861 Blanke/Offe/Ronge u.a., Bürgerlicher Staat und politische Legitimation. Herausgegeben von Rolf Ebbighausen
863 Gesellschaft, Beiträge zur Marxschen Theorie 8/9
864 Über Wolfgang Koeppen. Herausgegeben von Ulrich Greiner
866 Fichant/Pêcheux, Überlegungen zur Wissenschaftsgeschichte
867 Ernst Kris, Die ästhetische Illusion
868 Brede/Dietrich/Kohaupt, Politische Ökonomie des Bodens
870 Umwälzung einer Gesellschaft. Herausgegeben von Richard Lorenz
871 Friedensanalysen 4
872 Piven/Cloward, Regulierung der Armut
873 Produktion, Arbeit, Sozialisation. Herausgegeben von Th. Leithäuser und W. R. Heinz
874 Max Frisch/Hartmut von Hentig, Zwei Reden zum Friedenspreis des Deutschen Buchhandels 1976
875 Eike Hennig, Bürgerliche Gesellschaft und Faschismus in Deutschland
877 Starnberger Studien 1
878 Leithäuser/Volmerg/Wutka, Entwurf zu einer Empirie

879 Peter Bürger, Aktualität und Geschichtlichkeit
880 Tilmann Moser, Verstehen, Urteilen, Verurteilen
881 Loch/Kernberg u. a., Psychoanalyse im Wandel
882 Michael T. Siegert, Strukturbedingungen von Familienkonflikten
883 Erwin Piscator, Theater der Auseinandersetzung
884 Politik der Subjektivität. Texte der italienischen Frauenbewegung, Herausgegeben von Michaela Wunderle
885 Hans Dieter Zimmermann, Vom Nutzen der Literatur
886 Gesellschaft, Beiträge zur Marxschen Theorie 10
887 Über Hans Mayer, Herausgegeben von Inge Jens
888 Nicos Poulantzas, Die Krise der Diktaturen
889 Alexander Weiß, Bericht aus der Klinik
890 Bergk/Ewald/Fichte u. a., Aufklärung und Gedankenfreiheit. Herausgegeben und eingeleitet von Zwi Batscha
891 Friedensanalysen 5
892 Franz L. Neumann, Wirtschaft, Staat, Demokratie
893 Georges Politzer, Kritik der Grundlagen der Psychologie
895 Umberto Eco, Zeichen. Einführung in einen Begriff und seine Geschichte
897 Ralph-Rainer Wuthenow, Muse, Maske, Meduse
898 Cohen/Taylor, Ausbruchversuche. Identität und Widerstand
901 Der bürgerliche Rechtsstaat. Herausgegeben von Mehdi Tohidipur
902 Ernest Borneman, Psychoanalyse des Geldes
903 Steven Marcus, Umkehrung der Moral
904 Alfred Sohn-Rethel, Warenform und Denkform
905 Beiträge zur Soziologie der Gewerkschaften. Hrsg. von Joachim Bergmann
906 Brecht-Jahrbuch 1977
907 Horst Kern, Michael Schumann, Industriearbeit und Arbeiterbewußtsein
908 Julian Przybós, Werkzeug aus Licht
910 Peter Weiss, Stücke II
913 Martin Walser, Das Sauspiel mit Materialien. Herausgegeben von Werner Brändle
916 Dürkop/Hardtmann (Hrsg.), Frauen im Gefängnis
917 Bowles S./Gintis H., Pädagogik und die Widersprüche der Ökonomie
918 Klaus-Martin Groth, Die Krise der Staatsfinanzen
920 Tagträume vom aufrechten Gang. Sechs Interviews mit Ernst Bloch, Herausgegeben von Arno Münster
921 Silvia Bovenschen, Die imaginierte Weiblichkeit
922 Anderson, Von der Antike zum Feudalismus
923 Sozialdemokratische Arbeiterbewegung, Band 1, Herausgegeben von Wolfgang Luthardt
925 Friedensanalysen 6
927 Ausgewählte Gedichte Brechts, Herausgegeben von Walter Hinck
928 Betty Nance Weber, Brechts ›Kreidekreis‹
929 Auf Anregung Bertolt Brechts: Lehrstücke. Herausgegeben von Reiner Steinweg

930 Walter Benjamin, Briefe 1 und 2. Herausgegeben von Gershom Scholem und Theodor W. Adorno
932 Jugendarbeitslosigkeit. Herausgegeben von Gero Lenhardt
933 Ute Gerhard, Verhältnisse und Verhinderungen
934 Sozialdemokratische Arbeiterbewegung, Band 2, Herausgegeben von Wolfgang Luthardt
935 Literatur ist Utopie. Herausgegeben von Gert Ueding
936 Berger/Heßler/Kavemann, Brot für heute, Hunger für morgen
938 Habermas, Bovenschen u. a., Gespräche mit Marcuse
939 Thomas Brasch, Rotter Und weiter
940 Simone Weil, Fabriktagebuch
941 Ute Volmerg, Identität und Arbeitserfahrung
942 Klaus Eßer, Lateinamerika
943 Gewerkschaften und Strafvollzug, Hrsg. v. Lüderssen u. a.
944 Alexander von Brünneck, Politische Justiz
945 Jacques Derrida, Die Stimme und das Phänomen
948 Thompson/Caspard/Puls; Alltagspraxis, Wahrnehmungsformen, Protestverhalten
949 Julia Kristeva, Die Revolution der poetischen Sprache
954 Elias/Lepenies, Zwei Reden. Theodor W. Adorno-Preis 1977
955 Friedensanalysen 7
956 Brecht-Jahrbuch 1978. Hrsg. Fuegi/Grimm/Hermand
957 Gesellschaft, Beiträge zur Marxschen Theorie 11
958 Friedensanalysen 8
959 Martin Walser, Wer ist ein Schriftsteller?
960 Albert Soboul, Französische Revolution und Volksbewegung
963 Starnberger Studien 2
964 Nach dem Protest. Literatur im Umbruch. Herausgegeben von W. Martin Lüdke
968 Frauen, die pfeifen. Herausgegeben von R. Geiger, H. Holinka, C. Rosenkranz, S. Weigel
969 Ernst Bloch, Die Lehren von der Materie
970 Giuliano Scabia, Das große Theater des Marco Cavallo
971 Siegfried Kracauer, Jacques Offenbach
974 Jirí Kosta, Abriß der sozialökonomischen Entwicklung der Tschechoslowakei 1945-1977
976 Bernd Jürgen Warneken, Literarische Produktion
979 Bertolt Brecht, Tagebücher 1920-1922
981 Jeanne Favret-Saada, Die Wörter, der Zauber, der Tod
983 Bassam Tibi, Internationale Politik und Entwicklungsländer-Forschung
984 Dieter Kühn, Löwenmusik
985 Agnes Schoch, Vorarbeiten zu einer pädagogischen Kommunikationstheorie
987 Augusto Boal, Theater der Unterdrückten
989 Brecht-Jahrbuch 1979
992 Naturalismus/Ästhetizismus. Herausgegeben von Bürger/Schutte-Sasse

Alphabetisches Verzeichnis der edition suhrkamp